SÜDENGLAND

D1730277

Den Verlauf der gesamten Reiseroute finden Sie komplett
in der vorderen und hinteren Umschlagklappe.

Inhalt

Bernd Polster

Südengland

mit Fotos von Fridmar Damm und Bernd Polster

Mitarbeit: Mandy Howard

VISTA POINT VERLAG

I Von Kent nach Cornwall und return
Leitfäden für Land und Leute

»Welch ein Land«, schwärmte der russische Schriftsteller Nikolaj Karamsin (1766–1826) bei seinem Englandtrip im Jahre 1790. »Überall saftige Wiesen mit großen Viehherden, überall die schönsten Dörfer, überall die reizendsten, mit Parks und Teichen umgebenen Landsitze.« Das Loblied des Poeten ist zwar schon 200 Jahre alt, kann aber durchaus in unseren Tagen noch angestimmt werden. Es ist auch eine Beschreibung des Jetzt, wobei die enthusiastische Aufzählung mühelos verlängert werden kann: durch all die geschichtsschwangeren Städte zwischen Oxford und Exeter,

Devon: reine Countryside

die Stätten ruinöser Romantik, die fernwehträchtigen Überseehäfen und die dramatischen Steilküsten aus weiß leuchtendem Kalk oder granitscharfem Fels.

Der Süden der Insel, vom Staub-und-Rauch-Zeitalter der industriellen Revolution weitgehend verschont, ist ein Refugium, jedoch keineswegs verschlafen. »Man sieht, so weit das Auge reicht, Wagen, Kaleschen und Reiter, die aus London kommen oder dorthin eilen«, so eine weitere, offenbar zeitlos zutreffende Beobachtung des reisenden Russen. Aus dem harten Gegensatz zwischen berstender Metropolis und dem beschaulich-ländlichen Umland bezieht Südengland seine Dynamik.

Als um die Jahrhundertwende Ralleyfahrer von London nach Cornwall und zurück in ihren Benzinkutschen um die Wette rasten, war es nicht das erste Mal, daß auf Südenglands Ost-West-Achse Staub aufgewirbelt wurde. So pilgerten Wallfahrer im Mittelalter gleich zu Tausenden von Westen nach Canterbury. Später sorgten wildfremde wie heimische Heere ein ums andere Mal für sportives Hin und Her. Doch erst die in den dreißiger Jahren des letzten Jahrhunderts gebaute *Great Western Railway* läutete wirklich den Massenbetrieb ein. Ihre Stränge schlossen erstmals die Hauptstadt London mit Bath, Englands schickstem Kurort, und der Atlantikküste kurz. Als die Eisenadern der Bahn dann schließlich bis in den letzten Landzipfel reichten, stand der Erfindung des Tourismus nichts mehr im Wege. Der Run auf den Süden setzte ein. Die Counties zwischen Kent und Cornwall wurden und blieben die beliebteste Sommerfrische der Insulaner. Doch während die Engländer

St. Ives: fish and ships

ihre Südküste hauptsächlich der See wegen bereisen, entdeckt der Fremde hier eben noch weitaus mehr als weiße Strände, hohe Klippen und Budenzauber an der illuminierten Promenade.

Ob Wandervogel, Bücherwurm, Strandratte oder Salonlöwe, jede Spezies kommt auf ihre Kosten. Südengland, das sind gleich mehrere Reisen in einer und jeder einzelne sollte die richtige Dosis von Küste und Kultur für sich herausfinden. Die gesamte Tour von Kent nach Cornwall und zurück ist dabei ein kompaktes Angebot. Eines, das das Land in seinen vielen Facetten näherbringt, das aber, je nach Lust und Laune, auch zu Auslassungen oder Ausschweifungen herausfordern möchte. Das bedeutet, wer die Reise von der ersten bis zur letzten Meile absolviert, nutzt die umfassendste Möglichkeit. Alternativen stehen offen.

I. London plus Trips: Wer eigentlich Weltstadttrubel erleben, aber trotzdem nicht auf den nervenschonenden Charme der Provinz verzichten möchte, kann Quartier in London nehmen und mit Tagesausflügen nach Oxford, Canterbury, Brighton und Winchester beides verbinden (etwa wie Route 3, 4 und 14).

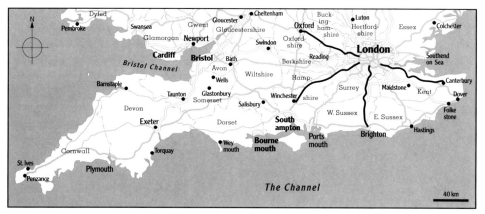

I. London plus Trips

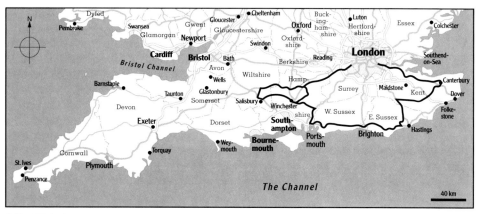

II. Der Südosten

8

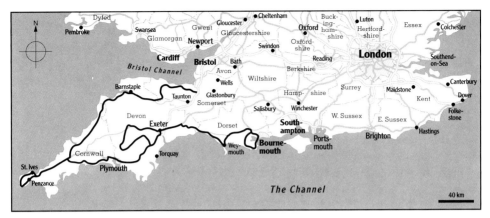

III. Der Südwesten

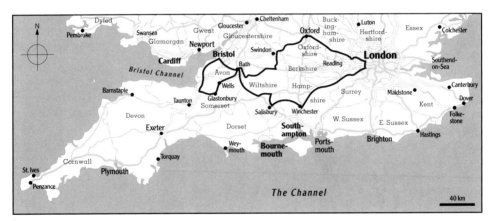

IV. Städtetour

II. Der Südosten, wo England am englischsten ist, ist auf drei Tagestouren, die durch die *home counties* Kent, Sussex und Wiltshire führen, erkundbar, wobei die Rückkehr nach London jederzeit möglich ist (etwa wie Route 3 und 4).

III. Der Südwesten ist für all diejenigen ein Muß, die in einer knappen Woche reine Natur in den *holiday counties* Somerset, Devon, Cornwall und Dorset genießen möchten (etwa wie Route 5 bis 10). Anreise auf M 3 über Southampton, Rückreise auf M 5/M 4 über Bristol.

IV. Städtetour: Für Kulturbeflissene empfiehlt sich ein Städtecorso, dessen Höhepunkte das mondäne Bath und das gescheite Oxford sind (etwa wie Route 4, 12, 13 mit Zusatzroute und Route 14).

> *»Away, away from men and towns,*
> *To the wild wood and the downs.«*
> (Fort, fort von Menschen und Städten,
> Ins wilde Gehölz und in die Berge.)

Die Parole des großen Dichters Percy B. Shelley (1792–1822) kann der alltagsgestreßte Zeitgenosse heutzutage mehr denn je nachvollziehen. Das magische Ziel heißt *countryside*. Wer London in Südost- oder Südwestrichtung verläßt, wird den kaum korrekt übersetzbaren Begriff unwillkürlich erfahren, denn ab jetzt ist man mittendrin und bleibt es, obwohl sich die Landschaft drumherum ständig ändert. Zwischen den Kirschplantagen Kents an der einen und dem rauhen Charme cornischer Weide- und Heideflächen an der anderen Ecke, zwischen Somersets saftigen *plains*, auf denen Milchkühe malmen, und Devons steingespickten *moors*, einem geschützten, ursprünglichen Lebensraum für Raubvögel und wilde Pferde, führt die ländliche Reise durch viele kleine Welten, die unmerklich ineinander übergehen. »Wie eng, wie englisch«, spottete Heinrich Heine (1797–1856) über Englands winzige Winkel. Zwischen die Extreme legt sich in kräftigem Grün ein Rock aus Wiesen und Feldern mit einem Muster mehrhundertjähriger Hecken übers Land. In seinem nie enden wollenden *up and down* sieht es aus wie das größte Gartenbeet der Welt. Doch der Ausflug ins Grüne bleibt zugleich immer auch eine Fahrt ins Blaue. Eine Brise Meer ist stets in Riechweite, die Klippen sind auf der ganzen Tour kaum jemals viel weiter als eine halbe Fahrstunde entfernt. Englands schroffe Seeseite, die etwa an Cornwalls kantigen Landspitzen schon ungezählten Seeleuten zum Verhängnis wurde, ist eine natürliche – allerdings nicht immer ganz gefahrlose – Wanderroute mit frischem Wind, einer über weite Strecken belassenen Tier- und Pflanzenwelt und

Isle of Wight: Ried und bunte Beete

fernen Aussichten von hohen Felsen, gegen die die Brandung unaufhörlich anschäumt. An Badetagen (für wetterwechselerprobte Briten ein durchaus dehnbarer Begriff) locken Sandstrände, nicht selten kilometerlang und versteckt in kleinen Buchten, in denen einst heimlich die Schmuggelschiffe entladen wurden.

Vielen Dörfern an der Küste sieht man es an, daß sie einmal vom Fischfang lebten, obwohl dort nun zumeist Wochenendkapitäne ein- und auslaufen. Neben den klassischen *seaside resorts*, den vergnügungssüchtigen Strandbädern à la Brighton, sind nur die alten Seehäfen Portsmouth, Plymouth, Bristol und Southampton urbane Enklaven in einem sonst durchgängig ländlichen Territorium. So ist es auch kein Zufall, daß mit dem F.C. Southampton im ganzen Süden nur ein einziger Fußballclub in der obersten Spielklasse spielt. Die Arbeiterklasse wohnt woanders. Man pflegt einen weißen Sport, das Cricket. Im Innern des Landes gibt es zudem Hunderte von Golfplätzen, aber unterhalb der Linie London – Bristol keine einzige Stadt mit mehr als 100 000 Einwohnern.

Dabei steht das provinzielle Kleinformat um so mehr in Kontrast zu den Großtaten, die hier einmal vollbracht wurden. Man schlug die stärksten Feinde in die Flucht, von der spanischen Armada bis zur deutschen Luftwaffe, regierte ein weltumspannendes Empire, konzentrierte unermeßliche Reichtümer in Dutzenden von Palästen, die hier, ganz im Sinne englischen *understatements*, Landhäuser heißen.

Exzentrisch: Bogenschießen in historischen Kostümen

An Englands Südrand war also früher allerhand los, nicht nur, wenn man sich gerade gegenseitig oder mit dem Nachbarn im transkontinentalen Jenseits in den Haaren lag. Schließlich bescherte englischer Erfindungsreichtum dem Rest der Welt nicht nur die Dampflokomotive und die Romantik, sondern auch das Sandwich und den Kriminalroman. Auf diesem historischen Terrain stolpert man geradezu über Wichtigkeiten und Exzentrizitäten. Die Reise wird zur Grand Tour in die Vergangenheit. In Traditionsstädten wie Salisbury oder Exeter stehen nicht nur mächtige Kathedralen, hier lugt die Geschichte aus jeder Mauerritze. Schließlich stößt, wer etwa die Zeugnisse der zahlreichen erfolgreichen oder mißglückten Invasionen betrachtet – nämlich die ebenso zahlreichen Forts und Trutzburgen –, auch ein Stückchen in die Inselmentalität selbst vor. Im übrigen bringt das Rad der Weltgeschichte die *Southeners* gerade wieder etwas in Schwung, sind ihre Grafschaften doch eine natürliche Drehscheibe zwischen Briten und Europäern, denen bald das Tunnelschlupfloch offensteht.

England pflegt seine Mythen. Dazu trug auch ein Filmstar der frühen sechziger Jahre bei. Ihr Name: Margaret Rutherford. Ihre Rolle: Miss Marple, eine penetrant-liebenswürdige Hobbydetektivin in einem halben Dutzend Agatha-Christie-Verfilmungen. Da lebt auf der Leinwand noch einmal jenes *merry old England* auf, das statt von Popstars, High-Tech und Rezession von *good manners*, Golf- und *teatime*-Regeln beherrscht wird. Auf den Schlängellandstraßen Devons oder Dorsets, auf den Marktplätzen von Winchester oder Marlborough scheint man dem weiblichen Sherlock Holmes ab und an noch zu begegnen.

Eine Fiktion mit (un)gewissem Wahrheitsgehalt ist auch eine Mythengestalt ganz anderen Kalibers. King Arthur (König Artus), Englands Siegfried, der das noch gar nicht so große Britannien gegen sächsische Eindringlinge verteidigt haben soll. Die lichte Figur aus dem »dunklen Zeitalter« ist zwar historisch so gut wie unkenntlich, taugt aber gerade deswegen zur Verklärung. War Tintagel sein Camelot? Liegt er unter den Ruinen von Glastonbury Abbey begraben? Es gibt etwa 150 Plätze in England, die mit dem Pfund der Arthur-Legende wuchern, die berühmtesten liegen rechts und links des Reisewegs.

Die Tour wird vollends zum mythischen Trip, wenn wir den Spuren in die Vorvergangenheit folgen. Wer nur die neolithischen Findlingsringe auf den Britischen Inseln vollständig besichtigen wollte, brauchte für eine solche Steinzeitreise wohl einige Monate, gibt es hier doch an die tausend dieser wetterfesten Zirkel. Der größte und geheimnisvollste ist Avebury in Wiltshire, mit seinem zentralen *Great Henge* eine wahre »Kathedrale der Steinzeit«. Dieser rituelle Mittelpunkt einer einzigartigen, prähistorisch geprägten Szenerie liegt wiederum nur 30 Kilometer von Stonehenge, der berühmtesten dieser rätselhaften Anlagen aus Europas Kulturdämmerung.

Auch für Kultur pur ist gesorgt. In London sowieso, wo man die Trophäen des Empire besichtigen, jedoch auch in den Ethnomix der Kosmometropole eintauchen kann, bei dem Künstler aus den Ex-Kolonien zunehmend Wirbel machen, nicht nur als Popstars, sondern auch als Literaten, Filmregisseure und als Mitglieder der Royal Academy. Aber auch am Rande blüht die Kunst: Zum Beispiel in St. Ives, wo seit über 100 Jahren Maler, weitab vom Hauptstadtstreß, in einsamer Umgebung auf die Farbtube drücken und wo noch heute auf jeder vierten Klippe eine Staffelei steht.

In Bath, einer geschlossenen Stadtlandschaft des 18. Jahrhunderts, die einmal Tummelplatz der Snobs und Dandies war, treffen sich nun neureiche Yuppies und alte *upper class* beim Kleiderkauf, in In-Restaurants und auf schickem Vernissageparkett. Darunter sind nicht wenige, deren Karrieretreibsatz in einer Stadt zündete, die sich schon seit dem Mittelalter zur Hochburg der Wissenschaft aufschwang: Oxford, auf Lettern gebaut und ein Mekka des Hochenglischen, ist eine weitere jener Kulturstationen, in denen der Urlaub ganz nebenbei zur Bildungsreise mutiert.

II Stories von der Insel
Wo England Geschichte machte

Wer Englands Werdegang begreifen möchte, muß die Welt aus der Inselperspektive betrachten. Denn von dort aus scheint es, als seien die universalen Epochen von Kultur und Geschichte außer Kraft gesetzt oder doch zumindest verschoben. Begriffe wie Renaissance oder Barock spielen dort kaum eine Rolle. Statt dessen liefert der Wechsel der heimischen Herrschaftsdynastien die entscheidenden Orientierungspunkte. Im Hochmittelalter baute man *Norman*, nicht romanisch, später *Georgian* statt barock. Und ein ganzes Jahrhundert, nämlich das 19., heißt einfach *Victorian*.

Steinzeugen: neolithisches Britannien

Zeit der Steine

Bereits während der Jungsteinzeit, dem Neolithikum, ist Südengland ein wichtiges Siedlungsgebiet. Die Steinzeitmenschen zähmen Tiere und säen Korn. Vom hohen Entwicklungsstand ihrer »vorgeschichtlichen« Bauernkultur zeugen die oft auf Bergkuppen gelegenen Siedlungsplätze und die rituellen Menhirmonumente, rätsel- und dauerhafte Hinterlassenschaften in Stein, die in Südengland fast flächendeckend zu finden sind, besonders aber in Wiltshire (5. und 13. Route), Devon (7. Route) und Cornwall (9. Route).

10000 v. Chr:	Nach der letzten Eiszeit füllt sich der Ärmelkanal. Seitdem ist Britannien eine Welt für sich und jeder Engländer eine Insel.
3000–2500 v. Chr.	In **Avebury** wird Windmill Hill besiedelt und Kultstätten werden errichtet, die zwei Jahrtausende in Betrieb bleiben (13. Route). Nach dem Fundort Windmill Hill wird die älteste jungsteinzeitliche Kultur in Südengland immer noch »Windmill-Hill-Kultur« genannt, obwohl die Anlage in Hembury in Devon (3300–3000 v. Chr.) älter ist als die Funde von Avebury.
um 1900 v. Chr.	Arbeitsbeginn in **Stonehenge**, dem bekanntesten und meistfotografierten Steinkreis (5. Route).
ab 600 v. Chr.	Die Zuwanderung der **Kelten** setzt ein, zuerst Gälen, dann Brythonen, schließlich Belgen, die aus Nordfrankreich kommen, das Land von der Küste her einnehmen und ihre Druiden-Priester einschleusen.

Winchester: King Arthur's Roundtable

Rom schafft England

Im 1. Jahrhundert überrollen Roms Legionen die einheimischen Stämme und richten sich in Garnisonen (lat. *castra*) ein. Die römisch besetzten Orte sind heute oft an der Endung -*chester* (z.B. Winchester) zu erkennen. Die Kolonisatoren bauen im fruchtbaren *Albion* Villen, baden heiß (12. Route) und ziehen ein Netz von Straßen durch das Land, das nun erstmals einer mehr oder weniger zentralen Regierung gehorcht. So machen sie aus zerstrittenen Keltenköpfen das Volk der romanisierten Briten.

55 und 54 v. Chr.	Gaius Julius Cäsar (100–44 v. Chr.) führt zwei Expeditionen nach Britannien durch, bleibt aber nicht da.

43	Die Römer landen – wahrscheinlich im heutigen Devon – und kolonisieren zuerst den Süden der Insel.
61	Aufstand Boadiceas, Königin von »Ostanglien«.
287	Flottenkapitän Carausius erklärt die Unabhängigkeit Britanniens. Der Separatist kann sich neun Jahre halten.
410	Römische Soldaten sagen Servus.

Gäste mit dem Schwert

Die heidnischen **Angeln** und **Sachsen** stoßen mordend und brandschatzend in das Machtvakuum vor und unterwerfen schubweise die Urbriten. Der Süden zerfällt in die Mini-Königreiche Kent, Sussex und Wessex, in denen ein ziemliches Durcheinander verschiedener Stämme und Invasoren herrscht. Wessex gewinnt langsam die Oberhand unter **Alfred the Great** (849–99) (5. Route), den man als ersten König von England bezeichnen kann.

Ständige Attacken der **Dänen** bringen nach der Jahrtausendwende deren König **Knut** (995–1035) auf den Thron. 1066 gelingt als letztem Ausländer **William I. the Conqueror** (Wilhelm der Eroberer, 1027–87) die Landung. Der Normanne behandelt England wie eine Kolonie, über die er im »Domesday Book« (1085–87) erst einmal eine Bestandsaufnahme machen läßt, bevor er seine französischsprechenden Edelleute übers Land verteilt und den Bau gigantischer Kathedralen befiehlt. Hafenstädte des Südens, darunter auch Faversham (3. Route) verbinden sich zur Gemeinschaft der *Cinque Ports*, einer Art Hanse. Der Hof verliert in Auseinandersetzungen mit den Baronen langsam an Gewicht und muß 1265 erstmals ein *parliament* einberufen.

700	Gründung des Klosters Glastonbury, wo – so erzählt die Legende – der Heilige Gral vergraben sein soll (11. Route).
838	Egbert, König von Wessex (gest. 839), verleibt seinem Reich erst Cornwall, dann Sussex und Kent ein.
851	Canterbury und London werden von den Wikingern verwüstet.
871	Alfred the Great beklagt, daß es »niemanden südlich der Themse gibt, der Latein versteht« und verschreibt den Mönchen Nachhilfe in Übersetzung.
1079	Baubeginn der Kathedrale in Winchester, die mit 178 Metern die längste mittelalterliche Kirche Europas wird (5. Route).
1100	Unter Henry I. (1068–1135) löst London den Krönungsort Winchester als Hauptstadt ab.
1136	Geoffrey of Monmouth (ca. 1100–45) schreibt die »Historia Regum Britanniae«, in der ein König namens Arthur und seine Ritter der Tafelrunde eine große Rolle spielen (10. und 11. Route).
1215	Eine Rebellion der Barone gegen King John (1167–1216) führt zur Verbriefung ihrer Rechte in der **Magna Charta**.
1220	Baubeginn der Kathedrale von Salisbury im *Early English Style* (5. Route).
1249	Das University College in Oxford wird gegründet (14. Route).
1362	Englisch wird Gerichtssprache.
1387	Geoffrey Chaucer (ca. 1340–1400) schreibt die »Canterbury Tales«, Erzählungen aus dem Pilgerleben (3. Route).

Rebellion und Religion

Ende des 15. Jahrhunderts beginnt mit **Henry VII.** (1457–1509) die Tudor-Zeit, die dank **Henry VIII.** (1491–47) burleske Züge annimmt. Der ging nämlich nicht nur verschwenderisch mit seinen Frauen um, sondern verpraßte auch sein Geld. Um die Macht des Klerus zu brechen und dessen Schätze zu kassieren, löste er 1536–39 alle Klöster auf und beschlagnahmte die Beute. Als Folge dieser Reformation von oben sind heute überall die Ruinen, insbesondere in Englands Süden, zu besichtigen (11. Route). Kaufleute ersteigern die kirchlichen Güter. Im Südwesten wird eine Wollindustrie aufgezogen (7. Route). Offene Felder werden zu Schafweiden umfunktioniert, die nun durch Hecken oder Mauern voneinander getrennt sind. Unter **Elizabeth I.** (1533–1603) erlebt England eine Kulturblüte. In der wütenden **Revolution**, dem *Civil War* (1642–1660) werden Feudalzöpfe abgeschnitten. In den endlosen Thronfolgestreitigkeiten der **Restauration** entgleitet dem König endgültig die Kontrolle. Im Parlament regieren inzwischen die Pfeffersäcke.

1535	Henry VIII. läßt Thomas More (1478–1535) enthaupten.
1536	England und Wales werden vereint.
1549	Bauernaufstände in Südengland gegen die Abtrennung der Felder.
1568	Käpten John Hawkins schifft auf der »Jesus« die erste Ladung Afrikaner in die Karibik. London und Bristol entwickeln sich zu den Haupthäfen des Sklavenhandels in Südengland.
1577–80	Weltumsegelung durch Francis Drake (ca. 1540–96).

Hans Holbein d. J. (1497–1543): Henry VIII.

Unbekannter Künstler: Elizabeth I. (um 1592)

»Tinners«: Zinn-Bergwerk in Cornwall

1588	Mit der spanischen Armada wird im Ärmelkanal der Hauptkonkurrent auf den Weltmeeren besiegt (8. Route). Gründung der Britisch-Ostindischen Gesellschaft.
1594	William Shakespeares (1564–1616) »Mittsommernachtstraum« wird uraufgeführt.
1628	William Harvey, Arzt im St.-Bartholomew's-Hospital in Canterbury (Kent) entdeckt den menschlichen Blutkreislauf.
1649	Stuart-König Charles I. (1625–49), ein Starrkopf, verliert denselben.
1662	Charles II. (1630–85) heiratet Katharina von Braganza, die am Hofe die *teatime* einführt.
1666	London brennt nieder und wird auf dem alten Stadtplan wieder aufgebaut.

Rule, Britannia!

Unter den verschiedenen Georgs aus dem Hause Hannover wird England im 18. Jahrhundert zur Welthandels- und Kolonialmacht Nummer eins. Nicht nur zur See, auch auf dem Lande tut sich was. Durch Mechanisierung und rigorose Aufteilung in kleine Felder (*Enclosure Act*), die die Landschaft bis heute beherrschen, werden Bauern aus den Dörfern in die Stadt getrieben. Dort kommt das Proletariat gerade recht zur **industriellen Revolution**, die England mit Volldampf zum Wirtschaftsriesen macht. Doch die traditionellen Industrien in Kent (Eisen), Devon und Somerset (Wolle) gehen ein. Die Schlote rauchen nur im Norden. Gegenüber den schwarzen Fabrikregionen und dem Moloch London bleibt Südengland eine grüne Lunge, wie geschaffen für Landpartien und Herrensitze. Auch die Küste wird als *resort* der Reichen entdeckt. Um 1800 ist England nicht nur der *workshop of the world*, sondern gibt auch sonst den Ton an, in den Wissenschaften, den Künsten

17

William Turner: Regen, Dampf und Geschwindigkeit – Die große West-Eisenbahn (1844)

und in der Mode. Das bleibt auch unter der langen Regentschaft **Queen Victorias** (1837–1901) so, bis das Land 1880 in eine *great depression* stürzt, die auch die Landwirtschaft befällt und der man durch einen um so aggressiveren Imperialismus entgegensteuert. Noch beträgt der Weltmarktanteil mehr als ein Drittel.

1712 Thomas Newcomen, Metallwarenhändler aus Dartmouth (Devon) baut die erste praktikable Dampfmaschine.

1719 Der Roman »Robinson Crusoe« von Daniel Defoe (1660–1731), einem der ersten Berufsjournalisten von Rang, entfacht den Streit über den Ursprung des Menschen.

1754 In Bath wird mit dem Bau des Circus begonnen (12. Route).

1800 Die Poeten Samuel Taylor Coleridge (1772–1834) und William Wordsworth (1770–1850) geben gemeinsam ihre »Lyrischen Balladen« heraus. Die englische Romantik blüht auf. William Turner (1775–1851), der erstmals auch ungegenständlich arbeitet, malt sein erstes Bild.

1805 Der Seesieg von Trafalgar über die vereinte spanisch-französische Flotte zerstreut die Invasionsängste und löst einen Bauboom aus.

1806 Isambard Kingdom Brunel (1806–59) wird in Portsmouth (Hampshire) geboren; er verkörpert als Ingenieur (Planung der Great-Western-Eisenbahnlinie London – Bristol) und Baumeister (Clifton-Hängebrücke in Bristol) den Erfindergeist des 19. Jh.

1810	Bau des Kennet & Avon Kanals, der London mit Bristol verbindet.
1815	Humphry Davy, ein Apotheker aus Penzance (Cornwall), erfindet eine Sicherheitslampe für Bergleute, die ihn weltberühmt macht.
1823	Erster Seebadpier in Brighton (4. Route).
1830	Von Kent breiten sich Bauernaufstände aus. 19 werden gehängt, 500 nach Australien deportiert.
1832	Eine Wahlreform bringt der reichgewordenen Bourgeosie die politische Mitsprache.
1835	William Henry Fox Talbot (1800–77) entwickelt in Lacock (Wiltshire) mit der Technik des »fotografischen Zeichnens« die Grundprozesse der Fotografie (13. Route).
1837	Die »Pickwick Papers« erscheinen, der erste sozialkritische Roman von Charles Dickens (1812–70), dessen Thema die unterdrückten Klassen sind, während William Thackeray (1811–63) sich den oberen Schichten widmet, die er bei seinen langen Aufenthalten in Bath und Brighton beobachten kann. In Trowbridge (Wiltshire) erfindet der Schulmeister Isaak Pitman eine »stenografische Lautschrift«.
1840	Queen Victoria (1819–1901) heiratet ihren Vetter Albert (1819–61), der 1851 die erste Weltausstellung initiiert, zu der fünf Millionen Besucher mit der Eisenbahn anreisen.
1843	Gründung einer »progressiven« *public school* mit erweitertem Lehrplan in Marlborough (13. Route).
1863	Die *Football Association*, der erste nationale Fußball-Verband, wird gegründet.
1865	Charles Lutwige Dodgson, alias Lewis Carroll (1832–98) schreibt mit »Alice im Wunderland« ein Standardwerk der phantastischen Literatur.
1891	London ist mit vier Millionen Einwohnern größte Stadt der Welt.

Kurzer Draht: Technikmonument in Rot

Die schöne neue Welt

Zwar schlägt Großbritannien auf dem Schlachtfeld auch weiterhin jeden Feind (zuletzt bei den Falkland-Inseln und in Kuwait), hinkt aber politisch und wirtschaftlich im zweiten Glied hinterher. Zweimal in diesem Jahrhundert fallen deutsche Bomben auf englische Städte. Im Zweiten Weltkrieg weckt eine drohende Invasion die chronische Kontinentalphobie, deren Symptome später in starken Vorbehalten gegenüber der Europäischen Union zum Ausdruck kommen. Auf den Regierungsbänken herrscht ein reges Wechselspiel (acht konservative und vier Labour-Premiers seit dem Zweiten Weltkrieg), aber Südengland bleibt,

Ausnahmen bestätigen die Regel, eine sichere Tory-Festung. Schon von der Weltwirtschaftskatastrophe der dreißiger Jahre ist der Süden weit weniger betroffen. Der Untergang der klassischen Industrien seit den sechziger Jahren (der Anteil des UK am Welthandel ist seit 1970 um 10% gesunken, das Pfund verfällt) führt schließlich zu einem Nord-Süd-Gefälle. Seitdem gelten die *home counties* – nun vollends Bestandteil der *metropolitan area* – als die prosperierende Region. Vor allem im Südwesten entwickelt sich der Fremdenverkehr zur wichtigen Einnahmequelle. London, weiterhin eine Weltmetropole, von der seit den sechziger Jahren immer wieder Kulturtrends gesetzt werden, entwickelt sich zur ersten multikulturellen Stadtgesellschaft in Europa.

1901	Der in London lebende italienische Ingenieur Guglielmo Marconi (1874–1937) sendet von Cornwall aus erstmals Funksignale über den Atlantik.
1922	Die BBC wird gegründet.
1924	Die roten Telefonboxen werden eingeführt.
1928	David Herbert Lawrence (1832–98), literarischer Rebell gegen die Unnatürlichkeit, schreibt den Roman »Lady Chatterley's Lover«, der erst Jahre später in gekürzter Fassung erscheinen kann (9. Route).
1929	Auf der Great Conference in London erklären Tanzlehrer die englischen »Standardtänze« für verbindlich.
1930	Victoria Sackville-West (1892–1962) veröffentlicht den gesellschaftskritischen Roman »The Edwardians« (Schloß Chevron), der auf einem Adelssitz in Südengland spielt (3. Route).
1931	Gründung des Commonwealth of Nations, in dem ehemalige Kolonien bei der Stange gehalten werden sollen.
1932	Aldous Huxleys (1894–1962) Vision einer »Brave New World« (Schöne neue Welt) erscheint.
1940	Deutsche Bomber greifen erstmals Ziele in Südengland an. Das neu entwickelte Radarsystem und Freiwillige der *Home Guard* helfen bei der Küstensicherung.
1946	Rationierung von Kleidung, Benzin und Lebensmitteln, die erst 1954 aufgehoben wird.
1956	John Osbornes Stück »Blick zurück im Zorn« trifft den Zeitgeist, der in Musik, Film und Theater durch den Aufstand »zorniger junger Männer« bestimmt wird.
1959	Das erste Luftkissenboot rast über den Kanal.
1962	Die Beatles klettern erstmals in die englische Hitparade. Anthony Burgess schreibt den Roman »Clockwork Orange«, der 1971 von Stanley Kubrick brillant verfilmt wird und in England jahrelang nicht gezeigt werden darf.
1965	Erster schwarzer Karneval im Londoner Stadtteil Notting Hill. In den fünfziger Jahren begann die Einwanderung Farbiger aus den ehemaligen Kolonien, deren Zahl sich heute auf etwa zwei Millionen beläuft.
1971	Die Einführung des Dezimalsystems bringt das Ende der *bobs (fivepence)*.
1976	Von London verbreitet der Punk die Endzeitstimmung der Ölkrisenära.
1979	Margaret Thatcher wird als erste Frau *Prime Minister* (Rücktritt 1991) und leitet radikale Wirtschaftsreformen ein.
1981	Kronprinz Charles heiratet Lady Di (leben seit 1993 getrennt).
1991	*Shake hands* englischer und französischer »Chunnel«-Arbeiter beim Kanaltunnel-Durchbruch.
1994	Eröffnung des Euro-Tunnels.

Kreide: White cliffs of Dorset ▷

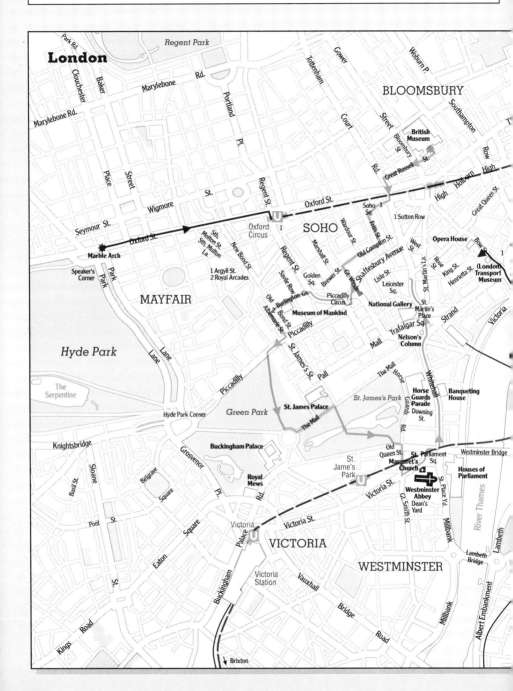

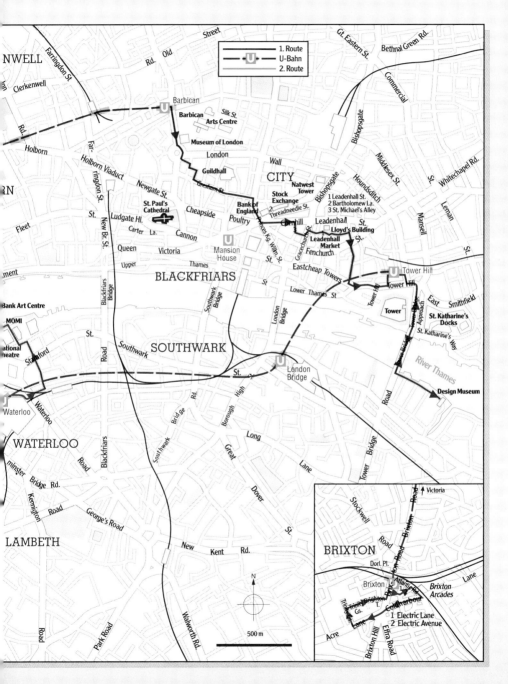

1. Route – Programm: London – City und Southbank

Die Route ist im Stadtplan auf Seite 22/23 rot eingezeichnet.

Vormittag	Von **Speaker's Corner** aus Schaufensterbummel in der **Oxford Street**. Mit U-Bahn von Oxford Circus nach Barbican. Besuch im **Museum of London**. City-Spaziergang. Mit U-Bahn von Tower Hill nach Brixton.
Nachmittag	Rundgang durch **Brixton Market**. Mit U-Bahn von Brixton nach Waterloo. Vorbei am **South Bank Centre** über Waterloo Bridge nach **Convent Garden**.

Alternativen: Zwei Museumsbesuche sind vorgesehen, wobei man sich vormittags zwischen Stadt- und Designgeschichte, nachmittags zwischen Kino- (MOMI) und Verkehrsgeschichte (London Transport Museum) entscheiden kann. Dagegen würde ein Besuch im **Tower** nicht noch zusätzlich in den Stundenplan passen. Wer auf die Zwingburg nicht verzichten will, muß ein Museum streichen. Dies gilt ebenso für Freunde der Kirchenarchitektur, die **St. Paul's Cathedral** nicht versäumen wollen (von Tower Hill mit U-Bahn bis Mansion, danach von Blackfriars (Circle Line) nach Brixton, umsteigen nach 5 Stationen bei Victoria (Victoria Line).

1. Route – Informationen

London; ✆ Vorwahl 0171 oder 0181

Die weit über zehn Millionen jährlichen London-Besucher dürfen sich in 700 Hotels um freie Zimmer schlagen. Bei knappem Angebot und hohen Preisen sollte in jedem Fall im voraus reserviert werden. In London versuchen unter anderem folgende Agenturen, auch noch am Tag der Ankunft gebührenfrei ein Bett für Sie zu finden:

i British Travel Centre
12 Regent St., Piccadilly Circus, SW1
✆ (0171) 730 3400
Mo – Fr 9 – 18.30, Sa, So 10 – 16 Uhr. Mai – Sept. Sa länger geöffnet
Buchen auch Zimmer.

i London Tourist Board
✆ (0171) 824 8844
Mo – Fr 9.30 – 17.30 Uhr

Telefonische Reservierung (doch nur mit Kreditkarten).

The Gore
189 Queen's Gate, SW7
✆ (0171) 584 6601, Fax 589 8127
Viktorianisches Eckhotel, nur einen Steinwurf weit vom Hyde Park entfernt, gilt als Geheimtip für Popstars. Wer hier ankommt, durchschreitet ein Dickicht tropischer Blätter, wird von skurrilen Tierfiguren aus der Froschperspektive beobachtet und vom Personal nonchalant angesprochen. Jedes Zimmer hat seinen eigenen Charakter. Geheimtip nicht nur für *honeymooner*: die Suite im Tudorstil inklusive Fachwerkgebälk und Baldachin. Bar und Bistro sind Tummelplätze für Londons Kulturlöwen. £££

(Die Auflösung der £-Zeichen finden Sie auf Seite 215.)

1. Route – Informationen

 The Basil Street Hotel
Basil St., SW3
ⓒ (0171) 583 311, Fax 581 3693
Der schöne Clubraum links vom Eingang
war früher einmal Schalterhalle für die
U-Bahn, später ein feiner *ballroom*. 1919
machten die Eltern der heutigen Besitzer
ein anheimelndes Domizil aus diesem
Haus, mit winzigem Fahrstuhl, hellen Korri-
doren und einer Klingel neben jedem Bett,
mit der man nach Tee, Kaffee oder anderen
Getränken läuten kann. ££

 King's College Campus Vacation Bureau
522 King's Road, King's College, SW10
ⓒ (0171) 351 6011, Fax 352 7376
Studentenzimmer, verteilt über das Stadt-
gebiet. £

 Carter Lane
36 Carter Lane, EC4
ⓒ (0171) 236 4965
Jugendherberge. £

 Tent City
Old Oak Common Lane, East Acton, W3
ⓒ (0181) 749 9074
Die billigste Art, in London zu logieren:
Zeltstadt für Globetrotter von Juni–Aug.
Ordentlich geführt. Wohnwagen nicht
zugelassen. Zelte und Wohnmobile. £

 Marble Arch
Oxford St./Ecke Park Lane (nahe
Speaker's Corner), W1
1828 erbaut nach römischem Vorbild und
Plänen von John Nash. Den geplanten
Skulpturenschmuck hat man sich gespart.

 Selfridges
400 Oxford St., W1
ⓒ (0171) 629 1234
Entstand 1909 im *Edwardian* Boom, Englands Belle Époque. Berühmt für das uni-
versale Angebot und die riesige Lebens-
mittelabteilung.

 Liberty
210-220 Regent St., W1
ⓒ (0171) 734 1234
Eine andere klassische Kaufhausadresse in
der Nähe von Oxford Circus. Großer Name
in Tüchern und Stoffen. Eröffnete 1875 im
pseudomittelalterlichen Stil.

 Argyll Arms
18 Argyll St.
ⓒ (0171) 734 6117
Mo–Sa 11–23 Uhr
Nebenstraßenkneipe, eine der besten in
der Nähe der Oxford St. Man achte auf die
viktorianischen Fenster und Spiegel!

U: Oxford Circus – Victoria Line-northbo-
und (3 Stationen) – Kings Cross – Circle
oder Metropolitan Line-eastbound (2 Stationen) – Barbican

 Barbican Centre
Silk St., EC2
ⓒ (0171) 638 4141 (Info), 638 8891 (Buchungen)
Etwa 2 000 Wohnungen entstanden 1959–79
auf Londons größtem Ruinengrundstück.
Das Kulturzentrum, das die Stimmung in
diesem zugigen Betongebirge heben sollte, kam 1981 hinzu. Der Weg dorthin ist
schwierig, aber ausgeschildert. Veranstal-
tungshinweise in den City-Magazinen.

 Museum of London
150 London Wall, EC2
ⓒ (0171) 600 3699
Di–Sa 10–18, So 12–18 Uhr
»London ist Englands Lebensquell«,
schrieb ein Dichter schon 1155, also etwa
zur Halbzeit der 2 000jährigen Stadtge-
schichte, die hier präsentiert wird (plus Einzelausstellungen und einer Cinemathek).

 Guildhall
Guildhall Yard, Off Gresham St., EC2
ⓒ (0171) 606 3030
Baubeginn 1411, 1789 mit neuer Front (aus
griechischen, gotischen und indischen

Motiven) versehen. Die Halle des Rathauses ist die größte in der City. Am 10. November beginnt von hier aus die *Lord Mayor's Show*, die vor Mansion House, schräg gegenüber der Bank of England, endet.

  Bank of England
Threadneedle St., EC2
Mo–Fr 10–17, April–Sept. So 11–17 Uhr
Ein neues Museum (Eingang Bartholomew Lane, ℰ (0171) 601 5545) bietet Wissenswertes für angehende Moneymaker.

 Jamaica Wine House
St. Michael's Alley, EC3
ℰ (0171) 626 9496
Sein Besitzer soll 1652 von einer Seereise nicht nur einige Säcke voll Kaffee, sondern auch einen jungen Türken mitgebracht haben, der die braunen Bohnen vollendet zubereiten konnte.

 Leadenhall Market
Whittington Avenue, Off Gracechurch St., EC3
Laden geöffnet Mo–Fr 7–15 Uhr
Unter den Arkaden aus Glas und Eisen (1881) mischen sich Ur-Cockneys mit Bankern in Straßenläden, Bars und Restaurants. Hier ist der Ort, um Austern, exotische Früchte und Champagner zu kaufen.

 Lloyd's of London
Lime St., EC3
ℰ (0171) 327 6210
Mo–Fr 10–14.30 Uhr
Das neue Headquarter des Versicherungsgiganten – mit 600 Millionen Mark das teuerste Bauprojekt im UK – erfüllt seinen PR-Zweck: Es wird weiter kontrovers diskutiert, zum einen wegen seines extrovertierten Stylings (Architekt Richard Rogers war Miterbauer des Pariser Centre Pompidou), zum anderen, weil es nicht wenige, die darin arbeiten, für ziemlich unpraktisch halten.

Lloyd's Headquarter

 Tower of London
Tower Hill, EC3
ℰ (0171) 709 0765
März–Okt. Mo–Sa 9–18, Okt.–März Mo–Sa 9–17, So 10–17 Uhr. Ceremony of the Keys tägl. 21.45 Uhr
Einziger Königspalast, in dem die gekrönten Häupter jahrhundertelang mit ihren ärgsten Feinden zusammenlebten, jeweils jedoch nur so lange, bis letztere enthauptet wurden. Der Tower war nicht nur Residenz, Festung, Schatzkammer, Gefängnis, Zoo und Münzstätte, sondern auch Observatorium (bis zum Neubau in Greenwich). Neue Klunkerschau im Jewel House 1994 eröffnet.

 Tower Bridge
SE1
ℰ (0171) 403 3761

1. Route – Informationen

Einer der stärksten Londoner Touristen-
magneten. Das »Neuschwanstein« unter
den Brücken. Der Zugmechanismus, einst-
mals dampfbetrieben, funktioniert heute
elektrisch. Der verglaste Fußweg in luftiger
Höhe bietet schöne Ausblicke.

 St. Katherine's Docks
Am Tower Pier, SE1
Das erste außer Dienst gestellte Hafenbecken (erbaut 1824) wurde zu einem Frei-
zeitzentrum mit Jacht- und Museumshafen
umgewandelt. Attraktion: die »Discovery«,
das Schiff des glücklosen Polarforschers
Robert F. Scott.

 Design Museum
Butlers Wharf, SE1
✆ (0171) 403 6933
Mo–Fr 11.30–18, Sa, So 12–18 Uhr
Schaufenster für Braun, Olivetti & Co.
Eröffnete 1989 in einem alten Kesselhaus.

U: Tower Hill – Circle oder District Line
(9 Stationen) – Victoria – Victoria Line
(4 Stationen) – Brixton

Rundgang: Brixton Road (U-Bahn-Station
Brixton) – Electric Avenue – Brixton Arcades
– Coldharbour Lane – Atlantic Road – Acre
Lane – Trinity Gardens – Brighton Terrace

 Brixton Market
Electric Avenue, SW9
Mo, Di, Do, Sa 8–18, Mi 8–13, Fr 8–19 Uhr
Die Electric Avenue (Ende der 80er Jahre
setzte der schwarze Popstar Eddy Grant ihr
ein musikalisches Denkmal) war Londons
erste elektrisch beleuchtete Straße. Heute
führt sie zu den Brixton Arcades, wo alle
Wohlgerüche der Karibik duften. Ein Treffpunkt für *locals*, der noch nicht touristisch
vermarktet wird. Große Auswahl an Fisch
und schwarzer Musik.

 Brixton Brasserie
30 Acre Lane, SW2

✆ (0171) 326 5225
Tägl. geöffnet ab 10, So ab 12 Uhr

  Brixtonia
11 Dorrell Place, SW9
✆ (0171) 978 8870
Bar Mo 17.30–24, Di, Mi 12–24, Do–Sa 12–1 Uhr
Dinner Di–Sa 19–23.30 Uhr
Easy going in einem kleinen Restaurant/Bar
mit gut sortiertem Rum-Laden. ££

U: Brixton – Victoria Line (1 Station) – Stockwell – Northern Line (3 Stationen) – Waterloo

 South Bank Centre
Belvedere Road, SE1
✆ (0171) 928 3002 (Info), 928 8800 (Buchungen) Darin:

 Hayward Gallery
✆ (0171) 928 3144
Tägl. 10–18, Di, Mi bis 20 Uhr
Londons größtes Haus für Wechselausstel-
lungen. Einer der Schwerpunkte ist die
außereuropäische Kunst.

 Royal National Theatre
South Bank, SE1
✆ (0171) 928 2252
»The National« ist ein großes Haus in jedem
Sinne: die Sichtbetonburg von 1976 umfaßt
neben sechs Bars, mehreren Läden und
einem Restaurant drei Bühnen für Spitzen-
produktionen von klassisch bis experi-
mentell.

 Museum of Moving Image (MOMI)
✆ (0171) 401 2636 (Tonband)
Tägl. 10–18 Uhr, letzter Einlaß eine Stunde
vor Schluß
Gewann Preise für die einfallsreiche Art,
die Zuschauer zu fesseln. Vom chinesischen Schattentheater bis zum Breitwand-
fernsehen.

1. Route – Informationen

 National Film Theatre Restaurant
℡ (0171) 928 3232
Lebendige und preiswerte SB-Gaststätte
beim Kino-Museum mit großer Terrasse
und angeschlossener Biertheke. £

 Waterloo Bridge
Zweite Londoner Brücke (1783). Neubau
1939–45 in Beton, der sich seiner gewichti-
gen Umgebung, wie Savoy Hotel und
Somerset House, recht gut anschmiegt und
für den ungeheuren Verkehr nichts kann.
Doch das Beste an dieser Brücke ist der
Blick auf London, ein eindrucksvolles Pan-
orama zu beiden Seiten, das auf kleinen
Tafeln am Wege erläutert wird.

  Covent Garden
Ganz früher einmal Klostergarten von
Westminster Abbey, später legendärer
Blumenmarkt, auf dem Eliza ihren Dr. Hig-
gins und Hitchcocks (1899–1980) »Frenzy«
1971 ihren Mörder traf. Die St.-Paul-Kirche
von 1631 gehört zur Piazza-Konzeption des
Architekten Inigo Jones (1573–1652), der
Londons ersten, freilich noch offenen Platz
schuf. Diesen ursprünglichen Eindruck
wiederherzustellen, wäre ein Argument
gewesen, die Hallen (1831) nach der Ver-
legung des Marktes abzureißen. Nun bieten sie Heimstatt für Kleinkunst und -han-
del. Jubilee Market ist einer der zwei auf
Kunsthandwerk getrimmten Märkte und
ein Falle, in die Touristen gerne gehen
(Di–So 9 –17 Uhr). Mo Antiquitätenmarkt
(9–17 Uhr). Die Geschäfte ringsum sind
bis 20 Uhr geöffnet. Danach erwartet Sie
Musikgenuß, je nach Geschmack im Rock
Garden, Africa Centre oder im nahegelegenen Opernhaus, in dem das Royal Ballet
tanzt.

 Royal Opera House
Bow St,. WC2
℡ (0171) 240 1066, 240 1911 (Buchungen)
Londons »Scala«. Große Namen bürgen für
große Stimmen, große Gagen und große
Publicity.

 Calabash
38 King St., WC2
℡ (0171) 836 1976
Londons bekanntestes afrikanisches
Restaurant im Keller des Africa Centre. Die
wöchentlich wechselnde Speisekarte bietet eine kulinarische Rundreise durch den
schwarzen Kontinent von Ägypten bis Zaire
bei akzeptabler Qualität und freundlicher
Bedienung. ££

 Porter's
17 Henrietta St., WC2
℡ (0171) 836 6466
Geräumiges Lokal auf zwei Stockwerken
mit Säulen, Spiegeln und Schnitzereien.
Moderne Version des traditionellen englischen *pie shop*. Es gibt keine Vorspeisen,
nur eine kleine Speisekarte mit sieben *pies*
(Pasteten). Zum Nachtisch gibt es Pudding-
Kalorienbomben. £

 Bhatti's
37 Great Queen St., WC2
℡ (0171) 831 0817
Hübsches Restaurant in einem 500 Jahre
alten Gebäude. ££

 Taste of India
25 Catherine St., WC2
℡ (0171) 836 6591
Mo–Sa 12.30–14.30 und 19–23 Uhr
Elegant. Ausgezeichnete bengalische
Küche. ££

 Lamb and Flag
33 Rose St., Covent Garden, WC2
℡ (0171) 836 4108
Berühmtes Pub, in dem einst Boxkämpfe
barfäustig ausgetragen wurden.

London live
Durch die neue Metropolis

»Ich habe das Merkwürdigste gesehen, was die Welt dem staunenden Geiste zeigen kann. Noch immer starrt in meinem Gedächtnisse dieser steinerne Wald von Häusern und dazwischen der drängende Strom lebendiger Menschengesichter«, notierte der Dichter Heinrich Heine 1827 in seinen Londoner »Reisebildern«. Wie ehedem kann ein Besucher aus der deutschen Provinz hier ins Staunen geraten. Die Ecke **Speaker's Corner**, bekannt für ihre Sonntagsredner, ist dafür ein geeigneter Ausgangspunkt. An Merkwürdigkeiten besteht kein Mangel.

Da erhebt sich **Marble Arch**, ein Tor das nirgendwo hinführt. Der Marmorkoloß mußte hierher umziehen, weil er nicht zur Fassade des königlichen Palastes paßte und ärgert nun die Autofahrer, die einen großen Bogen

Sonntagsreden: Speaker's Corner

Schick: Partyausrüstung

um ihn machen müssen. In einer Ecke das Kreisels lehnt eine Reihe roter Telefonboxen. Wäre es nach dem Willen der Manager von »British Telecom« gegangen, lägen diese Markenzeichen englischer Lebensart schon auf dem Schrott. Das ließ jedoch der Volkszorn nicht zu. Nun stehen sie hier unter Denkmalschutz.

Auf der **Oxford Street** kann sich, wer Kauflust spürt, ihr ungefährdet vom Verkehr hingeben. Hier gibt es nichts, was es nicht gibt, und immer noch jene »grauenhafte Hast«, die schon Heine auffiel. **Selfridges**, einer der beeindruckendsten Warenpaläste der Stadt, nimmt einen ganzen Häuserblock ein. »In der Bond Street gibt es einen Modeprofessor, der für eine halbe Guinee die Kunst lehrt, wie man Krawatten nach dem neuesten Stil bindet«, wunderte sich ein London-Besucher im vorigen Jahrhundert. Ob dies Geschäft noch floriert, ist nicht sicher. Aber an der Straße, die von hier aus zum Piccadilly führt, kann man sich immer noch elegant einkleiden. Den letzten Schrei gibt's allerdings seit einigen Jahren in einem Seitenärmel, der South Molton Street. Zählen Londons Modedesigner doch zu den frechsten in Europa. Am **Oxford Circus**, wo nebenan die *»Auntie«* BBC residiert, kreuzen sich drei U-Bahn-Linien im tiefen *underground*.

Einkaufszone: Shopping in der Oxford Street

Wahrzeichen: Tower und Tower Bridge ▷

Konsumwelt: Londons Design Museum

Im **Barbican Centre**, einer auf einem Trümmerfeld des letzten Weltkriegs gelegenen, aus Betonwaben zusammengesetzten Retortensiedlung, ist außer einem Theater-, Konzert- und Ausstellungszentrum auch das **Museum of London** versteckt. In dem Betonkasten an der alten Stadtmauer kommt die Geschichte der Sieben-Millionen-Metropole nie abgehoben daher. Allerdings zwingt die Fülle der Informationen, sich fürs erste einige Lieblingsepisoden auszuwählen. Ob beim Horror des *great fire*, bei Slumszenen aus dem armen Osten oder bei verschwenderischer Art-déco-Eleganz, wie sie einmal im Kaufhaus Selfridges herrschte, hier wird man in den Zeitgeist hineingezogen und kann sich aus Einzelsteinchen sein Mosaikbild der Metropolis machen.

Der Straßenname **London Wall** zeigt, daß hier einst eine Stadtmauer die alte City umschloß, heute eine so gut wie unbewohnte Zone, beherrscht von Büros und Banken. In der **Guildhall** regiert der *Lord Mayor*, Londons einziger Bürgermeister, seit die Regierung 1986 die zentrale Stadtverwaltung kurzerhand liquidierte. Nun rückt mit der **Bank of England** das Epizentrum der Finanz- und Handelskapitale näher. Die ehrwürdige Hüterin des Pfund Sterling wurde vor dreihundert Jahren gegründet, um einen Krieg gegen Frankreich zu finanzieren. Im Himmel darüber recken sich unkeusch die Auswüchse mammonscher Phallokratie. Der **Natwest Tower**, im Baujahr 1981 das höchste Gebäude der Insel, hat mit seinen 183 Metern (600 *feet*) beim Imponierwettbewerb der vier britischen Großbanken den vorläufigen Sieg davongetragen.

Rund um die U-Bahn-Station Bank ist die höchste Nadelstreifendichte erreicht. Das **Mansion House** ist die offizielle Residenz des Lord Mayor. An derselben Kreuzung liegt auch die **Royal Exchange**. Die Warenbörse wurde im 16. Jahrhundert gegründet, als London ins Zentrum des Welthandels rückte und man die Kaufleute beim Kungeln nicht mehr im Londoner Regen stehen lassen wollte. Der Ort, an dem sich die Wirtschaftsvektoren heute ausrichten, ist die Wertpapierbörse, Londons **Stock Exchange**. Auf Cornhill findet, wer sucht, das hinter der St.-Michael-Kirche eingekeilte **Jamaica Wine House**, das trotz seines Namens die Ehre für sich in Anspruch nimmt, das erste Kaffeehaus Londons gewesen zu sein. Hier geben sich auch distinguierte Geschäftemacher hemdsärmelig.

Im 18. Jahrhundert gab es Hunderte von Kaffeehäusern, in denen kühl denkende Händler über heißer Bohnenbrühe ihre Abschlüsse tätigten. Als »eines der schmutzigsten Lokale dieser Art« erschien dem deutschen Fürst von Pückler-Muskau ein Ort,

»dem man es nicht ansieht, daß hier täglich über Millionen verhandelt wird«. Die Rede ist von **Lloyd's**, dem bekannten Versicherungsunternehmen, das auch aus einer Londoner Kaffestube hervorging und heute wie damals an nicht stattgefundenen Havarien verdient. Lloyd's ist sein Reichtum längst anzusehen, insbesondere dem neuen, hinter Leadenhall Market gelegenen High-Tech-Hauptquartier, an dem gläserne Lifts lautlos auf und ab gleiten und das mit den silbrigen Rohrleitungen seines nach Außen gestülpten Innenlebens den Eindruck einer geölten Geldumwälzmaschine macht.

An der Südostecke der Dauerbaustelle London City trutzt der **Tower of London** dem Ansturm von jährlich zwei Millionen Besuchern. Die Umgebung der unbezwungenen Stadtfeste aus normannischer Zeit, die einst nicht nur Residenz, sondern auch Kerker, Garnison und Festung war, hat man gezielt

Butlers Wharf: vom Gewürzspeicher zum Edel-Estate

Covent Garden: Kultur und Kommerz

zum touristischen Territorium ausgebaut. Dazu gehört das 1894 im Zuckerbäckerstil erbaute Stadtwahrzeichen **Tower Bridge** genauso wie neuere Attraktionen. Etwa die aufgemöbelte **Butlers Wharf** mit dem einzigen **Design Museum** der Welt und die zum Hafen für Freizeitkapitäne umfunktionierten **St. Katharine's Docks**. Nichts erinnert mehr daran, daß hier einmal die schmutzigste Meile der Hafenstadt London begann, durch deren Gassen Matrosen und Gerüche aus allen Erdteilen zogen. Im 18. Jahrhundert hatten sich am Themseufer östlich des Towers auch etwa 10 000 Schwarze angesiedelt, ehemalige Sklaven, die 1787 auf Ratsbeschluß allesamt nach Westafrika abgeschoben wurden.

Heute lebt in London weit über eine Million Farbige, deren Vorfahren zumeist vom indischen Subkontinent und aus der Karibik stammen. Nach dem Zweiten Weltkrieg such-

ten die Einwohner der früheren Kolonien im britischen Mutterland ihr Glück, wo man sie als billige Arbeitsreserve brauchte. Die Neubürger aus Übersee machten die Stadt zur ersten gemischtrassigen Metropole Europas, ein Commonwealth im kleinen mit exotischen Läden und Restaurants, eigenen Zeitungen und Radiosendern. Alljährlich feiern sie einen schwarzen Karneval, der mittlerweile zu den größten Straßenfesten Europas zählt.

Wer im Stadtteil **Brixton** aus der U-Bahn steigt, fühlt sich in eine andere Welt versetzt, nicht nur wegen der Reggae-Musik, die dem Ankömmling aus dem kleinen Plattenladen direkt neben dem Fahrkartenautomaten entgegenhämmert. Über den Bürgersteig vor der Station wimmelt ein vielfarbiges Volk, wie man es eher in New York oder Rio de Janeiro erwartet. Selbst bei Marks & Spencer dominiert der dunkle Teint in sämtlichen Brauntönen. Brixton, ein zu Lambeth gehörendes Viertel südlich der Themse, wird seit vielen Jahren vorwiegend von Farbigen bewohnt. Deren Lebensstil ist hier überall sichtbar, ob im Hinterhofverlag für afrikanische Literatur oder beim Bürgersteigpalaver, das im Sommer erst frühmorgens verstummt. Dies alles entspricht so gar nicht dem klassischen *English way of life*. Doch Londons schwärzester Stadtteil liefert den nonchalanten Beleg dafür, daß die vielstrapazierte Idee der »multikulturellen Gesellschaft«, die in Großbritannien zumindest offiziell quer durch alle Parteien akzeptiert wird, in der Realität durchaus funktioniert. Über schwarz-weiße Nachbarschaften regt sich hier niemand auf. Brixton ist kein Ghetto. Und trotzdem steht der Name des Stadtteils fast synonym für den latenten Rassenkonflikt. Seit sich hier nämlich im Jahre 1981 schwarze Jugendliche Straßenkämpfe mit uniformierten Schild- und Koppelträgern lieferten, gehört die Gegend zwischen Brixton Station und Brixton Prison zu einer der bestüberwachten in der ganzen Stadt.

Lapdog: Londonerin geht Gassi

Ursprünglich war der Vorort mit dem Postcode SW9 ein Wohngebiet der gehobenen Mittelklasse. Ein Suburbium wie es im Grundbuch steht: mit einem kleinen Geschäftszentrum, stolz überragt vom bekrönten Turm der **Town Hall** (1908), sowie dem unabdingbaren Bahnanschluß für die Bewohner der zu endlosen Ketten aufgereihten *terrace houses*, jener zum Backsteinlabyrinth degenerierten Illusion von der »Gartenstadt« im Grünen. Zum bürgerlichen Erscheinungsbild paßte auch Londons erste Straße mit nächtlicher Glühbirnenbeleuchtung. An der **Electric Avenue** häufen nun die Händler von **Brixton Market** Fruchtberge und Stoffballen auf. Die gekrümmte Marktzeile führt direkt zu den **Arcades**, einem überdachten Mekka für westindische Delikatessen, wie *tinned ackee* aus Jamaica und *yam*, der auch so süßen Kartoffel. An keiner Stelle in London werden zudem so viel frischer Fisch und solch heiße Scheiben in Vinyl feilgeboten.

Vom Bahnhof **Waterloo** sind es nur fünf Minuten bis zum South Bank Centre. Seit 1977 anläßlich Königin Elizabeths fünfundzwanzigstem Dienstjahr der **Jubilee Walk** angelegt wurde, hat auch der Fußgänger die Möglichkeit, staub- und gestankfrei die Themse entlangzuschlendern. Von hier aus fällt der Blick zurück auf die City, den Wald aus Baukränen, auf die spindeldürren Kirchturmspitzen und auf die Towerblocks der großen Gesellschaften, einer nervösen Skyline, die man förmlich aus dem ertragreichen Grund herauswachsen sieht.

Ins nahe **South Bank Centre**, dessen zementener Charme dem gegenwärtigen Kronprinzen derart mißfällt, daß Charles es am liebsten abreißen lassen würde, strömt allabendlich die feingemachte Gesellschaft in die Weihestätte der hohen Kultur, ins **Natio-**

nal Theatre, in die **Royal Festival Hall**, in die Galerien. Vor ein paar Jahren zog hier auch das **Museum of the Moving Image**, kurz **MOMI**, ein: Filmgeschichte als visuelles Spektakel. Die Restaurantterrasse der populären Schau liegt geschützt unter dem ersten Brückenbogen von **Waterloo Bridge**, wo sich Bücherberge auf improvisierten Verkaufstischen stapeln und Straßenmusikklänge eine bohèmehafte Frühabendstimmung aufkommen lassen.

Aber das ist nur das Vorspiel für **Covent Garden**, einst Londons zentraler Blumen- und Gemüsemarkt. Seine Hallen standen jahrelang leer und ihr Abriß konnte nur durch massiven Bürgerprotest verhindert werden. Mittlerweile bilden sie jedoch den Mittelpunkt für einen der lebendigsten Plätze der Stadt, der längst auch in den Prospekten der Touristenbüros ganz vorne steht. Auf dem Pflaster der Piazza wird wieder Markt getrieben, Freiluftschausteller machen sich gegenseitig Konkurrenz. Abends mischt sich in den Cafés und Restaurants ein unsortiertes Publikum. Ein Treffpunkt für Einheimische und Fremde, die vielleicht gerade aus einer Musikveranstaltung in dem benachbarten **Africa Centre** kommen, aus dem kleinen, wilden **Rock Garden** oder aus dem **Royal Opera House** um die Ecke. Hier spielt die Weltstadt live. ■

Sitzplatz: Reservierungsservice im Hotel

2. Route – Programm: London – Soho und Westminster

Die Route ist im Stadtplan auf Seite 22/23 blau eingezeichnet.

Vormittag

Vom **British Museum** (Besichtigung) nach **Soho.**

Nachmittag

Von **Piccadilly Circus** über Regent Street, durch die **Royal Arcade** und Green Park zum **Buckingham Palace.** Von hier durch den **St. James's Park** zur **Westminster Abbey** (Besichtigung). Whitehall, mit den **Houses of Parliament** und **Banqueting House,** führt über Trafalgar Square zur **National Portrait Gallery** (Besichtigung). Hinter dem Leicester Square beginnt **Chinatown.**

2. Route – Informationen

 British Museum
Great Russell St., WC1
✆ (0171) 636 1555
Mo–Sa 10–17, So 14.30–18 Uhr, Eintritt frei
Das größte Museum des Landes und eines der größten überhaupt steht mit nahezu vier Millionen Besuchern im Jahr an der Spitze von Londons *top sights*, und das zu recht. Es bekam Mitte des 19. Jh. sein neogriechisches Gehäuse, bei dessen Gestaltung sich der Brite Sir Robert Smirke (1780–1867) vom Preußen Karl Friedrich Schinkel (1781–1841) inspirieren ließ. Bei Teilen des Ostflügels wurden gespannte Eisenträger in Beton gegossen, ein frühes Beispiel dieser modernen Bauweise. Hinter der klassischen Säulenfassade wartet die »Beute des Imperiums«. Der lohnende Blick in den alten Lesesaal der **British Library** ist nur im Rahmen einer *guided tour* möglich, bei der man, wie inzwischen allgemein üblich, einen Kassettenrekorder samt Kopfhörer umgehängt bekommt.

 Cranks
8 Marshall St., W1
✆ (0171) 437 9431
Mo–Sa 8–20 Uhr

Filiale einer Kette vegetarischer Cafés mit *organic food* zu vertretbaren Preisen. £

 Patisserie Valerie
44 Old Compton St., W1
✆ (0171) 437 3466
Mo–Fr 8–20, Sa 8–19, So 10–18 Uhr
Jeder kriegt sein Sandwich, auch wenn der Laden ständig überquillt. £

Wegweiser: Great Russel Street – Tottenham Court Road – Sutton Row – Soho Square – Frith Street – Old Compton Street – Brewer Street – Great Windmill – Piccadilly Circus

 Piccadilly Circus
1893 wurde zu Ehren des Sozialreformers Earl of Shaftesbury ein »Engel der Barmherzigkeit« aufgestellt. Bis zum Zweiten Weltkrieg war »The Dilly« der Platz der Blumenfrauen, später Hippiehochburg.

Museum of Mankind
6 Burlington Gardens, W1
✆ (0171) 437 2224
Mo–Sa 10–17, So 14.30–18 Uhr
Die ethnologische Abteilung des British Museum in Londons Ex-Universität.

2. Route – Informationen

 Royal Arcade
Verbindet 28 Old Bond Street und 12 Albemarle Street. Londons eleganteste viktorianische Passage (1879) ist 40 m lang. Queen Victoria kaufte ihre Reitröcke bei H.W. Brettel's.

 Brown's Hotel
21-24 Dover St./Albemarle St., W1
✆ (0171) 493 6020, Fax 493 9381
Hochenglisches Haus. Beim klassischen *afternoon tea* zwischen 15 und 18 Uhr wird für £ 13,95 eine exzellente Auswahl von *dainty tea sandwiches, homemade cakes* und *toasted scones* auf silbernem Tablett gereicht. Anmeldung gilt nicht.

 Buckingham Palace
Buckingham Palace Road, SW1
Da die Gemächer Ihrer Majestät jetzt zugänglich gemacht wurden, brauchen Fans der *Royal Family* nicht mehr über den Zaun zu steigen. Seit Sommer 1993 sind ausgewählte Zimmer gegen Eintritt (£ 8) zu besichtigen, um mit dem eingenommenen Geld das abgebrannte Windsor Castle zu restaurieren. In der ersten Saison kamen fast 400 000 Besucher.

 Royal Mews
Buckingham Palace Road, SW1
 Mi 12–16 Uhr (extra Tage im Sommer)
Bestbesuchte Garagen der Stadt, in denen u.a. Kutschen und Rolls-Royce-Karossen ausgestellt sind.

 St. James's Park
The Mall, SW1
Zutritt tägl. von Dämmerung zu Dämmerung
»Man sieht im St. James's Park Kühe und Ziegen, wodurch er ein sehr ländliches Ansehen bekommt. Die Engländer trinken hier bei ihren Spaziergängen Milch, die aber vor

Lunch: Neubriten beim Picknick

40

2. Route – Informationen

ihren Augen gemolken werden muß«, berichtete ein deutscher Adliger im Jahre 1787. Kühe gibt es nicht mehr, dafür aber Schwäne und kanadische Gänse sowie einen künstlichen Wasserfall.

Westminster Abbey
Dean's Yard, SW1
✆ (0171) 222 5152 (Auskunft Gottesdienstzeiten)
Abtei: Mo–Sa 8–18, Mi 8–19.45 Uhr, So zwischen den Gottesdiensten. Querschiff: Mo, Di, So–Sa 7.30–18, Mi bis 19.45 Uhr; Königskapellen: Mo–Fr 9–16, Sa 9–14, 15.45–17, Mi auch 18–19 Uhr; Chapter House, Pyx Chamber, Abbey Museum: tägl. 10.30–16 Uhr; College Garden: April–Sept. Do 10–18, Okt.–März Do 10–16 Uhr
Der Grundstein des Vorgängerbaus, die Klosterkirche einer Benediktinerabtei, wurde um 750 gelegt. Im 11. Jh. gründete Eduard der Bekenner die heutige Abtei, die im Mittelalter das Zentrum eines Königspalastes bildete. Seit Wilhelm dem – normannischen – Eroberer (1066) wurden hier alle englischen Herrscher gekrönt, die meisten von ihnen verheiratet und (bis 1760) begraben.

Houses of Parliament
Parliament Square, SW1
✆ (0171) 219 4272
Beide Kammern sind während der Parlamentssitzungen für Publikum geöffnet (Eingang der St. Stephen's Hall). House of Lords/Oberhaus: Mo–Mi ab 14.30, Do ab 15, Fr ab 11 Uhr bis Debattenende (ca. 16 Uhr). House of Commons/Unterhaus: Mo–Do 14.30–22.30, Fr 9.30–15 Uhr. Die Westminster Hall ist nicht öffentlich zugänglich. Mit dem an der Stelle des niedergebrannten Palace of Westminster nach 25jähriger Bauzeit 1860 fertiggestellten Gebäude gaben die Architekten Charles Barry

(außen) und Augustus Welby Pugin (innen) dem *Gothic Revival* die staatliche Weihe. Einem an sich strengen Baukörper sind sich wiederholende spätgotische Ornamente aufgesetzt.

Banqueting House
Whitehall, SW1
✆ (0171) 930 4179
Di–Sa 10–17 Uhr
1619–22 erbaut vom Hofarchitekten Inigo Jones, einem Zeitgenossen Shakespeares, der seiner Zeit weit voraus war. Nicht zu übersehen das Deckengemälde von Peter Paul Rubens, eine Apotheose auf das Königshaus in neun Kapiteln, das dem Maler die Ehre der Ritterschaft eintrug.

National Portrait Gallery
St. Martin's Place, WC2
✆ (0171) 306 0055
Mo–Fr 10–17, Sa 10–18, So 14–18 Uhr
Geschichte in Gesichtern, eine schöne Marotte in der englischen Kunst. Faszinierende Sonderausstellungen.

Leicester Square
WC2
Einer von Londons ältesten Plätzen, 1670 vom Earl of Leicester auf den Leicester Fields angelegt. Herz des West End mit mittelmäßiger Architektur. Ausnahme: das schwarz gefliste Odeon-Kino (1937).

Lyric Theatre
Shaftesbury Avenue, W1
✆ (0171) 494 5045
Operette und Musical.

Palladium
8 Argyll St., W1
✆ (0171) 494 5020
Varieté und Pantomime.

Palace
Shaftesbury Avenue, W1
✆ (0171) 434 0909
Massenmusicals.

 Apollo
Shaftesbury Avenue, W1
✆ (0171) 494 5070
Boulevardstücke.

 St. Martin's
West St., Cambridge Circus, WC2
✆ (0171) 836 1443
Der Dauerbrenner »The Mousetrap« von
Agatha Christie steht seit 1952 auf dem
Spielplan.

Chinatown
So wird das Areal zwischen Shaftesbury
Avenue und Leicester Square genannt, seit
sich dort (um die Gerrard Street) in der
Nachkriegszeit eine lokale chinesische
Gemeinde gebildet hat. Die Gegend ist
voll von exotischen Geschäften und
Restaurants aller Preisklassen, von denen
hier nur wenige herausgegriffen werden.

Engel, der zum Eros wurde

 Dragon Gate
7 Gerrard St., W1
✆ (0171) 734 5154
Tägl. 12–23.30 Uhr
Erstes Szechuan-Restaurant der Stadt und
vermutlich eines der besten. ££

 Chuen Cheng Ku
17 Wardour St., W1
✆ (0171) 437 1398
Lebendiges vierstöckiges Lokal (400
Plätze), das von Chinesen bevorzugt wird.
£–££

 Fung Shing
15 Lisle St., W1
✆ (0171) 437 1539
Tägl. 12–23.30 Uhr
Traditionelle und neuere kantonesische
Küche. Immer voll. ££

 Mr. Kong
21 Lisle St., W1
✆ (0171) 437 7341
Tägl. 12–1.45 Uhr
Kantonesische Chinatown-Legende. Teure
Leckerbissen auf einer Spezialkarte. ££

 Wong Kei
41-43 Wardour St., W1
✆ (0171) 437 8408
Tägl. bis 23.30 Uhr
Typisch: unfreundliche Bedienung, mini-
malistische Bestuhlung und schmackhafte
Gänge. Preiswert. ££

Good old London
Rund um Piccadilly Circus

Vor dem Eingang des **British Museum** stehen sie noch, die Säulen des *Empire*. Großbritannien, in dessen Kolonialreich einst die Sonne nicht unterging, bediente sich an den Schätzen ferner Länder. Englische Reisende schleppten sie heim und deponierten sie in dieser Vitrine der Weltkultur, in der man ihre Schönheit bis heute im Orginal bestaunen kann. Die Tour durch das meistbesuchte Museum der Welt wird zum Test in der Disziplin des Besichtigens, ein touristisches Rigorosum, bei dem man in schier endlosen Sälen durch die Kontinente streift. Allerdings kann man dabei unnötige Umwege auf einfache Weise vermeiden: auf gratis ausliegenden Spickzetteln haben verständnisvolle Museumspädagogen nämlich außer Übersichtsplänen auch eine Hitliste der vierzehn größten Publikumsmagneten aufgeführt.

Auch derjenige, der einfach von vorne anfängt, macht keinen Fehler. Hinter dem obligatorischen Andenkenladen betritt man die Welt des antiken **Mesopotamien**, des biblischen Zweistromlandes auf dem Gebiet des heutigen Irak, das als eine Wiege der Zivilisation gilt. Davor wachen zwei geflügelte Löwen mit Menschenköpfen, Kolosse aus dem Palast Assurnasirpals II. (883–859 v. Chr.), dem Herrscher eines längst versunkenen Reiches. Im 9. vorchristlichen Jahrhundert ließ der König Assyriens eine neue Kapitale errichten, die britische Archäologen auf dem Ruinenhügel Nimrud wiederentdeckten. Die schönste Stadt der Welt hatte sie werden sollen,

geschmückt mit ungezählten Skulpturen und Obelisken. Was der Wüstensand von dieser Pracht übrigließ, ist heute im Westflügel des Erdgeschosses zu bewundern. Die Kunstwerke aus dem Zweistromland wurden bereits um die Mitte des letzten Jahrhunderts vom Tigris an die Themse versetzt.

Viele Stücke in der benachbarten **griechischen Abteilung** sind noch ältere Erwerbungen, wie etwa die berühmten Marmorstatuen vom Tempel der Athene, dem Parthenon, der auf Athens Akropolis im 5. Jahrhundert v. Chr. errichtet wurde. Ein gewaltiger zentraler Fries zeigt die Helden aus der Schlacht bei Marathon. Thomas Bruce, Antiquitätensammler und siebter Earl von Elgin, hatte das unvergleichliche Monument klassischer Bildhauerkunst im Jahre 1803 erworben, und zwar von den Türken, die Griechenlands Hauptstadt zu diesem Zeitpunkt gerade besetzt hielten. Die »Elgin Marbels«, wie man das hellenische Meisterwerk seitdem nennt, wurden längst zum Stein des Anstoßes. Denn in diesem Glanzpunkt des Museums sehen nicht wenige auch ein dauerndes »Andenken an unwürdige Habgier«.

Das Museum ist auch Sitz der **British Library**, einer Mutterbibliothek, in deren Regalen ein Exemplar jeden Buches abgelegt wird, das im Vereinigten Königreich erscheint. Weil der Bestand ins Unendliche wächst, wird man bald in einen größeren Neubau (neben dem Bahnhof St. Pancras) umziehen. Unter der alten Bienenkorbkuppel des Lesesaals haben Generationen von Studierenden und Studierten geistigen Honig gesaugt. Platz G7 war jahrelang für einen deutschen Exilanten reserviert. Karl Marx (1818–83), Philosoph und Weltverbesserer, schrieb hier sein Hauptwerk »Das Kapital«.

Ein unbedingtes Muß für Schöngeister ist die im Osttrakt untergebrachte, zur Bücherei gehörige Kollektion berühmter Manuskripte und Handschriften. Darunter findet sich Friedrich Händels (1685–1759) »Messias« von 1742 ebenso wie John Lennons (1940–80) »Yesterday« aus dem Jahr 1965. Da liegen hinter Glas ein paar Originalseiten der »Canterbury Tales«, jener deftigen Sittengeschichten des Geoffrey Chaucer. Größter Anziehungspunkt und wegen des dort herrschenden Gedränges überhaupt nicht zu verfehlen: die **Magna Charta** von 1215.

Vorbei am Verkehrsknotenpunkt **Tottenham Court** gelangt man zum **Soho Square**,

einer abgeschirmten akustischen Oase. »Man kann die Speisen aller Länder kosten und wahrscheinlich jede Art von Liebe«, schrieb der Schriftsteller Wolfgang Koeppen über Soho, Englands größten Rotlichtbezirk, dessen Geschichte sich jedoch keineswegs in *sex and crime* erschöpft. Anfangs eine Exklusivsiedlung für Aristokraten, entwickelte sich die Quadratmeile zwischen City und Westminster schnell zu einem Mekka für Weltbürger. Denn London als Zentrum eines funktionierenden parlamentarischen Systems diente seit Mitte des 18. Jahrhunderts zunehmend als Fluchtpunkt europäischer Emigranten. Nachdem zwischenzeitlich der Mob von Soho Besitz ergriff, liegt das Viertel mittlerweile wieder im Trend, nicht zuletzt deshalb, weil in Bars und Brasserien Film- und Fernsehleute den kosmopolitischen Ton angeben.

Die Reklamewände von **Piccadilly Circus** haben Legionen von Filmregisseuren die

Nobelpassage: Royal Arcade

High Tea: Teezeit in Brown's Hotel

flimmernde Kulisse geliefert. Wer auf den Stufen unter dem Eros, der eigentlich ein »Engel der Barmherzigkeit« ist, sitzt, wird von den schrillen Reizen, die ihn einkreisen, in eine Art Großstadttrance versetzt. So könnte man leicht Londons einzigen großen städtebaulichen Wurf übersehen. Zwischen **Regent Street** und **Regent Park** entwarf der Baumeister John Nash (1752–1835) Anfang des 19. Jahrhunderts eine klassizistische *via triumphalis*, die nur in der Weihnachtszeit festlich leuchtet. Es folgen Adressen, die manchem wichtig sind: **Savile Row**, wo es die bestsitzenden Anzüge gibt und wo vom Dach des Hauses Nr. 3 am 30. Januar 1969 mit »Let it be« der Abgesang der Beatles erklang; das völkerkundliche **Museum of Mankind**; die Burlington Arcade, der Archetyp der Londoner Verkaufspassagen. Von hier aus gelangt man durch die elegante, in Orangetönen gehaltene **Royal Arcade zu Brown's**. In dem

zwischen Albemarle und Dover Street gelegenen Hotel trinkt der Gast aus Wedgewood-Tassen. Das Haus ist berühmt für seine klassische *teatime*. Hier herrscht englisches Understatement, ganz im Gegensatz zum feudalen Ritz, der Inkarnation von Etepetete.

Auf den Wegen von **Green Park** erscheint zwischen Zweigen das einzige Haus am Ort, auf dessen Dachfirst eine aufgezogene Fahne anzeigt, ob die Herrschaften zu Hause sind: der **Buckingham Palace**, das königliche Schloß, kurz »Buck House« genannt. Das Gebäude, ein Umbau vom Beginn des letzten Jahrhunderts mit einer Fassade von 1912, ist recht groß aber nicht großartig. Davor sitzt Queen Victoria, immerhin eine Königin, die der Besucher garantiert zu Gesicht bekommt. Der **St. James's Park**, der ehemalige Hofgarten, ist zwar nur eine halbe Meile kurz, aber das üppige Eiland erfüllt im großen Steinmeer wichtige Funktionen: als Liegewiese für

Außer Haus: Queen Victoria und Buck's House

diejenigen, die hierher aus den Papierbergen der Ministerien für eine Mittagspause hinabsteigen, und als bunte Vogelwelt, in die sich die verschiedensten Schnäbel teilen, vom Pelikan bis zum gemeinen Sperling. Mitten im Weiher liegt die Enteninsel, zu deren Gouverneur sich einst der französische Schriftsteller Charles Saint-Évremond (1610–1703), der Autor der »Gelehrtenrepublik«, von König Charles II. (1630–85) ernennen ließ.

An der **Old Queen Street**, Teil einer ruhigen, ziegelbraunen Wohnsiedlung aus dem frühen 18. Jahrhundert, führen ein paar Stufen hinauf nach **Westminster**. Der Stadtteil mit dem Postcode SW1 war ehemals eine Königs- und Hofstadt, die sich seit dem 11. Jahrhundert in Zwei-Meilen-Sichtweite von der City of London selbständig entwickelte. Als Sitz von Parlament und Königshaus ist sein Name zu einem Begriff für das politische Entscheidungszentrum des Landes geworden, das über Jahrhunderte ein legales Gegengewicht zum wirtschaftlich starken London bildete. Diesem schwierigen Doppelspiel der Macht, dem Abgrenzen und dem Aufeinanderzuwachsen, entsprach das Prinzip des Ausgleichs unabhängiger Kräfte, der Grundidee der englischen Demokratie.

Westminster Abbey wurde in den mehr als neun Jahrhunderten ihres Bestehens zu einem Nationalheiligtum. Trotzdem verzichtet dieses Meisterwerk gotischer Baukunst auf jedes Pathos.

»Think how many royal bones
sleep within this heap of stones«
(Bedenke wieviel königliche Gebeine / schlafen in diesem Haufen Steine), rät in einer Ode Francis Beaumont (1584–1616), der selbst hier begraben wurde. Für Poeten wie ihn hat man im südlichen Querhaus extra einen Schriftstellerwinkel eingerichtet. Denn die Kathedrale ist nicht nur Grabes- und Krö-

nungsstätte der englischen Könige seit Eduard dem Bekenner. Sie ist auch ein stark bevölkertes Kabinett der Ewigkeit oder ein »Warenlager der Sterblichkeit«, wie es der Schriftsteller und Staatsmann Joseph Addison (1627–1719) ausdrückte.

Hinter der Vierung, der Stelle, an der sich Lang- und Querhaus kreuzen, stößt man auf den Altarraum. Dort liegt, als eine Art Kirche in der Kirche, der Ort für die Feier aller Feiern, die Krönung der königlichen Häupter. Letztmalig fand sie im Jahre 1952 statt, als Elizabeth II. zur Hauptfigur eines in Purpur getauchten Märchen- und Medienschauspiels wurde. Unter der groben Sitzplanke des Krönungsstuhls ruht der sagenhafte »Stein von Scone«, ein magischer Quader, der 1297 als Kriegsbeute aus Schottland hierher gelangte. Dahinter bildet, umgeben von vier Radialkapellen, der Schrein Eduards des Bekenners den spirituellen Kern der Kirche. Dieser mystische, weltverlorene Raum, an dessen archaischem Mauerwerk man in den Schrammen der Geschichte lesen kann, wird beherrscht vom mehrstöckigen Grabmal des heiliggesprochenen Eduard aus dem 13. Jahrhundert.

Von hier aus sind es nur ein paar Schritte durch die Jahrhunderte, die vom Hoch- ins Spätmittelalter führen. Die Kapelle Henrys VII. hinter dem Chor, ein Anbau des Jahres 1519 mit den Gräbern der Tudors, Stuarts und frühen Hannoveraner, ist ein überquellendes Schmuckkästchen. In diesem lichten Raum ist der *Perpendicular Style*, eine englische, besonders verspielte Variante der Spätgotik, auf die äußerste Spitze getrieben. Die Decke ist als tropfenförmiges, sich ineinander drehendes Fächergewölbe gearbeitet, das den Innenraum zum Himmel hin aufzuheben scheint.

Mit architektonischen Finessen können auch die **Houses of Parliament** dienen. Mit

Berühmte Fassade: Houses of Parliament

Trafalgar Square: Lord Nelson wacht

seinen ungezählten Turm- und Spitzenhäub-
chen bietet der Parlamentspalast »Raum für
viele tausend Schwalbennester«, wie Theodor
Fontane (1819–98) bemerkte. Mitte des letzten Jahrhunderts erbaut, wurde die neogotische, der Themse zugewandte Schauseite zu
einer der berühmtesten Fassaden der Welt.
Vom Glockenturm – nach dem damaligen
Oberbauleiter Benjamin Hall zärtlich »**Big
Ben**« genannt – hören alle Völker die Londoner Zeitsignale. England ist stolz auf die
vermeintlich älteste, vielleicht lebendigste,

jedoch zumindest lautstärkste Volksver-
tretung der Welt.

Whitehall, seit Henry VIII. Regierungssitz,
wurde zum Synonym des Staates. Wer diesen
Korridor der Macht betritt, achte auf eine
Kommode, die man in ihrer schlichten Ele-
ganz leicht übersehen könnte. Und doch zählt
dieser Block aus Portland Stone mit seiner
säulenverzierten Fassade zu den raren Bei-
spielen eines rundum gelungenen architektonischen Entwurfs. Mit der nach antiker Voll-
endung strebendenen Bauweise des **Banqueting House**, die sich auch im Innern
bruchlos fortsetzt, hielt der italienische Re-
naissancestil in London Einzug.

Schräg gegenüber liegt das wahre, in einem Nebensträßchen untergebrachte politische Machtzentrum. Zwischen 1979 und
1991, der Regierungszeit der »Eisernen Lady«
Maggie Thatcher, war der Hausherr in
Downing Street No.10 erstmals eine Frau.
Der kleine, aber feine Amts- und Wohnsitz
des Premierministers gilt als schönes Beispiel
englischen Understatements. Ein vor einiger
Zeit angebrachtes Eisengitter hat einen Rake-
tenanschlag der militanten irischen Befrei-
ungsbewegung IRA nicht verhindern können,
der im Refugium des Kabinetts glücklicher-
weise nur Glasbruch verursachte.

Gerät die Welt auch aus den Fugen, die
Horse Guards sehen genauso aus wie auf
den bunten Ansichtskarten, und Lord Nelson
(1758–1805), der auf seinem luftigen Sockel
hoch über dem **Trafalgar Square** steht,
behält, ganz wie bei seinen Wasserschlach-
ten, in jeder Lage den Überblick. Wer will,
kann sich den Seehelden in der **National
Portrait Gallery**, einer Abteilung der National
Gallery, aus der Nähe betrachten. Oder man
sucht sich gleich seinen Platz in einem der
vielen Kinos und Bühnen im »Theatre Land«
um Leicester Square. Dahinter liegt **Chinatown**, wo seit den sechziger Jahren Europas
reichstes Angebot an chinesischer Küche zu
einem verschlemmten Abend einlädt. ∎

Zusatzrouten: Hampstead, Greenwich, Richmond

Für eine zusätzliche Tagestour können Sie sich einen jener Vororte aussuchen, die schon seit jeher auch zu klassischen Sonntagsausflugszielen der Londoner zählen: das ist Hampstead im Norden, Greenwich im Osten und Richmond im Westen.

Zusatzrouten – Informationen

Hampstead

 Hampstead Heath
NW3
Die ehemalige Heidelandschaft von Hampstead bietet 320 Hektar nicht zugrunde gepflegten Park. Das Gelände liegt 145 m über dem Meeresspiegel.

 Fenton House
Hampstead Grove, NW3
✆ (0171) 435 3471
Mai–Okt. Mo–Mi 13–17.30, Sa, So 11–17.30 Uhr
Der rührige National Trust zeigt in dem 1693 erbauten Haus Cembalos, Spinette und andere historische Tasteninstrumente, auf denen von Zeit zu Zeit auch gespielt wird.

 Jack Straw's Castle
North End Way, NW3
✆ (0171) 435 8885
Das Gasthaus, in dem man auch gepflegt speisen kann und hinterher an der Bar raffinierte Cocktails serviert bekommt, ist berühmt für seine schönen Ausblicke. £

 Kenwood House
Hampstead Lane, NW3
 ✆ (0181) 348 1286
April–Sept. tägl. 10–18, Okt.–März tägl. 10–16 Uhr
Ausgestattet von Robert Adam (1728–92), dem berühmten Innenarchitekten des 18. Jh. Im umgebauten Stall bekommt man einen Imbiß.

 Keats House
Keats Grove, NW3
✆ (0171) 435 2062
April–Okt. Mo–Fr 10–13, 14–18, Sa 10–13, 14–17, So 14–17 Uhr. Eintritt frei
In dem unscheinbaren Gebäude (1815) lebte der romantische Dichter John Keats mit seiner großen Liebe Fanny Browne, bis er, erst 25 Jahre alt, nach Rom ging, wo er starb.

 Keats
3A Downshire Hill, NW3
✆ (0171) 435 3544
Institution in Hampstead: Trüffel in durchgestyltem Ambiente. Französische Küche und Weinpreise, bei denen dem Poeten der Griffel aus der Hand gefallen wäre. £££

 Café Rouge
19 High St., NW3
✆ (0171) 433 3404
Mo–Sa 10–24, So 10–22.30 Uhr
Einer der Bistro-Treffpunkte mit akzeptablem frankophilem *Fast food* und Cappuccino. ££

 Olde White Bear
Well Road, NW3

Neoviktorianischer Gasthauskitsch und Snacks an der Bar. £

Greenwich

Docklands Light Railway
Towerhill Station (Tower Gateway) bis Island Gardens auf Isle of Dogs
Fahrzeit ca. 16 Min.

 Cutty Sark
King William Walk, SE10
© (0181) 858 3445
Mo–Sa 10–18, So 12–18 Uhr; im Winter bis 17 Uhr

 National Maritime Museum/ Queen's House
Romney Road, SE10
© (0181) 858 4422
Mo–Sa 10–18 (Winter 10.30–15.30), So 12–18 Uhr (Winter 14.15–16 Uhr)

 Trafalgar Tavern
Park Row, SE10
© (0181) 858 2437
Pub mit Themseblick. ££

 La Papillion
57 Greenwich Church St., SE10
© (0181) 858 2668
Klassische und neue französische Küche. ££

 Greenwich Market
College Approach, Stockwell St./Ecke High Road, Royal Hill, SE10
Sa, So 9–18 Uhr
Beliebter Flohmarkt.

 Greenwich Festival
Information über © (0181) 317 8687
Das Spektakel mit jeder Art von Musik, Theater und Clownerie findet in der ersten Juni-Hälfte statt.

Richmond

Anfahrt: Mit dem **Auto** vom West End aus auf der A 4 (Piccadilly) bis Chiswick (Parken direkt am Kreisverkehr Chiswick Square). Von hier weiter auf der A 4, dann erste Abfahrt links über Kew Bridge, A 205 (Parkplätze am Kew Green). Die Kew Road (A 307) führt vorbei an Richmond zur Kingston Bridge, über die es direkt zu Hampton Court geht (A 308).

Mit der **U-Bahn** (District Line) bis Turnham Green, zu Fuß zu Chiswick House, dann zwei Stationen bis Kew Gardens. Von Kew Gardens Station mit British Rail nach Hampton Court Station (umsteigen in Richmond).

Schiff: Von Westminster Pier (neben Westminster Bridge) verkehren im Sommer halbstündlich Motorboote flußaufwärts in Richtung Hammersmith, Kew Gardens und Hampton Court. River Boat Information Service © (0171) 730 4812.

 Kew Gardens
Kew Road, W4, Richmond
© (0181) 940 1171
Nov.–Jan. tägl. 9.30–16, Feb. tägl. 9.30–17, März tägl. 9.30–18, April–Aug. Mo–Sa 9.30–18.30, So 9.30–20, Sept.–Mitte Okt. tägl. 9.30–18 Uhr

 Hampton Court Palace
East Molesey, Surrey
© (0181) 781 9500
April–Okt. Mo 10.15–18, Di–So 9.30–18, Okt.–März Mo 10.15–16.30, Di–So 9.30–16.30 Uhr

 White Cross Hotel
Water Lane, Riverside, Richmond
© (0181) 940 6844
At the waterfront. £

 Crickters
The Green, Richmond
© (0181) 940 4372
Leicht französisch inspirierte Küche. ££

Auf der Heide: Hampstead

Zusatzroute

Hampstead Heath, jenes weitläufige Gelände, wo die Sträucher unbeschnitten bleiben und die Hügel Blickkontakt zur City halten, war stets beides, ein Ausflugsziel für das gemeine Stadtvolk und ein vornehmes Refugium, an dessen Rändern sich mit Vorliebe Künstler, Musiker und Literaten niederließen. John Constable (1776–1837), Pionier der Landschaftsmalerei, der um 1800 in Hampstead lebte und auf dem Friedhof der St. John's Church begraben liegt, hat hier oftmals seine Staffelei im Freien aufgestellt. Auch der, laut Polizeibericht, »notorische Agitator« Karl Marx hatte während seiner Londoner Exilzeit an Wochenenden nichts Schöneres vor, als mit Frau, Kind und Kegel Picknicks im Grünen zu veranstalten. Die Marxens haben später auch Quartier in dieser Gegend bezogen. Karl wurde schließlich 1883 auf dem nahegelegenen Friedhof in Highgate begraben. Ein halbes Jahrhundert später bezog der greise, von den Nazis vertriebene Wiener Arzt Sigmund Freud (1856–1939) mit seiner Tochter Anna für ein letztes Lebensjahr in der noblen Suburb Domizil (heute Museum).

Die Gegend um die heutige U-Bahn-Station Hampstead zählt zu Londons besseren Adressen. Allein die alptraumhaft hohen Grundstückspreise haben die gewöhnliche Zersiedlung verhindert. Man wandelt hier auf einer Spielwiese des finanzstarken Individualismus, der jeden Spaziergang zu einer Augenweide macht. In Hampstead Grove, einer der schönsten Wohnstraßen, fällt das Fenton House ins Auge, ein stilvolles Herrschaftshaus vom Ende des 17. Jahrhunderts, in dem das barocke Interieur bei abendlichen Konzerten mit passender Musik untermalt wird. Das **Admiral's House** in einer Seitengasse ist eine architektonische Spielerei mit allerlei nautischen Reminiszenzen: Fahnenhaltern, Relings und Platz für die Kanone auf dem Dach.

Jack Straw's Castle, nach Kriegsschäden mit historischer Holzverkleidung und originalem Mobiliar wieder hergerichtet, zählt zu den bekanntesten Londoner Gasthäusern. Nicht weit davon liegt Ken Wood, ein Waldstück und einer der lieblichsten Teile von Hampstead Heath. Hier kann man das **Kenwood House,** den eleganten Wohnsitz des Earl of Mansfield, besichtigen, ein schönes Beispiel der englischen Verbindung von Haus und Park. **Keats House,** Schauplatz der tragischen Lovestory des Dichters John Keats (1795–1821) und seiner Geliebten Fanny Browne, wurde mit dem Geld amerikanischer Verehrer besuchsfein hergerichtet.

Londons Vorgarten war und ist Projektionsfläche für Sehnsüchte nach der verlorenen Natürlichkeit. Solche Empfindungen wunder Stadtseelen kann man auf einem Spaziergang durch die abwechslungsreiche Landschaft durchaus auch heute noch nachvollziehen. Die Anhöhen geben immer wieder Blicke auf London frei, zum Beispiel vom Parliament Hill aus, der für sein Panorama gerühmt wird. ■

Seewärts
Durch die Docklands nach Greenwich

Zusatzroute

Die Fahrt beginnt mit einem Geisterzug. Die **Docklands Light Railway** ist eine automatische, fahrerlose Hochbahn, die die City – Abfahrt Tower Gateway – mit der Isle of Dogs verbindet. In dieser Kniekehle der Themse, wo bis Mitte der achtziger Jahre noch Hochseeschiffe gelöscht wurden, entsteht auf dem Reißbrett entworfener neuer Stadtteil für

Banken, Büros und teure Wohnungen, von dem man noch nicht weiß, ob er eine neue, supermoderne City oder eine große Pleite wird. Die gesamte Szenerie wird überragt vom Wolkenkratzer Canary Wharf.

Von hier aus gelangt man durch einen *foot tunnel* nach **Greenwich**, dem einzigen der royalen Vororte, der flußabwärts liegt. Hierher fuhren Könige und Königinnen, um auszuspannen. Anstelle des vormaligen Palastes steht heute das majestätische **Greenwich Hospital**. Die feinen Leute taten es ihren Monarchen gleich, weshalb hierher auch Londons erste Eisenbahnlinie verlegt wurde. Der Ort, der trotz seiner rund 200 000 Einwohner im Zentrum einen kleinstädtischen Charakter bewahrt hat, ist eine ergiebige Shoppingmeile. Ansonsten kann man hier an der *waterfront* ausgiebig Londons nautische Vergangenheit erkunden, ob in der trockengelegten **Cutty Sark**, einem der schnellsten Segelschiffe, das je gebaut wurde, oder im **National Maritime Museum**, einer ausufernden Ansammlung von Schiffahrtsreliquien, der größten überhaupt, so wie es sich für die einstige Seemacht Nr. 1 gehört. Für Otto Normalbesucher wird die Wasserseite der englischen Geschichte regelmäßig in Einzelausstellungen aufbereitet. Vom alten 1958 außer Dienst gestellten **Observatorium** auf dem Hügel am Ende des Greenwich Park schaut man weit über den Südosten Londons. Hier steht man auf jenem Meridian, der die Welt immer noch in eine West- und Osthälfte teilt. ■

Wasserschleifen
Themsetrip bis Hampton Court

Zusatzroute

Es ist möglich, die Tour mit einem der Themseschiffe zu machen, die von Westminster aus in Richtung **Richmond** tuckern. Bei Battersea zieht dann zur Linken die monströse Ruine einer Power Station, Baujahr 1929, die Aufmerksamkeit auf sich. Das Kraftwerk sollte zu einem Vergnügungszentrum ausgebaut werden, steht nun aber rezessionsbedingt als imposante, aber leere Hülse da.

Ein paar Flußschleifen weiter liegen die **Kew Gardens**, wohl der interessanteste unter den vielen Londoner Parks. Seit um die Mitte des vorigen Jahrhunderts die ehemaligen königlichen Gärten an den Staat fielen, entstand hier auf einer Fläche von 121 Hektar eine Art enzyklopädisches Landschaftsmuseum mit Farnen, Orchideen, Kakteen und alpinen Pflanzen. 80 000 lebende Pflanzen (dazu 35 000 in Spiritus und Hunderttausende auf Zeichenkarton in den Archiven) machen es zu einem der größten botanischen Gärten der Welt. Im Palmenhaus (1848), einer wegweisenden Stahl-Glas-Konstruktion, Vorbild des berühmten Crystal Palace, kann man vom Balkon aus sämtliche bekannten Palmenarten sehen.

Einige Meilen südlich steht **Hampton Court Palace**, eines der imposantesten der Vorortschlösser. Geplant als Hof des Erzbischofs, ging das 1525 fertig gewordene Backsteingebirge bald darauf in den Besitz Henrys VIII. über, der fünf seiner sechs Frauen darin logieren ließ. Die spuken hier nun weiter abwechselnd als Geister darin herum.

Hauptattraktionen sind die prächtig ausstaffierten Staatsgemächer und das beliebte Labyrinth im Garten.

Tip für die Rückfahrt: ein Halt in Richmond, wo man in einem der Pubs mit Flußblick zu Abend essen kann, die hier im halben Dutzend die besten Plätze an der Themse besetzen. ■

Botanisches Museum: Treibhaus in Kew Gardens

Geisterpalast: Hampton Court ▷

3. Route: London – Canterbury – Brighton (229 km)

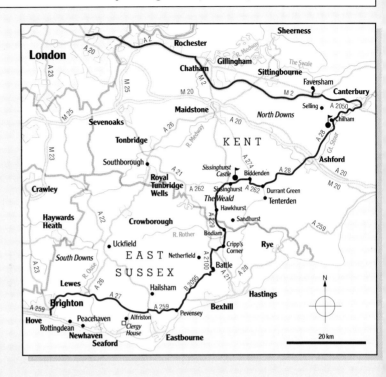

Vormittag	Von London auf M 2 nach **Faversham** (Parkplatz hinter High Street): Rundgang (1 Std.). Auf A 2 nach **Canterbury** (Parkhäuser am Stadtring ausgeschildert): Innenstadt-Bummel und Lunch (2 Std.).
Nachmittag	Auf A 28 Richtung Ashford, kurzer Halt in **Chilham**, dann Richtung Tenterden; bei Durrant Green rechts auf A 262; in Biddenden links auf A 262 Richtung **Sissinghurst**: Besichtigung und Rundgang im Garten (1 Std.). Bis Hawkhurst auf A 229, dann Richtung Battle und nach 3 Meilen links nach **Bodiam Castle**. Spaziergang am Fluß. Danach erst Schildern nach Battle folgen, bei Cripp's Corner auf B 2089 wechseln; nach einer Meile rechts Richtung Battle/Robertsbridge auf A 21, kurz danach links auf A 2100 nach Battle abbiegen. Beim Kreisverkehr am Ortsausgang Battle auf B 2095 Richtung Pevensey, danach den Schildern nach **Brighton** folgen (A 259/A 27).

Varianten: In **Faversham** ist eine Brauerei-Besichtigung und/oder ein Ausflug in die Hopfenfelder (z.B. 5 km entfernt bei **Selling**) möglich.

Natürlich kann man Canterbury und Faversham auch direkt von der Fähre aus **Dover** kommend ansteuern. Andererseits kann, wer länger in London bleiben möchte, die Kent-Tour auch als Tagesausflug anlegen; Rückfahrt über Brighton auf A 23/M 23.

3. Route – Informationen

Faversham, Kent; ℰ Vorwahl 01795

Shelleys Restaurant & Tea Rooms
1 Market Place
ℰ 531 570
Mo–Sa 8–17, So 10–16.30, Do–Sa ab 19 Uhr, Di und Mi abends nur mit Reservierung
Charmantes Eckhaus mit Sicht aufs alte Rathaus. £

Guildhall
Market Place

Rathaus auf Stelzen.
Markt Di, Fr, Sa.

Shepherd Neame Brauerei
Faversham Brewery
17 Court St.
ℰ 532 206, Fax 538 907
Führungen Mo–Do 10.30, 14.30, 17.30 Uhr
(ca. 2 Std.)

Canterbury, Kent; ℰ Vorwahl 01227

Canterbury Cathedral
ℰ 762 862
Sommer 8.45–19, Winter 8.45–17, So 12.30–14.30 Uhr (Besichtigung während der Gottesdienste eingeschränkt)
Der römische Missionar Augustinus soll hier 598 den Grundstein einer ersten Kirche gelegt haben. 1070–77 wurde eine normannische Kathedrale errichtet, deren Chor 1174 abbrannte, im frühgotischen Stil wiederaufgebaut wurde und als erstes Beispiel dieses

hier *Early English* genannten Stils gilt. Weitere An- und Umbauten des 13.–19. Jh. Sitz des Erzbischofs und damit Zentrum der *Church of England.*

Sully's Restaurant
High St., County Hotel
ℰ 766 266
Tägl. 12.30–14.30 und 19–22 Uhr
Gourmetgerichte in Plüsch. ££

George's Brasserie
71 Castle St.
ℰ 765 658
Mo–Sa 11–22, So 12–16 Uhr
Geräumiger Gastraum. Karte: von jedem etwas. £

Falstaff Hotel
St. Dunstan St.
ℰ 462 138
Freundliches Etagenlokal. ££

Chilham Castle
ℰ 730 319

24. März–20. Okt. 11–17 Uhr
Der Landsitz wurde Anfang des 17. Jh. erbaut. Bekannt ist er wegen seines Landschaftsgartens und der Raubvögel im :

Raptor Centre
Gatehouse, ℰ 730 368
Ostern–Okt. tägl. außer Mo und Fr Vorführungen (*flying demonstration*) 12 und 15.30, Di, Mi, Do, Fr auch 13 Uhr

3. Route – Informationen

 Woolpack
High St., Chilham, Kent
℗ 730 208
Komfortables Gasthaus mit Sofa. £

 Sissinghurst Castle, NT (National Trust)
℗ (01580) 712 850
1 Meile östl. von Sissinghurst Village, an der
A 262 (beschildert)
29. März–13. Okt. Di–Fr 13–18.30, Sa, So
10–18.30 Uhr. Letzter Einlaß 18 Uhr
Im zweiten Stock steht die Druckerpresse,
auf der Virginia Woolf ihre ersten Werke
selbst druckte (Hogarth Press). Eine kleine
Ausstellung zeigt, wie »Vita« den Garten in
Schuß brachte.

Bücherturm: Sissinghurst Castle

  Granary Restaurant
Sissinghurst Castle Garden
Di–Fr 12–18, Sa,So 10–18 Uhr,
23. Okt.–21. Dez. Mi–Sa 11–16 Uhr
Country-style tea room im alten Kornspei-
cher. £

 Bodiam Castle, NT
Bodiam, East Sussex
1,5 Meilen von der A 229
℗ (01580) 830 436
April–Okt. tägl. 10–18, Nov.–März Di–So
10–18 Uhr. Letzter Einlaß 30 Min. vor
Schließung
Die Burg wurde 1385–89 ins Wasser
gesetzt. Ihre Aufgabe als Bastion gegen die
Franzosen mußte sie nie erfüllen. Einige
der Türme kann man ersteigen.

 Netherfield Place
Netherfield Road, Battle, East Sussex
2 Meilen nördl. von Battle, über A 2100
℗ (01424) 774 455
Afternoon tea 15–17.30 Uhr
Luxuriöses *Georgian* Hotel-Restaurant im
Grünen. ££

 Alfriston Clergy House, NT
The Tye, Alfriston, East Sussex
℗ (01323) 870 001
April–Okt. tägl. 11–19 Uhr bzw. bis zur
Dämmerung
66 Jahre altes Fachwerkhaus mit Strohmütze
und Pfeife. Ausstellung in der großen Halle.

Brighton, East Sussex; ℗ **Vorwahl 01273**

Es gibt in und um Brighton Hunderte von
Hotels und Pensionen. Die folgende Auswahl kann demgemäß nur subjektiv sein.

The Grand Hotel
Kings Road
℗ 321 188, Fax 202 694

3. Route – Informationen

Brightons großes altes Haus ist gerade neu geliftet worden. Der *Victorian* Luxus ist geblieben. £££

Old Ship Hotel
Kings Road
℃ 329 001, Fax 820 718
150-Betten-Burg an der *seafront*. Der Wein in der Bar kommt aus einem 400 Jahre alten Keller. £££

Pier View Hotel
28 New Steine
℃ 605 310, Fax 688 604
Doppelter B&B-Preis (Seesichtkontakt). £

The Brighton Hotel
143–145 Kings Road
℃ 820 555, Fax 821 555
Zentral gelegenes 52-Zimmer-Haus mit Wellenblick und Wasserbetten . ££

Cosmopolitan Hotel
31 New Steine, Marine Parade
℃ 682 461
Ein Teil der 46 Zimmer mit Strandblick, alle mit *colour TV*. £

At The Twenty One Hotel
21 Charlotte St.
℃ 686 450, Fax 607 711
Viktorianisches Stadthaus mit sechs elegant eingerichteten Zimmern. ££

Brighton Backpackers Hostel
75/76 Middle St.
℃ 777 717/777 9777
Nur ein Kieselwurf vom Strand entfernt. ££

Downsview Caravan Park
Bramlands Lane, Woodmancote, Henfield
5,5 Meilen von Brighton
℃ (01273) 492 801, Fax 495 214
Mitte März–Mitte Nov.

Zelte, Wohnwagen und Ferienwohnungen können gemietet werden.

La Noblesse
Kings Road, Hotel Hospitality Inn
℃ 206 700
Mo–Sa 12–14.30 und 19–22 Uhr
Gilt als beste Eßadresse Brightons. *Formal dress* erwünscht. £££

Black Chapati
12 Circus Parade
℃ 699 011
Di–Sa 17–22.30 Uhr
Gutes indisches Essen eines englischen Chefs. ££

Dig in the Ribs
47 Preston St.
℃ 252 75
Tägl. 12–14.30 und 18.30–23.30 Uhr
Mex-Tex-Menü für junge Leute. £

Food for Friends
17 Prince Albert St.
℃ 736 236
Tägl. 9–22 Uhr
Vegetarisches Café in den Lanes. £

Theatre Royal
New Road
℃ 324 88
Verlängerte Bühne des Londoner West End.

Queens Head
10 Steine St.
℃ 606 490
Tägl. 12–15 und 19–23 Uhr
Schwulenkneipe mit ruhiger Atmosphäre.

Midnight Blues
Kings Road, The Grand
℃ 211 88
Tanzclub für Nachtschwärmer.

Im Garten Englands
Von Canterbury bis zur Küste

Wer sich den Schlingarmen der Metropole entwunden hat und entlang der North Downs – Hügel heißen hier tatsächlich *downs* – auf der M 2 gen Westen kurvt, den bringt das ewige Auf und Ab schon in Reiselaune. Das leichte Wiegen wird zum Grundgefühl des Fortkommens und wirkt ausgleichend auf das Gemüt. »Nicht genug Raum, um zur Weite anzuschwellen, keine Einöden, keine großen einsamen Wälder«, konnte der Londoner Künstler William Morris (1834–96) in seiner Heimat entdecken. Statt dessen sei »alles ge-

Rohstoff: Hopfenernte bei Faversham

Konvertiert: Hopfenspeicher als Landsitz

messen, mannigfaltig vermischt, abwechslungsreich. Eines gleitet leicht ins andere über: kleine Flüsse, kleine Ebenen, kleine Hügel, kleine Berge. Weder Gefängnis, noch Palast, doch ein angenehmes Haus.«
Englands weiche Silhouetten als Sedativum für die Seele. Dies gilt für weite Teile des Südens, und insbesondere gilt es für **Kent**, das klassische *home county*. Die Zwei-Millionen-Grafschaft mit ihrem welligen Teppich aus Wäldchen, Wiesen und Obstplantagen ist das Empfangszimmer dieses »angenehmen Hauses«, die gute Stube der Nation. Darin hat es sich traditionsgemäß Englands Elite bequem gemacht. Hinter Kents hohen Hecken wohnt allein ein Viertel aller Akademiker des Landes. Allerdings werden sich in ihrer Nachbarschaft demnächst neue Gäste einrichten. Mit der Fertigstellung des Kanaltunnels, von Einheimischen kurz »Chunnel« genannt, wird Kent vollends zur ökonomischen Abschuß-

rampe. Ausländische Firmen gründen deshalb Niederlassungen. Die Grundstückpreise, für Normalbürger ohnehin nicht mehr erschwinglich, schießen in den Spekulationshimmel.
Aber noch gibt es sie, die selbstvergessenen Winkel. Zum Beispiel **Faversham** (sprich »Fäwersch'm«), mit 50 Meilen Abstand zum Schlafgürtel Londons gehörend, dessen scharfer Zungenschlag in dem alten Hafenstädtchen längst Oberwasser gewonnen hat. Auf den gefegten Bürgersteigen dieses Provinznestes geht alles seinen gemächlichen Gang. Der beginnt für uns an der **Guildhall**, einer Rathaus-Rarität auf Stelzen. Unter den Holzarkaden sitzen Händler auf Kents ältestem Markt wie eh und je im Trockenen. Wer nun einfach dem bittersüßen Geruch folgt, der hier stets in der Luft hängt, stößt am Ende von Court Street auf das wohl wichtigste Gebäude der Stadt: die Brauerei.

61

In Faversham versteht man sich seit alters her auf Heringe und Austern, aber auch auf Hopfen und Malz. Die Stadt liegt mitten in Englands größtem Hopfenanbaugebiet, das sich über achtzig Quadratkilometer von Kent bis Sussex ausdehnt. So ist der *garden of England*, wie die Grafschaft gern genannt wird, nicht zuletzt auch ein Biergarten. »Kent, Sir? Das kennt doch ein jeder: Äpfel, Kirschen, Hopfen und Frauen«, läßt Charles Dickens in seinem ersten Roman »Pickwick Papers« denn auch den Schwerenöter Mr. Jingle ausrufen.

Das größte Ereignis in Faversham? Das jährliche *Hop Festival*, auf dem die Hopfenkönigin gekürt wird. Es findet Anfang September statt, wenn die Ernte eingebracht wird, und stammt noch aus jener Zeit, als Sommer für Sommer über 100 000 Saisonkräfte anreisten, die, allerdings mit Ausnahme der Vorarbeiter, Freda, Annie oder Mabel hießen. Bis in die sechziger Jahre hinein, als neue Maschinen die *hop pickers* weitgehend überflüssig machten, kam das Heer der fleißigen Frauen per Sonderzug aus den Armenvierteln der Hauptstadt, um für ein paar hart verdiente Pfund in den Hopfenstauden zu schuften.

Schade wäre es, Faversham den Rücken zu kehren, ohne **Arden's Hotel** in der Abbey Street gesehen zu haben. Denn in dem elisabethanischen Flügelhaus mit dem für den Südosten typischen Zebrafachwerk nahm die Vorliebe der Engländer für *crime and thrill* ihren grausigen Anfang. Am 14. Februar 1551 hatte die junge Frau des Bürgermeisters Thomas Harden gemeinsam mit ihrem Geliebten den allzu geschäftigen Gatten nach einer ganzen Serie fehlgeschlagener Versuche erfolgreich zu Tode befördert. Das ruchlose Paar wurde dafür gehängt. Ein Zeitgenosse – nicht auszuschließen, daß es der junge Shakespeare war – machte aus dem, was das Leben schrieb, das Drama »Arden of Faversham«. Damit bringt nun das lokale Tourist Board ein untergründiges Knistern in die Kleinstadtstille.

Vielleicht hat man dabei etwas zum Nachbarn **Canterbury** geschielt. Denn dort löste eine andere Bluttat wahre Besucherlawinen aus, die bis heute nicht abebben. Seit im Jahre 1170 in der Kathedrale von Canterbury der opponierende Erzbischof Thomas Becket (1118–70) von Häschern des Königs während der Vesper hinterrücks erdolcht, kurz darauf jedoch heiliggesprochen wurde, entwickelte sich der Ort der Missetat zum Zentrum der englischen Kirche und zum wichtigsten Wallfahrtsziel der Insel. Dabei haben sich auch die heutigen Erzbischöfe ihren unabhängigen Geist gegenüber der Obrigkeit bewahrt. Kommt doch vom Primas manch unbequeme Anmerkung zu den unsozialen Folgen des Thatcher-Kapitalismus.

»Es gibt keinen schöneren Platz auf der Welt«, schwärmte die Schriftstellerin Virginia Woolf (1882–1941), in Florenz sitzend, über ihr geliebtes Canterbury. Der Anblick seiner Zerstörung blieb ihr erspart. Im Oktober des Jahres 1942 legten deutsche Bomben ein Viertel aller Bauten in Schutt und Asche. So blieb etwa von der **St.-George-Kirche** Ecke St. George's Street/Canterbury Lane nur noch der Turm übrig, leicht identifizierbar an seiner weit vorstehenden Uhr. Beim Wiederaufbau, dessen Ergebnisse leider oftmals ebenso störend wirken wie in Germany, entdeckte man nicht weit davon die Reste einer **Römervilla**, die nun unterirdisch begehbar ist.

Wer von Westen auf der Castle Street in Richtung **Kathedrale** geht, wandelt auf den Pfaden der Wallfahrer. Der englische Dichter Geoffrey Chaucer, inspiriert von seinem italienischen Kollegen Boccaccio (1313–75), hat uns in den »Canterbury Tales« nicht nur die Erlebnisse, sondern auch ein Sittenbild der spätmittelalterlichen Gesellschaft überliefert und nebenbei mit seinem Versepos noch den Grundstock des heutigen Schriftenglisch gelegt. Zu lesen braucht man die tolldreisten

Tatort: Canterbury Cathedral ▷

Geschichten übrigens nicht mehr, sind sie inzwischen doch multimedial aufbereitet, im Kino – der italienische Regisseur Pasolini (1922–75) hat sie 1971 verfilmt – und an Ort und Stelle in einem neuen Museum mit animierten Plastikdummies und Schmatzen vom Band. Die Pilger unserer Tage, ihrer zweieinhalb Millionen jährlich, kommen nicht mehr im Büßerhemd. Der Trubel, den die in- und ausländischen Sommerfrischler vor allem in den Ferienmonaten Juli und August hier veranstalten, steht dem ihrer mittelalterlichen Vorgänger wohl kaum nach.

Das Endziel aller Pilgerzüge, die Kathedrale, erreicht man über die **Mercery Lane**, ein kleines Stück Mittelalter, dessen vorkragende Häuser fast mit der Stirn aneinanderstoßen. Das mächtige Gotteshaus ist ein Bau, in dem sich die Jahrhunderte verschachteln: Anbauten des 19. Jahrhunderts, ein Schiff im *Perpendicular Style*, französische Gotik im Chor und, als ältester Teil, die romanische Krypta. Hier im Untergrund hausen die »Canterbury Monsters«, Kleinskulpturen wie ein Januskopf, ein geschnitzter Hermaphrodit und kämpfende Drachen. Der garstige Figurenschmuck in Holz und Stein geht auf die keltische Mythenwelt zurück und stellt höchstwahrscheinlich verschiedene Erscheinungsweisen des Teuflischen dar.

Wer vor der Abfahrt noch lunchen möchte, kann dies in der Stadt tun oder noch ein paar Minuten auf Countryluft warten. Bei der Fahrt auf der A 28 Richtung Ashford, einer Euroboomtown im Chunnelfieber, lohnt ein Schlenker nach **Chilham**. Diese Tudor-Puppenstube war einmal der wichtigste Marktplatz der Gegend und besteht aus nicht viel mehr als eben diesem. **Chilham Castle**, ein Landhaus aus dem frühen 17. Jahrhundert, ist umgeben von einem weitläufigen Landschaftsgarten, auf dessen Rasen 1878 das erste Cricket-Match gegen Australien ausgetragen wurde. Seit einigen Jahren werden hier Greifvögel (*birds of prey*) gehalten, und

für die Kleinen gibt es im *Petland* Kaninchen und Schafe zum Anfassen. Kinder sind auch im Gasthaus **Woolpack** erwünscht, keine Selbstverständlichkeit im moralstrengen England.

Noch sind wir im Hopfengebiet, dessen Ausdehnung durch seine unverwechselbaren Trockenschuppen markiert wird. Die riedgedeckten Rotunden mit ihren hervorstechenden Spitzhauben zeigen, daß auch ein Nutzbau jüngeren Datum unsere nostalgische Saite zum Klingen bringen kann. Die meisten Exemplare dieser vom techischen Fortschritt längst abgehängten Neuerung des 19. Jahrhunderts sind heutzutage mit weißem Kies umstreut und zum originellen Domizil Londoner Abwanderer umfunktioniert worden. So bleiben sie im Landschaftsbild erhalten, das »wahrscheinlich das gepflegteste der Welt« ist, wie der Schriftsteller George Orwell (1903–50) vermutet, der in Kent die Schulbank drückte und als Junge selbst beim *hop picking* dabei war. »Erdbeben in Japan? Revolution in Mexiko? Keine Angst, die Milch wird morgen früh vor der Tür stehen, der New Statesman wird am Freitag erscheinen«, und Radio Kent, ergänzt der Zeitgenosse, wird auch heute frohe Hausfrauenlaune ausstrahlen. Niemand kann sich vorstellen, daß in dieser geborgensten aller Weltecken außer der monatlichen Sitzung des *Country Clubs* irgendwann irgend etwas passiert. Und doch kommen Autoren, vornehmlich die von Kriminalromanen, nur allzu gern auf dies gediegene Milieu zurück, wo sie jene Abgründe finden, die sich hinter Gartenzäunen mit *Strictly private!*-Schildern aufzutun pflegen.

Im hübschen Dorf **Biddenden**, das einst aufblühte, als flämische Weber es zu einem Zentrum des Tuchhandels machten, biegt die A 262 links zu einem Ort ab, wo man den Unterschied zwischen Fassade und dem, was dahinter liegt, studieren kann. Auf **Sissinghurst Castle**, Überrest eines Schloßkomplexes aus dem 16. Jahrhundert, in dessen

Mauern man im Siebenjährigen Krieg (1756–63) Tausende französischer Gefangener gepfercht hatte, lebte seit 1930 die Schriftstellerin **Victoria Sackville-West** (1892–1962). Die Hochgeborene heiratete standesgemäß einen Diplomaten, mit dem sie viele Reisen unternahm und schließlich die Sissinghurst-Ruine erwarb, damals ein verfallendes, zugiges Gemäuer ohne Strom und fließendes Wasser. Sie fügten baulich kaum etwas hinzu, legten ihre ganze Energie in die Anlage des Gartens, der als einer der schönsten im Lande gilt, und retteten so mit viel Fingerspitzengefühl das romantische Flair des abgelegenen Landsitzes. Daß das etwas ungemütliche und keineswegs standesgemäße Haus kein Gästezimmer besaß, war nicht das einzige, worüber man in besseren Kreisen die Nase rümpfte.

Im Turmzimmer schrieb »The Hon« (*The Honerable*) viele ihrer Romane. Sie hatte in London zu dem bekannten Bloomsbury-Literatenkreis gehört, ebenso wie **Virginia Woolf**, eine Kollegin, die in Sissinghurst ein und aus ging und ihrer Freundin in dem Roman »Orlando« ein literarisches Denkmal setzte. Im Turm ist außer Virginias Arbeitszimmer auch die Druckerpresse zu besichtigen, auf der die frühen Ausgaben der berühmten Hogarth Press gedruckt wurden. In

Canterbury Gates: Torhaus Christ Church

ihren Romanen beschrieb Victoria Sackville-West mit ironischer Distanz die versinkende Welt des englischen Hochadels. Fast mehr noch als mit ihren Werken machte sich die Weltdame jedoch mit ihren lesbischen Affären zum Gesprächsthema der feinen Gesellschaft, dies gemäß allgemein verbindlicher *double standards* selbstverständlich nur hinter vorgehaltener Hand. Selbst der »Oxford Literary Guide« verschweigt das peinliche Lebensglück. Victoria Sackville-West starb 1962 in den Armen ihrer Geliebten Edith Lamont.

Eine der schönsten Gegenden des Südostens an der Grenze zwischen Kent und Sussex ist zweifellos **The Weald**. Vor langer Zeit tatsächlich einmal ein großer Wald, machten die hier schon seit dem Mittelalter sich ausbreitenden Eisenhütten mit den englischen Eichen kurzen Prozeß und aus der Gegend ein *black country*. Erst im 17. Jahrhundert, als mit der Industrialisierung auch die Hütten nach Mittelengland umzogen und die hiesigen Bauern sich auf die Versorgung der expandierenden Hauptstadt umstellten, machten sie allmählich aus dem schwarzen Landstrich den sprichwörtlichen *garden of England*. Den lohnt es sich besonders im Frühjahr anzuschauen, wenn die Bienen durch das Blütenmeer der Kirschplantagen summen.

Kurz vor Bodiam zeigt ein Wegweiser nach Sandhurst, Standort einer nationalen Institution. Dort wird auf der *Royal Military Academy*, kurz *RMA*, die Offizierselite gezüchtet. Eine Militärbastion noch älteren Datums ist **Bodiam Castle**, eine Wasserburg auf den Wiesen des River Rother. Es hätte nicht der Umfrage einer Londoner Tageszeitung bedurft, um zu erkennen, daß diese eindrucksvolle spätmittelalterliche Festung, im Innern übrigens eine leere Hülse, natürlich zu den

Kent: der Garten Englands

Baumriese: Parklandschaft in Kent

top castles for kids gehört. Das mächtige Bauwerk mit seinen acht Türmen regt nicht nur kindliche Phantasien an. Auch Filmcrews und Werbeteams fühlen sich magisch davon angezogen. Dabei hat es einen Helden, wie Walter Scotts forschen Roman-Ritter Ivanhoe, in dieser »Burg ohne Geschichte« nie gegeben. Den wahren Rittern war es für Heldentaten wohl zu kalt, worauf zumindest die stattliche Zahl von dreißig Kaminen hindeutet.

Von hier aus führt der Weg nach Brighton vorbei an der Stadt **Battle**, benannt nach jenem Gemetzel des Jahres 1066, durch das Britannien letztmalig in die Hände ausländischer Eroberer fiel. An der historischen Schlacht, die von kostümierten Statisten jeden Tag aufs neue im Videofilm geschlagen wird, erfreuen sich englische und französische Schulklassen gleichermaßen. Inmitten friedlicher Natur kann man dagegen im nahen **Netherfield** seine *teatime* verbringen.

Wenn die **South Downs** in Sicht kommen, deren runde Rücken hier ein natürliches Bollwerk zwischen Land und Meer bilden, ist vielleicht noch Zeit, einen kurzen Blick in das eine Meile abseits der A 27 gelegene **Alfriston Clergy House** zu werfen. Dafür nimmt der National Trust nur ein Pfund. Das gedrungene Landhaus wurde zwar für örtliche Prediger gebaut, ist mit seinem großen Dach und dem freistehenden Schornstein aber ein geradezu klassisches *yeomen's house*, ein Haus jener freien Farmer also, die, halb Landmann halb Gentleman, typisch waren für den Südosten. Im Seebad **Brighton**, dort, wo London seine *seafront* hat, wird für jeden Geschmack aufgetischt, je nachdem, ob Ihnen nach **La Noblesse** der Sinn steht oder mehr nach **Food for Friends**. Wenn Sie nach dem letzten Drink noch die Promenade abgehen, verschwimmt schon die Nacht mit dem Schwarz des Meeres. ■

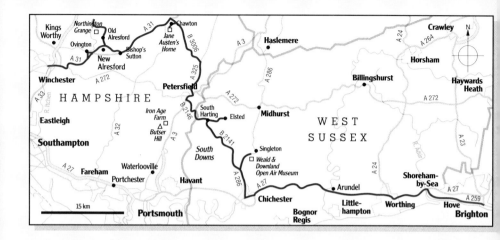

Vormittag

Brighton: Strand, Pavilion und Shopping (2 Std.). An der Promenade bis Shoreham-by-Sea, von dort auf A 27 nach **Arundel:** Stadtrundgang (1 Std.). Bis Chichester auf der A 27, von dort auf A 286 Richtung Petersfield. Besuch des **Weald and Downland Open Air Museum** in Singleton, nahe Chichester. Auf B 2141 nach South Harting, dort rechts ab nach **Elsted:** Lunch.

Nachmittag

Über Petersfield (B 2146/A 325) Richtung Alton; kurz davor auf A 31, am nächsten Kreisverkehr kleine Abzweigung nach Chawton nicht verpassen. **Jane Austen's Home:** Besichtigung. Auf A 31 Richtung Winchester; bei Bishops Sutton rechts nach New Alresford (B 3047), wieder rechts nach Old Alresford (B 3046); nach 3 Meilen Schild **The Grange** (30 Min.). Zurück nach New Alresford, Richtung Winchester bis A 31, im Kreisverkehr Beschilderung nach **Ovington** folgen: Flußspaziergang (evtl. Dinner). Auf A 31 weiter nach Winchester.

Zeitplan: Wer den entlegenen Vorzeit-Hof **Butser Ancient Farm** auf dem Butser-Berg spannend findet, braucht 1 bis 2 Std. dafür und verpaßt Jane Austen und The Grange. Dieselbe Entscheidungsfreudigkeit müssen Kathedralenliebhaber bei **Chichester** beweisen.

4. Route – Informationen

Brighton, East Sussex; ✆ Vorwahl 01273

i **Tourist Information Centre**
Bartholomew Square
✆ 323 755, Fax 777 409

◉ **Royal Pavilion**
Old Steine
✆ 603 005
Juni–Sept. tägl. 10–18, Okt.–Mai 10–17 Uhr
Die ursprüngliche Villa entstand 1802, der
Umbau durch den Architekten John Nash,
einem Meister des Pittoresken, dauerte sieben Jahre (1815–22).

◉ **Palace Pier**
Madeira Drive
✆ 609 361

Das Paradies für *deckchair fans* (die sich
umsonst darin rekeln dürfen) war 1899 fertig. Der erste Pier (1823) wurde von den
Wellen weggespült.

🎁 **Body Shop**
41/43 North St.
✆ 270 48
Stammhaus der Ladenkette, die mit ihren
Seifen, Ölen und Gels (»garantiert keine
Tierversuche«) längst auch bis in deutsche
Fußgängerzonen reicht.

🎁 **Jones**
20/21 East St.
✆ 287 41
Solide englische Herrenschuhe.

Schöner gehen: Stock-Shop in Arundel

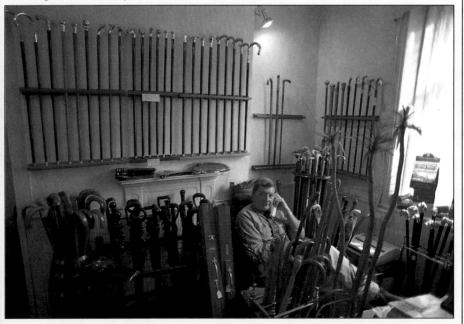

4. Route – Informationen

 Le Jazz Hot
14 Prince Albert St.
∅ 206 091
Art-déco-Antiquitäten.

 Names
6 Dukes Lane
∅ 288 07
Designerklamotten zu herabgesetzten Preisen.

Arundel, West Sussex; ∅ Vorwahl 01903

 Tourist Information Centre
61 High St.
∅ 882268

 Arundel Castle
∅ 883 136
2. Juni–30. Aug. So–Fr 12–17,
1. Sept.–31. Mai So–Fr. 13–17 Uhr
Burg mit Kunst- und Möbelsammlung.

 The Walking Stick Shop
39 Tarrant St.
∅ 883 796, Fax 883 491
Jede Menge Spazierstöcke.

 The Arundel Bookshop
10 High St.
∅ 882 680

 Swan
High St.
∅ 882 314
Mo–Sa 11–23, So 12–15 und 19.22.30 Uhr
Ungespreiztes Pub. *Ploughman's* ab £ 2.20.

 Chichester Cathedral
© (01243) 782 595
Sommer tägl. 7.40–19, Winter 7.40–17 Uhr
Parkplatz in der Orchard Street an der Stadtmauer.
Außergewöhnlich sind der bullige separate Glockenturm, ein Fenster von Marc Chagall

im nördlichen Seitenschiff und ein Denkmal von 1830 für das erste englische Eisenbahnopfer, den Parlamentsabgeordneten (*MP*) William Huskisson.

 St. Martin's Tea Rooms
3 St. Martin's St., Chichester
© (01243) 786 715
Di–Sa 9–18 Uhr
Auf der Karte viel gesunde Kost. £

 The Weald and Downland Open Air Museum
Singleton, Chichester, West Sussex
8 km nördl. Chichester an der A 286 Richtung Midhurst
© (01243) 633 48
März–Okt. tägl. 11–17, Nov.–Feb. Mi, So 11–16 Uhr
Es klappert die Mühle. Hier wurden Bauernhäuser versetzt, samt Scheunen und Werkstätten.

 Three Horseshoes
Elsted, West Sussex
© (01730) 825 746
Tägl. 10–15 und 18–23, im Sommer Sa, So 11–23 Uhr
Uraltes Pub. Frischer Fisch und heiße Suppen.

 Butser Ancient Farm
Queen Elizabeth Country Park
© (01705) 595 040
Das eisenzeitliche Gehöft liegt 5 km südwestlich von Petersfield, zweite Abfahrt auf der A 3 und dann immer rechts halten. Wer mehr darüber erfahren will, sollte sich schriftlich anmelden bei The Secretary, Butser Ancient Farm Project, The Red House, Rogate/Petersfield, Hampshire.

 Jane Austen's Home
Chawton, Alton
19 km östl. Winchester

4. Route – Informationen

© (01420) 832 62
April–Okt. tägl., Nov., Dez., März Mi–So,
Jan., Feb. nur an Wochenenden 11–16.30 Uhr
Schöngeister können außer einem Gefühl
für Austens Ära auch gleich noch ein paar
Romane mitnehmen.

The Grange, EH (English Heritage)
Northington
Sommer tägl. 9.30–18.30, Winter 9.30–18 Uhr
Kein Zutritt zum Haus.

Bush Inn
Ovington bei Nex Alresford
© (01962) 732 764
Tägl. 11–14.30 und 18–23 Uhr
Hübsches Gasthaus am Wasser, innen
düster, draußen mit Terrasse, die, wenn es
warm wird, immer voll ist. £

Winchester, Hampshire; © Vorwahl 01962

Tourist Information Centre
The Broadway, Guildhall
✆ 840 500, 848 180

Royal Hotel
St. Peter St.
✆ 840 840, Fax 841 582
Das älteste Haus am Platze versteckt sich in
einer stillen Seitenstraße, nur fünf Fußminu-
ten von der Kathedrale entfernt. Ursprünglich war dies einmal eine fromme Stätte, in
der verfolgte Priester Zuflucht suchten. Die
geheime Kapelle der Märtyrer ist heute die
schönste Suite. Im Garten sorgt eine hohe
Mauer dafür, daß dort noch im November
Barbecues stattfinden können. Auch das
Hotel-Restaurant kann sich sehen lassen. ££

Wessex
Paternoster Row
© 861 611, Fax 841 503
Komfortabler Chic der 60er Jahre. ££

Harestock Lodge Hotel
Harestock Road
✆ 881 870
Edel-*B&B* am Rande der Stadt (eigener
Pool). ££

Lainston House Hotel
Sparsholt (an der A 272 nach Stockbridge)
© 863 588, Fax 726 72
Schloßhotel mit Park. £££

Youth Hostel »The City Mill«
1 Water Lane
✆ 853 723
Pennen überm River Itchen (3 Min. vom
Zentrum). £

Wyke Down Touring Caravan & Camping Park
Picket Piece, Andover
© (01264) 352 048
Ganzjährig geöffnet
22 Zelte und Caravans haben Platz.

Brann's
9 Great Minster St.
✆ 64 004
Mo–Sa 12–14.30 und 18–23 Uhr
Unten Weinbar, oben Neue Englische
Küche. ££

Eclipse
The Square
Sommer tägl. 11–23, Winter 11–15 und
17.30–23 Uhr
Winzige Fachwerkkneipe an der Kathe-
drale. £

Wykeham Arms
75 Kingsgate St.
✆ 53 834
Mo–Sa 11–23 Uhr
Berühmt für die guten Sandwiches. Das
College ist ja auch gleich um die Ecke. £

4 Feine Adressen und falsche Fassaden
Von Brighton durch die South Downs nach Hampshire

Ein Bummeltag, der im Schongang erledigt werden sollte, beginnt dort, wo der Abend ausklang, nämlich am Meer. **Brightons** Markenzeichen, die schier endlos erscheinende Fünf-Meilen-Promenade, ist eine ideale Rennbahn für Jogger, Skateboardfahrer und Hundebesitzer. Die alte und einmal wirklich feine Dame unter Englands Seebädern, heute eine Stadt mit 150 000 Einwohnern, war zu Beginn des 18. Jahrhunderts ein Fischerdorf. **The Lanes**, zwischenzeitlich gut restauriertes Gassengeflecht im Zentrum, erinnern noch an die armen Vorfahren.

Die neue Zeitrechnung begann im Jahre 1750, und zwar mit einer Dissertation. Darin hatte sich ein gewisser Dr. Richard Russel über »*The Use of Sea Water in Diseases of the Glands*« (Der Gebrauch von Seewasser gegen Drüsenerkrankungen) verbreitet. Das Wasser in London war schlecht, und die Schrift lockte offenbar so viele Drüsengeschädigte an, daß man schon bald mit dem Bau einer Konzerthalle beginnen konnte. Es muß pressiert haben, brauchte die Postkutsche von London nach Brighton, bis sie 1842 vom Dampfroß überholt wurde, doch fast einen vollen Tag. Wohl ein Grund, weshalb der Prinzregent gleich seinen Wohnsitz hierher verlegte. Die Scharen wohlhabender Nachzügler machten Brighton daraufhin zum »*London-by-the-sea*«.

Der *Prince of Wales*, von Freunden »*Prinny*«, von Feinden wegen seines Bauchumfangs auch »*Prince of Whales*« (Prinz der

Wale) genannt, galt als *eccentric* und tat das Seinige, diesem Ruf auch gerecht zu werden. Ab 1815 ließ er seine Villa samt Reitstall im indisch-chinesischen Phantasiestil umbauen. Der **Royal Pavilion**, seither Paradebeispiel der *follies*, baulicher Verrücktheiten, die sich in England zur architektonischen Gattung entwickelten, ist eine Prunkorgie aus Bambus, Gold und Mahagoni. Als Kritiker das Geschmacksmonstrum verspotteten, kehrte der gekränkte Ex-Prinz Georg IV. der See für immer den Rücken. Der fertige Pavilion wurde nie bewohnt und später von der *Royal Family* an die Stadt losgeschlagen.

Etwa zur selben Zeit hatte ein Geschäftsmann einen ähnlich verrückten Einfall. Der findige Unternehmer ließ statt der Landungsbrücke, an der seit jeher die von Frankreich kommenden Fähren festmachten, einen Laufsteg für Vergnügungshungrige ins Meer bauen. Die Idee, trockenen Fußes über die Wellen wandeln zu können, zündete. Noch heute gibt es etwa fünfzig mehr oder weniger funktionstüchtige Piers auf der Insel, die alle auf den Vorläufer **Palace Pier** zurückgehen. Doch statt goldener Zeiten gibt es heute auf dem angerosteten Vierhundertfüßler nur billige Nippesbuden und teure Amüsiermaschinen.

Aber Brighton ist zum Glück mehr als nur ein *seaside resort* in Rente. Es ist auch eine laute, lebendige Großstadt. Die hat einen Seehafen in Betrieb, eine Arbeitervorstadt mit Bandwurmreihenhäusern, rund ein Dutzend Golfplätze im Zehnmeilenumkreis, eine linke

Königlicher Kitsch: Royal Pavilion

Universität und, aufgepaßt, die beste Shopping-Zone im Südosten. Die ist gut für Gediegenes (englische Schuhe bei **Jones**), für das Alte (Art déco bei **Le Jazz Hot**) und für das Letzte (Designer-Klamotten bei **Names**). Übrigens öffnete in Brighton auch der erste **Body Shop**, jene alternative Drogerie, die längst auch in deutschen Fußgängerzonen Wurzeln geschlagen hat. Außerdem findet sich neben der Yuppie-Kultur auch das, was man hierzulande alternative Szene nennen würde. So ist Brighton durchaus auch ein *resort* für Schwule.

In seinem Buch »Brighton Rock«, das keinem Felsen, sondern den an der See so beliebten Zuckerstangen gewidmet ist, beschreibt der Romancier Graham Greene

(1904–91) jugendliche Gangs, die in Tanzhallen, Hotels und Kinos ihre zwielichtigen Geschäfte machen, eine Halbwelt, die längst nicht mehr floriert. Auch die *mods* und *rockers*, die sich hier in den sechziger Jahren gegenseitig auf Rollern und Motorrädern bekriegten, sind längst ins normale Leben abgefahren. Die einzigen, die es wieder und wieder hierher an den Strand zieht, sind die Politstrategen. Labour wie Tories halten ihre mäßig aufregenden Parteitage regelmäßig in Brighton ab. Aller Aufmerksamkeit sicher war sich dabei nur Ex-Premier Maggie Thatcher, als sie 1984 im Grand Hotel knapp einem Bombenanschlag der IRA entging.

Auf der Fahrt entlang der Küstenstraße nach Westen läßt man die bunt gestrichenen beach huts links und die feudalen *regency crescents* (sprich »kressenz«) rechts liegen, fährt hinter, neben und vor donnernden Lastwagen, passiert ein sauberes *Leisure Centre* für Windsurfer und schmutzige Docks, um schließlich in **Shoreham-by-Sea** auf einer bombastischen *»spaghetti junction«* kurz die Sicht auf ein Privatcollege am Berg zu genießen, ein mysteriöses Mittelding zwischen Schloß und Kloster. Nach diversen *roundabouts* auf der A 27 empfängt **Arundel** den Ankömmling mit einem eindrucksvollen Blick auf Burg und Kirche, denen die Stadt zu Füßen liegt.

»Es war eine überraschende Entdeckung, daß England wirklich englisch ist.« Die schmale Arun-Brücke führt in eine Stadt, die einem diese glasklare Erkenntnis aufdrängt, die der Prager Schriftsteller Carel Čapek 1924 auf einer England-Reise seinem Tagebuch anvertraute. Da ist die ganz und gar englische Attitüde, stets Distanz zu wahren, etwa architektonischen Stilen gegenüber, die

vom Kontinent kamen. So warf man auf der Insel schon Anfang des 17. Jahrhunderts den Häusern historistische Kostüme über. **Arundel Castle**, das 1890–1903 zu einem zweiten Windsor Castle ummodelliert wurde und drei Geistern nächtliche Heimstadt bieten soll – darunter einem betrogenen Mädchen, das sich aus Kummer vom Hiorne's Tower stürzte –, ist dafür ein zwar spätes, aber perfekt gelungenes Beispiel. Und da ist die englische Passion fürs Handfeste: in der Tarrant Street gibt es einen Spazierstockladen (**Walking Stick Shop**), bei dem die ausgefallensten Modelle im Ständer stehen, etwa solche, aus denen man unbeobachtet Whiskey trinken kann. Wer noch mehr über das Englischsein der Engländer wissen will, kann sich durch das gut sortierte Antiquariat in der High Street wühlen.

Bei der Einfahrt in **Chichester** ist strengstens den (braunen) Hinweisschildern »Tourist Information« zu folgen, will man sich im Gewirr der *roundabouts* nicht schwindlig fah-

Andrang an der See: Vorkriegspierfreuden

74

Holiday Home: »Beach Huts«

ren. Offen bleibt allerdings, ob man, die **Downs** vor Augen und der Historie etwas müde, Chichester vielleicht nur streift. Hinein-zufahren würde sich natürlich lohnen wegen der Vollständigkeit in puncto **Kathedralen** (am Ende der Reise wäre dann das Dutzend fast voll). Vielleicht bleibt auch noch Zeit für einen Kaffee (das Café liegt in der zum Ein-kaufszentrum umgebauten Kirche **St. Peter**, direkt gegenüber der Kathedrale) oder *a pro-per cup of tea* in **St. Martin's Tea Rooms**.

Auf der Fahrt nach Petersfield wechseln Wald und Wiesen munter ab, und es bieten sich außer ein paar schönen Fernsichten auch zwei Extras für Country-Freunde. Wen das englische Landleben wirklich interessiert, der ist im **Weald and Downland Open Air Museum**, einem Freilichtmuseum mit alten Bauernhöfen aus dem Südosten, und bei der einsam gelegenen **Butser Ancient Farm** an den richtigen Adressen. Auf dem knapp 300

Meter hohen Butser Hill stehen zwei wirklich rustikale Rundhütten. Hier wird nämlich zu Forschungszwecken Ackerbau und Viehzucht wie vor 2 000 Jahren betrieben. Bei dem Experiment werden Bedingungen akribisch genau so nachgestellt, wie sie für die Bauern der Eisenzeit normal waren, vom Hausbau bis zum Kochen auf offenem Feuer. Wer dabei Appetit bekommt, der kann, zumindest bis zwei Uhr, im Dorf **Elsted** in den immerhin über vierhundert Jahre alten **Three Horse-shoes** auf Eichenbänken unter niedriger Bal-kendecke (oder unter freiem Himmel) einen ausgezeichneten Snack zu sich nehmen. Nach zwei gibt's nur noch Flüssiges.

An der Stelle, an der die B 3006 mit der B 3004, der A 31, der A 339, der B 3349 und der A 32 zusammentrifft, führt ein kleiner Ab-zweig nach Chawton. In diesem Nest steht **Jane Austen's Home**. Das unprätentiöse rote Backsteinhaus, das hier zu besichtigen ist, war die Wohnstätte der populären Schriftstellerin (1775–1817), die hier in Hampshire aufwuchs. Diese Grafschaft hat sie kaum verlassen und in ihren Romanen die sie umgebende ländliche Welt beschrieben und liebevoll parodiert. Auch Winston Churchill, erfährt man in der Ausstellung, entspannte sich am liebsten bei der Lektüre ihrer Bücher. Jane Austen, die mit sechzehn ihr erstes Werk schrieb, fand lange keinen Verleger. Neben vielen persönlichen Dingen, wie einer Locke, dem Eßgeschirr und den Hausschuhen, ist auch ihr schwarz lackierter Schreibtisch ausgestellt. Daran hat sie, immer nach der Tür lauschend, heimlich gearbeitet. So konnte sie, »*if anyone was coming*«, das gerade geschriebene Manuskript verdecken.

Nach dem Besuch in der Welt der hohen Literatur folgt nun noch ein Abstecher aufs flache Land. Bei Northington (an der B 3046) liegt zwischen Weihern und Rinderweiden ein imposantes Landhaus: **The Grange**. Der einsame Bau (1804–09), dem hier zwischen Wald und Wiese nur Pinien zur Seite stehen, gilt als eines der hervorragendsten Beispiele neoklassischer Architektur in Europa. In seine jetzige Gestalt gebracht hat ihn William Wilkins (1778–1839), der schon die National Gallery in London mit Säulen versah. Unter den vielen Bewohnern des malerischen Landsitzes findet sich auch der schon bekannte Georg IV. (1762–1830), alias Prinny. Königliche Hoheit wollte The Grange zuerst als Jagdhütte nutzen. Später jedoch stand darin das Lotterbett für seine Mätressen. Nachdem vor einigen Jahren ein Brand von der Inneneinrichtung nichts mehr übrigließ und der ganze Privattempel zuerst abgerissen werden sollte, ist es still geworden um das einstige Wochenendausflugsziel. Dieser Niedergang hat den ungemeinen Vorteil, daß man das Ambiente nun in aller Ruhe genießen kann, einer Ruhe, die nur vom Blöken der Rindviecher unterbrochen wird. Doch sogar die Kühe, die an dem künstlichen See zur Tränke

Idylle mit Burg: Arundel

gehen, sehen aus, als gehörten sie zu einem Gemälde aus Stein und Natur.

Wenn der Tag zur Neige geht, meldet sich der Magen und es stellt sich die Frage, wo man sich niederläßt. Alternative eins: in **Ovington**, einem Dorf im Tal des River

76

Itchen, liegt, nur ein paar Schritte vom Fluß entfernt, **The Bush Inn**. Hier gibt es gepflegte Wirtshauskost in der Gaststube oder im Garten. Ein Verdauungsspaziergang am Wasser führt durch schulterhohes Gras und wird von Schwänen begleitet. Alternative zwei: selige Ruhe herrscht nach sechs Uhr auch im Zentrum von **Winchester**, wo man sich, je nach Geschmack, ins **Brann's**, In-Place direkt neben der Kathedrale, oder ins Restaurant des **Royal Hotel** zurückzieht, zwei Orte, die auch dem Gourmet die Laune nicht verderben. ■

Zusatzrouten: Isle of Wight, New Forest

Die Route für die Isle of Wight ist in der Übersichtskarte in der hinteren Umschlagklappe eingezeichnet.

Zwei zusätzliche Ziele können Sie von Winchester aus ansteuern: nämlich die **Isle of Wight**, die größte Insel im Kanal, und **New Forest**, den Lieblingswald der Engländer.

Zusatzroute: Isle of Wight – Informationen

Isle of Wight; ① **Vorwahl 01983**

Anreise
Fähren von Southampton, Portsmouth (Katamarane 15 Min.) und Ryde Pier Portsmouth – Fishbourne (35 Min.) sowie Lymington – Yarmouth (30 Min.). Bei allen drei Routen besteht zur Zeit eine stündliche Fährverbindung, die während der Hochsaison durch zusätzliche Überfahrten ergänzt wird.

Tourist Information Centre
South St., Newport
Church Litten Car Park
② 525 450

Osborne House, EH
1 Meile südöstl. East Cowes
① 200 022
Sommer Grounds 1. April–31. Okt. tägl. 10–17 Uhr, letzter Einlaß 16 Uhr
Kaiser Wilhelm II. und der Zar waren da.

Carisbrooke Castle, EH
1 ¼ Meile südwestl. Newport
② 522 107
Sommer tägl. 10–18, Winter 10–16 Uhr
Sitz des *Governor of the Isle* und Heimat des Isle of Wight County Museums.

Yarmouth Castle, EH
② 760 678

Sommer tägl. 10–18 Uhr
Die letzte Küstenbastion Henrys VIII. wurde 1547 fertig.

Mottistone Manor Garden, NT
Mottistone
2 Meilen westl. von Brightstone an B 3399
1. April–25. Sept. Mi 14–17.30 Uhr

Wight Mouse
Chale
② 730 431
Mo–Sa 11–23, So 12–15 und 19–22 Uhr
Durchgehend warme Küche. £

St. Catherine's Point
Der unstabile Südzipfel trägt einen Leuchtturm von 1840 und ist ein Refugium für Pflanzen und Vögel.

Bonchurch Inn
Bonchurch Shute
② 852 611
Tägl. 11–15 und 18–23 Uhr
Kontinentales Klima. £

Appuldurcombe House, EH
½ Meile westl. Wroxall an B 3327
② 852 484
Sommer tägl. 10–18, Winter 10–16 Uhr
In der Saison ständig überlaufenes Postkartenmotiv.

Zusatzroute: Isle of Wight – Informationen

 The Shine
vor Shanklin

 Römische Villa
südwestl. Brading
✆ 406 223
April–Sept. Mo–Sa 10–17.30, So 10.30–17.30 Uhr

 Seaview Hotel
High St., Seaview
✆ 612 711
Restauriertes viktorianisches Haus. ££

 Bistro Montparnasse
103 Palmerston Road, Southsea
✆ (01705) 816 754
Mo–Sa 19–23 Uhr
Französische Küche mit hohem Standard.
£££

 Barnaby's Bistro
56 Osborne Road, Southsea
✆ (01705) 821 089
Mo–Sa 12–14.30 und 18–23, So 18–23 Uhr
Beliebter Eßtreff mit Vegetarischem auf der Karte. £

Einsame Küste: Isle of Wight

Idyll Royal: Isle of Wight

Zusatzroute

Vierzig Kilometer von Ost nach West, zwanzig von Nord nach Süd reicht das Mini-England mit seinen hügeligen Feldern, weiten Parks und eingestreuten Wäldchen. Ein Dichter nannte es »Idyll des Königs«, obwohl es doch vor allem das Refugium Queen Victorias war. Ihre Lieblingssommerresidenz **Osborne House**, 1845 vom Gemahl selbst entworfen, liegt außerhalb von East Cowes. Der *Durbar Wing* kam vierzig Jahre später hinzu, als man die Gaben indischer Maharadschas wo-

Häuser in Shanklin

anders nicht mehr unterbringen konnte. Hier an der Nordspitze der Insel gibt es einmal pro Jahr großen Trubel, wenn sich zur traditionellen Regatta Segler aus aller Welt treffen.

Ansonsten geht es auf diesem Eiland ruhig zu. Entlang der Mündung des River Medina zuckelt man durch die nicht sehr vielsagende Inselhauptstadt **Newport** zu **Carisbrooke Castle**, einer wuchtigen Burgruine, die um 1470 als antispanisches Bollwerk ausgebaut worden war und hinter deren gelben Sandsteinmauern knapp zwei Jahrhunderte später der zum Tode verurteilte Charles I. von der Freiheit träumte. Ganz in der Nähe fanden übrigens 1969 und '70 zu seligen Hippiezeiten zwei legendäre Rock-Open-airs statt, bei denen Jimi Hendrix (1942–70) sein wildes »Woodoo Chile« über die Inselwiesen jagte. Durch kleine Ortschaften führt die Landstraße zur Hafenstadt **Yarmouth**, die nur tausend Einwohner zählt. Vom nördlich des zentralen Square gelegenen Pier blickt man zurück auf das **Castle**.

Von hier aus sind es noch fünf Meilen bis zu den **Needles**, den drei Kreidefelsen, die spitz aus dem Wasser ragen. Sie sind das Pendant zu den »Old Harry Rocks« auf Purbeck (siehe 5. Route), Reste einer lange weggewaschenen Festlandverbindung nach Dorset. Bei **Freshwater Bay** hat man freie Sicht auf die weißen Felswände. Der Ort war in viktorianischer Zeit ein Sammelpunkt für Intellektuelle, kluge Köpfe, die damals allesamt von der Fotografin Julia Cameron (1815–79) festgehalten wurden.

Inselspitzen: The Needles

In **Mottistone** liegen hinter einem mittelalterlichen **Manor House** hübsche Gartenterrassen mit Blick auf den Kanal. **Brighstone** zwei Meilen weiter ist einer jener verwunschenen Flecken, deren strohgedeckte Cottages von Kletterrosen bewuchert werden und in deren Gärten die Pflanzen im linden Golfstromklima über die Zäune sprießen. Nun heißt es Einkehr halten: vor **St. Catherine's Point** in **Chale** im Familienpub **Wight Mouse**, in dem Musikinstrumente von der Decke hängen (und wo man ein ganzes Jahr jeden Tag einen anderen Whiskey probieren könnte), oder hinterher im abgelegenen **Bonchurch Inn**.

Appuldurcombe House ist ein Adelssitz des frühen 18. Jahrhunderts. Als Lady Worsley, nachdem sie 27 Liebhaber zugegeben hatte, von ihrem Mann geschieden wurde, wollte auch der Lord nicht länger hier verweilen. Das eindrucksvolle Haus verkam, wurde aber endgültig erst im Zweiten Weltkrieg zerstört. Nun schauen glaslose Fenster über die Parklandschaft, aber nur die Geister genießen den Blick. Vor **Shanklin** liegt **The Shine**, die längste Klamm der Insel. Am Ortsausgang stehen die Überreste einer **römischen Villa**, deren Westteil zu besichtigen ist. Viele der 13 Räume haben Mosaiken mit Motiven wie dem Gott Abraxas oder einem tanzenden Hirten.

Wer das Abendessen auf der Insel einnehmen möchte, den lädt das **Seaview Hotel** zum selbigen ein. Hier ist als Vor- oder Nachgang ein Strandspaziergang anzuraten. Dasselbe, nur etwas steiniger, ist allerdings auch in **Southsea** möglich. Die Strandbadseite von Portsmouth bietet ein paar belebte Straßen und Restaurants, die zum Weite-Welt-Wind einer Hafenstadt passen, wie das mit Zeitungen tapezierte Chinarestaurant **Stranded at Lees** oder **Barnaby's Bistro**, das zwar für Vegetarier, aber kaum für Nichtraucher geeignet ist. ■

Zusatzroute: New Forest – Informationen

New Forest
Schon von William the Conqueror im 11. Jh.
als 145 Quadratmeilen großes, streng abge-
grenztes Jagdrevier eingerichtet.

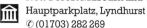
Tourist Information Centre
New Forest Museum and Visitor Centre
Hauptparkplatz, Lyndhurst
℗ (01703) 282 269
Tägl. 10–17 Uhr, im Sommer bis 18 Uhr
Das Museum zeigt Geschichte und Leben
im New Forest.

Bramshaw Telegraph
an der B 3078 nahe Nomansland
Schöne Aussichten von der Signalstation.

Flatterhaft: Schmetterlingsfarm

New Forest Butterfly Farm
Longdown bei Ashurst
℗ (01703) 292 166
Ostern–Okt. tägl. 10–17 Uhr
Schön warm ist es im Treibhaus.

National Motor Museum
Beaulieu
7 Meilen von Lyndhurst an der B 3056
Sommer tägl. 10–18, Winter 10–17 Uhr
℗ (01590) 612 123
Etwea 250 vier- und mehrrädrige Kult-
objekte.

Red Lion
Boldre, nördl. Lymington
℗ (01590) 673 177
Tägl. 10.30–15 und 18–23 Uhr
Ein Pub wie ein Pub.

Le Poussin
The Courtyard, Brookley Road
℗ (01590) 230 63
Di–So 12.30–14 und Di–Sa 19–20 Uhr
Französisches Restaurant. ££

Chewton Glen Hotel
Christchurch Road, New Milton
℗ (01425) 275 341
Tägl. 12.30–14 und 19.30–21.30 Uhr
Phantasie auf dem Teller. Auch ein Tip für
den *afternoon tea*. £££

The Cottage Hotel
Sway Road, Brockenhurst
℗ (01590) 222 96
Cream teas auf der Teeterrasse.
££

Town House
59 Oxford St., Southampton
℗ (01703) 220 498
Mo–Fr 11.45–14 und Di–Sa 19–21.30 Uhr
Einfallsreiche vegetarische Kost. ££

Freiwild: Der New Forest

Zusatzroute

Wenn im New Forest Stau ist, sind alle Autofahrer glücklich. Dann trottet nämlich vielleicht gerade eine wilde Ponymutter mit ihrem süßen Fohlen über die Straße. Südenglands größtes zusammenhängendes Waldgebiet blieb vom Kahlschlag, den man sonst anrichtete, verschont, weil der König hier Hirsche, Hasen und Füchse jagte. Zwar traben statt dessen heute Wildpferde und Schafe durch Wald und Heide, aber lange Spazierwege unter den Kronen uralter Eichen führen zurück in vergangene Zeiten. Ausgangspunkte für einen Tag im Walde sind zum Beispiel der **Bramshaw Telegraph** in der Nähe vom Dorf Nomansland, eine Signalstation, die vor französischen Invasionen warnen sollte und deren Plattform heute schöne Aussichten über die naturbelassene Landschaft bietet, **Burley** mit **seinem Castle Hill** oder der **Nakes Man**, ein gespenstischer Baumstumpf auf **Wilvery Plain**.

Der Wald ist noch immer Heimat vieler Wild- und Vogelarten, Reptilien und Schmetterlinge, über die man im **Tourist Centre** in Lyndhurst ausführlich informiert wird. Auf der kleinen **Butterfly Farm** bei Ashurst flattern dem Besucher neben tropischen Arten auch deren britische Kollegen um die Köpfe. Ziel der meisten Waldbesucher ist das schöne **Beaulieu** (sprich »bjuli«), nicht so sehr wegen der alten Häuser am schilfbewachsenen Seeufer, sondern wegen des **Motor Museums**, das Hausherr Montague, Autonarr und mit der nötigen Portion Geschäftssinn ausgestattet, hier vor seiner Lordschaft Familiensitz hinstellte. Natürlich kann da der Fremde vom Kontinent auch jene vierrädrigen Nationalheiligtümer mit dem Doppel-R bestaunen. ∎

Ständige Begleiter: English sheep

5. Route: Winchester – Salisbury – Isle of Purbeck – Bournemouth (151 km)

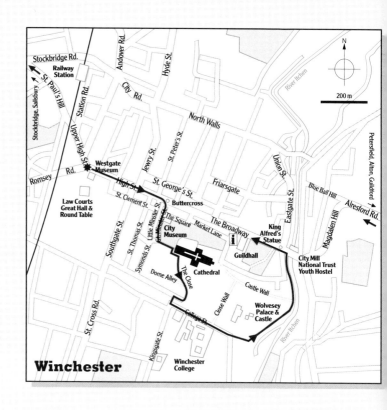

Winchester

Vormittag	**Winchester:** Rundgang (2 Std.). Auf A 272 Richtung Salisbury. Hinter Stockbridge rechts nach **Danebury Hill**. Lunch in **Longstock**.
Nachmittag	Auf A 30 nach **Salisbury:** Kathedrale (1 Std.). A 30 Richtung Shaftesbury, nach 16 km rechts ab nach **Old Wardour Castle:** Besichtigung (30 Min.). Zurück auf A 30, dann links auf A 350 bis Blandford Forum. Auf der B 3082 Richtung Wimborne Minster. **Kingston Lacy** (1 Std.). Zurück entlang B 3082, dann erste Straße links, durch Sturminster Marshall. Auf A 31 Richtung Bere Regis, nun links auf B 3075 nach Wareham. Weiter auf A 351 nach **Corfe Castle**. Danach B 3069 Richtung Swanage (Schlenker nach Worth Matravers), schließlich in Studland Spaziergang zu den **Old Harry Rocks** (45 Min.). Von Studland zur Fähre South Haven Point: Übersetzen nach Poole und **Bournemouth**.

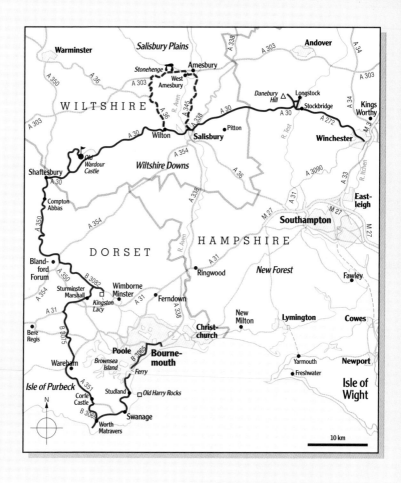

Extras und Varianten: Tour nach **Stonehenge**. Von Salisbury auf A 345 Richtung Amesbury, kurz hinterm *roundabout* links; Fahrt entlang des River Aven bis zur Steinbrücke, rüber und bei West Amesbury links auf A 303. Zurück über A 303/A 36. Insgesamt 25 km.
Wer des Umziehens müde ist, kann durchaus von Bournemouth wieder nach **Winchester** zurückkehren (ca. 60 km).

5. Route – Informationen

Winchester, Hampshire; ✆ Vorwahl 01962

The Great Hall
Romsey Road, beim Westgate
∅ 846 476
Mo–Fr 9.30–16, Sa, So 10–16 Uhr
Der Saal von 1222–1235 gilt als einer der
schönsten Englands aus dem Mittelalter.

Winchester Cathedral
5 The Close
∅ 853 137
Tägl. 7.15–18.30 Uhr
Während der Gottesdienste keine Besichtigung.
Vom 11. bis zum 15. Jh. wurde gebaut. Die
während der Revolution angerichteten
Scherben des großen Westfensters wurden

in der Restaurationszeit wieder zusammengesetzt.

Winchester College
College St.
Führungen: Porter's Lodge am Outer Gate:
Mo–Sa 11, 14, 15 und (nur April–Sept.) 16.30
Uhr

Wolvesey Castle/Palace, EH
College St.
547 66
Karfreitag–30. Sept. tägl. 10–18 Uhr

Danebury Hill
7 km südl. Andover
Erbaut um 500 v. Chr., wurde die Festung
schon 400 Jahre später wieder verlassen.

Pub im Grünen: »Silver Plough«

5. Route – Informationen

Das Leben in der Eisenzeit wird auf Textbildtafeln anschaulich gemacht.

 Peat Spade Inn
Longstock
℡ (01264) 810 612
Tägl. 11–15 und 18–11 Uhr
Keine Chips und keine Mikrowelle. £

Salisbury, Wiltshire; ℡ Vorwahl 01722

 Tourist Information Centre
Fish Row
℡ 334 956

 Red Lion Hotel
Milford St.
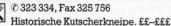 ℡ 323 334, Fax 325 756
Historische Kutscherkneipe. ££–£££

 Silver Plough
Pitton, 10 km östl. Salisbury
℡ (0172272) 266
Tägl. 11–15 und 18–23 Uhr
Ein prämiertes *free house* mit gutem Mittagstisch und Plastikstühlen auf der Terrasse. £

 Michael Snell Tea Rooms
8 St. Thomas Square
℡ (01722) 336 037
Mo–Sa 9–17.30 Uhr
Snell backt *flans* mit Spargel, Cheddar oder Pilzen. £

 Salisbury Cathedral
Mai–Aug. tägl. 8–20.15, Sept.–April 8–18.30 Uhr
In der Morning Chapel ist die berühmte Magna Charta ausgestellt.

 Stonehenge, EH
April–Sept. tägl. 10–18, Okt.–März 10–16 Uhr
Eine halbe Million Menschen stiefelt im Jahr um die geheimnisvollen Felsblöcke herum.

 Old Wardour Castle, EH
6 km östl. Shaftesbury
 April–Sept. tägl. 10–18, Okt.–März 10–16 Uhr
Erbaut im Jahre 1393, wurde der Palast im späten 16. Jh. modernisiert (Portal im Hof). Die romantische Kunstgrotte ist auch ein Kletterspaß für Kinder.

 Milestones
Compton Abbas, 5 km südl. Shaftesbury an A 350
℡ (01747) 811 360
Fr–Mi 10–17 Uhr, im Winter geschl.
Zwischen Antikmöbeln die Kanne Tee für 60 p.

 Kingston Lacy, NT
Wimborne Minster, Dorset
℡ (01202) 883 402
Haus und Garten 25. März–3. Nov. Sa–Mi 12–17.30 Uhr, letzter Einlaß 16.30 Uhr, Park 11.30–18 Uhr
Unter den unzähligen Bildern auch ein Tizian, den der Hausherr 1820 in Bologna abstaubte. In der linken Gartenecke steht eine von Kaiser Wilhelm II. gepflanzte Zeder. Nach der Besichtigung von Küche und Waschküche kann man sich im alten Stall erfrischen.

 Corfe Castle
Wareham, Dorset
℡ (01929) 480 921
März–Okt. tägl. 10–17.30, Nov.–Feb. Sa, So 12–15.30 Uhr
Romantische Burgruine.

 The Square & Compass
Worth Matravers, Dorset
℡ (01912) 943 229
Tägl. 11–14.30 und 18–23 Uhr
Für alle die nicht wissen, was ein *country pub* ist.

5. Route – Informationen

 Old Harry Rocks
Im Dorf Studland fallen Parkgebühren an.
Vom Parkplatz zurück zweiter Weg links
(bei den Toiletten). Eine Karte informiert
über die Küstenwege.

Bournemouth/Poole, Dorset;
✆ **Vorwahl 01202**

 Tourist Information Centres
Westover Road, Bournemouth
✆ 789 789
The Quay, Poole
✆ 673 322

 Swallow Highcliff Hotel
St. Michael's Road, Bournemouth
✆ 557 702, Fax 292 734
4-Sterne-Hotel auf dem West Cliff mit ful-
minanter Aussicht auf Meer und Strand.
Dorthin gelangt man über den Zickzack-
Weg oder mit der Zahnradbahn.
£££

 Marsham Court Hotel
Russel-Cotes Road, Bournemouth
✆ 552 111, Fax 294 744
Schöne Aussichten auf die Bucht. ££

 Salterns Hotel
38 Salterns Way, Lilliput, Poole
✆ 707 321, Fax 707 488
Modernes Haus, ruhig gelegen an einer
der vielen Buchten, mit Blick auf einen
Jachthafen. ££

Youth Hostel »Cluny«
Cluny Crescent, Swanage, Dorset
✆ (01929) 422 1113, Fax 426 327
£

**Pear Tree Farm Caravan and Camping
Park**
Organford Road, Organford, Poole

✆ 622 434
Zwischen A 351 und A 35. £

 Sophisticats
43 Charminster Road, Bournemouth
✆ 291 019
Di–Sa 19–22 Uhr
Sensible Küche zu sensiblen Preisen. ££

 Chez Fred
10 Seamoor Road, Bournemouth
✆ 761 023
Mo–Sa 11.30–13.45 und 17–21.30 Uhr
Fish & chips à la cuisine. £

 Coriander
14 Richmond Hill, Bournemouth
✆ 552 202
Mo–Sa 12–14.30 und tägl. 18–22.30 Uhr
Echiladas, Sombreros und mexikanisches
Bier. £

 The Mandarin
196–198 Old Christchurch Road, Bournemouth
Dezentes Lokal mit Gerichten aus allen
Ecken Chinas. £

 The Warehouse
The Quay, Poole
✆ 677 238
So–Fr 12–14 und Mo–Sa 19–22 Uhr
Zweistöckiger ehemaliger Speicher, um-
funktioniert zu *oyster bar* und *dining rooms:*
Hering und Hummer auf der Karte. ££

 Fishnets Restaurant
Old Mill Suite, The Quay, Poole
✆ 670 066
Mai–Okt. Mi–Sa ab 19.30, Nov.–April Do–Sa
ab 19.30 Uhr, Mitte Juli–Mitte Sept So auch
Lunch.
Scandiavian smorgasbord: Nachschlag bis
zum Geht-nicht-mehr. £

Das sagenhafte Wessex
Winchester, Salisbury und die Isle of Purbeck

Nach einem *full English breakfast* gelingt der Frühstart in die Geschichte. Zum **Roundtable King Arthur's** in der **Great Hall**, einzigem Überrest der alten Königsburg Winchester Castle, zieht es die Touristen scharenweise. Hat doch der sagenhafte Keltenkönig, lange bevor in jüngster Zeit solcherart Möbelstück auch bei uns politisch Karriere machte, diese Form des Rundgesprächs in England eingeführt. Um die weißgrüne Eichenplatte ranken sich Mythen und Legenden. Was macht es da

»The Diver«: William Walker rettete im Tauchanzug die Fundamente von Winchester Cathedral, die weggeschwemmt zu werden drohten.

schon, daß Arthur, lichte Heldengestalt aus dem Dunkel britischer Frühgeschichte, weder mit seinen 24 Rittern noch allein je daran gesessen hat? Denn durch Analyse der Wachstumsringe in den Brettern und durch Datierung nach der Radiokarbonmethode ist doppelt nachgewiesen, daß das Holz mit ziemlicher Sicherheit aus dem 13. Jahrhundert stammt. Arthur selbst, halb Legende halb Historie, datiert man dagegen auf das 6. Jahrhundert.

Ein früher Fall von Nostalgie: Henry III., in Winchester gebürtiger König, ließ den Tisch wohl anfertigen, ebenso übrigens wie die Balkendecke, ein hervorragendes Exempel englischer Zimmermannskunst, vergleichbar mit der in Londons Westminster Hall. In dem Saal wurden rauschende Feste gefeiert, wichtige Parlamentsakte vollzogen und so manches traurige Schicksal entschieden. Denn hier finden seit jeher auch Prozesse statt: noch 1819 wurde eine Frau wegen Gattenmordes zum Tode auf dem Scheiterhaufen verurteilt. Winchester blieb bis heute ein wichtiger Gerichtsort: zunehmend werden heikle Londoner Fälle, etwa gegen Bombenleger der IRA, hier in provinzieller Abgeschiedenheit verhandelt.

Durch das **Westgate**, Teil des ansonsten abgetragenen mittelalterlichen Mauerrings, gelangt man in Winchesters **High Street**. Dort, wo sie für Autos gesperrt ist, steht das **Buttercross**, eine religiöse Stadtzutat des 15. Jahrhunderts mit elf Figürchen in den Nischen. Es dient uns als Wegweiser aus der

Einheitseinkaufszone zum *precinct*, der Domfreiheit, dem typischen offenen Vorplatz englischer Kathedralen, den man durch eine Passage erreicht. Die weite Rasenfläche ist Winchesters aufgeräumte gute Stube, ebenso Treffpunkt für die Fremden wie für die Schuljugend und die Schlipsträger aus der nahen **Town Hall.** Hier kann man die Beine übereinanderschlagen und, direkt auf grünem Grund oder auf einer der aufgestellten Bänke, zugleich den mächtigen Kathedralenbau und den gemächlichen Fluß der Dinge in einer Provinzstadt auf sich einwirken lassen.

Winchester, Verwaltungssitz von Hampshire und etwa 30 000 Einwohner klein, zehrt von seiner großen Vergangenheit. War die »Royal City«, wie sie sich noch heute stolz nennt, doch so etwas wie die erste englische Hauptstadt. Es begann mit Krieg. Egbert, der Herrscher von Wessex, einem der Kleinkönigreiche, dessen Kernland etwa auf dem Gebiet der heutigen Counties Hampshire und Dorset lag, unterwarf von hier aus fast den gesamten Süden des Landes und ließ sich 827 zum ersten König Englands krönen. Das tat 871 auch noch King Alfred »the Great«, der die Dänen abschmetterte, dazu eine Flotte bauen ließ und sich in seiner schlachtenfreien Zeit weiterbildete. Der gelehrte Angelsachse schrieb Rechts- und Geschichtsbücher in seiner Muttersprache, als das noch völlig unüblich war. Im Reiche ließ er mehr als dreißig städtische Siedlungen ausbauen. Die größte: Winchester, das sich zu einem wichtigen Handelsplatz entwickelte, besonders für Stoffe. Wenn im September auf St. Gile's Hill Markt war, kamen so viele Händler aus London, daß dort vorübergehend die Geschäfte schlossen.

Doch William, der normannische Eroberer, den es 1066 an die Themse zog, leitete die Wende ein. Die Leute von Winchester mußten sich künftig die Geschichte von der Hinterbank aus betrachten. Was die neuen Regenten nicht daran hinderte, das Old Minster,

Vorgängerbau der jetzigen **Kathedrale**, großzügig anzulegen. So hat der zum Landstädtchen degradierte Bischofssitz heute ein überdimensioniertes Gotteshaus, das mit 178 Metern Entfernung zwischen Eingang und Rückwand zu regengeschützten Spaziergängen einlädt. Doch weil nahezu turmlos (einer stürzte ein, ein anderer wurde abgetragen), taucht diese längste mittelalterliche Kirche Europas fast völlig in ihrer Umgebung unter.

Überragendes dagegen bietet das Innenleben: vom Hauptportal mit dem breiten Fenster, durch das während des *Civil War* die Steine flogen und das mit vielen Originalfragmenten wie ein Puzzle restauriert wurde, bis zum Massenaufmarsch der Heiligen an der Altarrückwand (1475), ebenfalls vom reformatorischen Eifer in Mitleidenschaft gezogen und erst 1899 wiederhergestellt. Gleich einem Baukasten ist die Kathedrale aus den architektonischen Stilen ihrer verschiedenen Bauphasen zusammengesetzt: die Querschiffe noch im robusten *Norman Style* des 11. Jahrhunderts (wir würden sagen romanisch), Chor und Marienkapelle im *Early English*, einer lokalen Variante der Frühgotik, das korridorartige Langhaus schließlich im gestreckten hochgotischen Kleid des 14. Jahrhunderts. Beachtenswertes auch im Detail: etwa das normannische Taufbecken (1190) aus schwarzem Mamor oder das reich geschnitzte Chorgestühl von 1310, auf dem es recht lebhaft zugeht. Die teilweise drastische Darstellung von Alltagsszenen war im Mittelalter eine englische Spezialität, deren Vielfalt und Einfallsreichtum auf dem Kontinent nie erreicht wurde.

Als John Keats, der begnadete Verseschmied, 1819 für ein paar Monate hierher kam, um in aller Ruhe über die Zukunft seiner bis dahin brotlosen Reimkunst nachzudenken, fand er Winchester *»excessively maiden-lady-like«*, also adrett zurechtgemacht wie eine junge Dame. Wer den Schritten seines täglich gleichen Rundgangs folgt, kann

Winchester Cathedral: Fächergewölbe

diesen Eindruck nachempfinden, zumal wenn man in Betracht zieht, daß auch Damen manchmal verschlafen wirken. Keats startete stets an der Kathedrale, die er links liegen ließ, um in **The Close** einzubiegen, den schönsten Platz der Stadt mit viel Fachwerk, der Ruine der Dekanei und der Dome Alley. In der winzigen Seitengasse lebte vor zweihundertfünfzig Jahren Izaak Walton (1593–1683), Autor eines Kultbuches: »The Compleat Angler«, ein Standardwerk für Anglerlatein. Ein Tordurchgang führt auf die **College Street**. In Haus Nummer 8 hatte sich, zwei Jahre vor Keats Aufenthalt, die schreibende Kollegin Jane Austen eingemietet. Die Ärmste, schon totkrank, war von Chawton nach Winchester gezogen, um nah bei ihrem Hausarzt zu sein. Sie starb, erst 41jährig, bereits nach wenigen Wochen und wurde in der Kathedrale beigesetzt.

Hundert Meter weiter liegt das Gebäude, dem die Straße ihren Namen verdankt: **Winchester College**. Das klotzige Hauptportal stammt noch vom ursprünglichen Schulbau aus dem Jahre 1394. Gedacht als *public school*, nämlich als Lernstätte für kluge Kinder armer Eltern, mutierte die älteste Privatschule Englands wie alle ihre Nachfolger ins exakte Gegenteil, nämlich zur Selektionsanstalt der Bessergestellten und zum Hort stockkonservativer Erziehung. Als Karrierebeschleunigungsanstalt – Jahresschulgeld an die 10 000 Pfund – ist sie nicht unerheblich an der britischen Bildungsmisere beteiligt, deren Hauptursache in den rückwärtsgewandten Werten und starren Klassenschranken liegt.

Doch die Scholaren (*scholars*) im schwarzen Talar und die *comoners* in Strohhut und grauer Hose haben das Schulmotto »*manners makyth man*« (Manieren machen den Mann) keineswegs immer befolgt. Als 1793 das Revolutionsfeuer aus Frankreich übersprang, verjagten sie kurzerhand den Rektor, der ihrer Meinung nach »*a lickspittle to the great and a bully to the young*« (Speichellecker gegenüber den Großen, Rüpel gegenüber den Jun-

Edelmann mit Vogel

gen) war, und schleuderten Steine auf die anrückende Polizei. Weitere Rebellionen folgten, die vorerst letzte im Jahre 1976. Schüler und Lehrer protestierten diesmal einhellig gegen die Autobahn London – Southampton, die die Wiesen hinter dem College durchschneiden sollte, und wurden bei der öffentlichen Anhörung »wegen Rowdytums« des Saales verwiesen.

Hat man den Mühlenbach überquert, sind links zwischen dem Laub der Bäume der alte und neue Bischofssitz zu sehen, die Ruinen des **Wolvesey Castle** und des **Wolvesey Palace**. Auf dem Weg entlang des River Itchen läuft man mit paddelnden Enten um die Wette, bis der Uferpfad an der alten Wassermühle (heute Jugendherberge) auf Winchesters **Broadway** mündet, der weithin sichtbar von einer **King-Alfred-Statue** und dem historistischen Zuckerbäckerrathaus dominiert wird. Auf einem trickreichen Einbahnstraßenstadtkernumgehungssystem geht es nun über die Upper High Street auf der A 272 nach Salisbury.

Hinter Stockbridge am River Test, einem Mekka für Forellenfischer, wechselt man mittels *roundabout* auf die A 30, von der man jedoch schon nach einer Meile wieder rechts abbiegt in Richtung **Danebury Hill**. Von einem Parkplatz aus erklimmt man den 469 *feet* (143 m) hohen Hügel und wird mit dem weiten Horizont über dem Tal des mäandrierenden Test-Flusses belohnt. Denselben Blick genossen auch jene Menschen, die auf dieser Anhöhe vor mehr als 2 000 Jahren lebten und auf das Anrücken ihrer Feinde warteten. Denn hier an strategisch günstiger Stelle, wo heute ein schattiges Buchenwäldchen steht, lag in der Eisenzeit ein Fort.

Obwohl außer einem komplizierten Wall-und-Graben-System oberflächlich nichts zu sehen ist, gibt die vorchristliche Hügelstadt, die schon ein Jahrhundert vor unserer Zeitrechnung wieder aufgegeben wurde, der Phantasie doch reichlich Nahrung. Die ausührliche Beschilderung hilft ihr dabei auf die Sprünge. Wissenschaftler haben das Alltagsleben der Urbriten aus den vielen Funden, die im Boden steckten, rekonstruiert, darunter Töpfe, Webschiffchen, bare Münze und jede Menge Kuh- und Menschenknochen (zu besichtigen im Stadtmuseum im nahen Andover). Am ramponierten Zustand der Gebeine erkannten Archäologen übrigens, daß man Tote damals einfach in die Kuhle warf, in unseren Augen eine rabiate Methode, die jedoch dem Kreislauf der Natur angemessener gewesen sein mag als manches Ritual der Verdrängung.

Beatband anno '68: Dave Dee & Co.

Mittagsmöglichkeiten: Entweder in **Longstock**, einem Anglerparadies mit riedgedeckten Backsteinhäusern, im **Peat Spade Inn** eine Lunchpause einlegen, oder direkt nach **Salisbury** fahren. Zwecks Erfrischung kann dort der Besuch in einer Teestube empfohlen werden, etwa am **St. Thomas Square**, dem großen viereckigen Marktplatz, oder aber im efeubehangenen Innenhof des **Red Lion**, einem alten *coaching inn* und noch heute Anlaufpunkt für Coach-Touristen. Die Hauptstadt Wiltshires, das zu den größten, aber am dünnsten besiedelten Grafschaften Südenglands zählt, hat viele Ähnlichkeiten mit Winchester. Beide haben in etwa das gleiche Format, beide bieten manchen mittelalterlichen Winkel, und in beiden ist nicht das Rathaus das wichtigste Gebäude, sondern die Kathedrale.

Einen Unterschied allerdings sieht man schon von weitem. Der Mittelturm von **Salisbury Cathedral** sticht, woher man auch kommt, deutlich aus der Stadtsilhouette hervor, übertrifft sogar St. Paul's Cathedral in London um zwölf Meter und macht die Kirche mit 123 Metern zur höchsten auf der Insel. Der spitze Turm, im übrigen ein notorischer Blitzfänger, ist ein kontinentales gänzlich unenglisches Beiwerk, aber nicht das einzige Merkmal, das die Kathedrale vom Nachbarn in Winchester und vielen anderen Kirchen des Landes unterscheidet. Weil der Bau zwischen 1220 und 1258 in rasant kurzer Zeit hochgezogen wurde, ist er stilistisch aus einem Guß, eine Seltenheit unter Englands Kirchen. Der Grundriß dagegen mit seinen schachtelartigen Räumen und der Vormacht das rechten Winkels macht die Kirche geradezu zu einem Musterbeispiel der frühen englischen Kirchenarchitektur, *Early English*, ein Stil der edlen Klarheit, der aber dafür nicht gerade aufregend wirkt.

Spannung dagegen bietet das Verhältnis von Kirche und Umgebung. Englands Kathedralen blieben immer ländliche Inseln in der Stadt, wurde doch die Domfreiheit, ursprünglich ein Friedhof mit Rasen, durchgängig zu einem Park umgestaltet. So kommt es zum konträren Zusammenspiel zwischen der Statik des Steins und den natürlichen Linien der ihn umgebenden Landschaft. Salisbury, eine Stadt, in der vier Flüsse ineinander münden und in der die **Cathedral Close** unmerklich in eine Auenlandschaft übergeht, ist dafür exemplarisch. Als John Constable (1776–1837), der Künstler mit dem sicheren Gespür für Atmosphäre, im Jahre 1823 die Kathedrale mehrfach malte, hat er genau diesen reizvollen Kontrast auf seiner Leinwand eingefangen.

Typisch ist Salisbury inzwischen leider auch für Englands Citymisere. Besonders die Zentren der Kleinstädte sind abends tote Zo-

»Thatcher«: Strohdachdecker

Stonehenge: Vorzeit, die Kreise zog

nen, durch die der Provinzmief und laut grölende *lagerlouts* ziehen. Immerhin kann Salisbury auch auf berühmte Söhne verweisen. Dave Dee und seine Kumpane Dozy, Beaky, Mick and Tich, Jungs von nebenan, die man hier als Polizist, Motorschlosser und Anstreicher kannte, schrieben in den sechziger Jahren Popgeschichte. Neunmal zwischen 1965 und '69 stürmten die dauergewellten Boys aus der Provinz in ihren knallbunten Anzügen die Top Ten und landeten mit »Legend of Xanadu« sogar einen Number-One-Hit! Fast alle von ihnen leben hier heute wieder als normale Bürger.

Nur etwas mehr als zwölf Kilometer entfernt liegt eine der berühmtesten Sehenswürdigkeiten der Insel. **Stonehenge**, die prähistorische Kultstätte, deren monumentale Felsblöcke über den kahlen Salisbury Plains von allen Seiten weithin sichtbar sind, lohnt einen Umweg. Man erreicht das rätselhafte, mittlerweile eingezäunte und scharf bewachte Bauwerk auf einer reizvollen Strecke entlang des River Avon (Abzweigung von der A 345 nach dem Kreisverkehr). Kaum zwanzig Kilometer östlich von Salisbury liegt etwas abseits der

A 30 **Old Wadour Castle**, ein Geheimtip für Ritter- und Ruinenfans. Der Bau sieht so ausgefranst aus, weil sich während des *Civil War*

:uerst die Rundköpfe und dann die Royalisten darauf einschossen. Die Besitzer bauten sich daraufhin **New Wadour Castle**, einen Landsitz mit Aussicht auf die alte Burg, deren romantisches Potential sie noch durch den Anbau einer künstlichen Grotte zu erhöhen wußten.

Ab **Shaftesbury**, das mit der kurzen abschüssigen Gasse **Golden Hill** unzweifelhaft über ein touristisches Vorzeigestück verfügt, geht es auf der Kante der Downs (A 350), immer mit Fernblick übers Blackmoor Vale, nach Süden. Bei Sturminster Marshall ist über einen aristokratischen Seitensprung zu entscheiden. **Kingston Lacy**, ein mehrfach umgebautes Herrschaftshaus von 1665, das sein letzter Besitzer samt persönlicher Habe dem National Trust vermachte, gibt auf verschiedenen Ebenen Einsichten in die exklusive Welt des Adels. Etwa im **State Bedroom**, der stets für gekrönte Häupter freigehalten wurde. Darin hängt auch ein Foto von »Billy the Kaiser«, dem deutschen Schnurrbart Wilhelm II., der hier bei seinem Besuch im Jahre 1907 nächtigte. Schließlich gibt die Besichtigung des Bedienstetentraktes einen plastischen Einblick in deren schwielenträchtigen Koch-, Putz, Wasch- und Bügelalltag.

Haus mit Garten: Kingston Lacy

Ritterspielchen: Old Wardour Castle

Etwa nach einer halben Stunde Fahrt, ein paar Meilen hinter Wareham, taucht plötzlich die Silhouette von **Corfe Castle** auf. Die Queen unter Englands Burgruinen gibt, egal von welcher Seite man sie betrachtet, bei jedem Wetter und bei jeder Tageszeit eine hochromantische Figur ab. Ihre versprengten Mauerbrocken und Turmstümpfe sind Aufputschmittel für die Einbildungskraft. Dabei gibt in diesem Falle auch die Geschichte etwas her. Der Sachsenkönig Edward ist hier 978 auf Betreiben seiner Stiefmutter hingemeuchelt worden. King John ließ die Festung zum Staatsgefängnis ausbauen (1199). 1326 hat dann mit dem homosexuellen Edward II. (1284–1327) ein König selbst im Verließ geschmachtet. 1646 ließen Cromwells Männer die Burg, die ihnen drei Jahre lang getrotzt hatte, in die Luft sprengen. Die Burgbesitzer wurden zwar schon 1660 wieder entschädigt, sie zogen es aber vor, sich einen moderneren Familiensitz zu ebener Erde zuzulegen: Kingston Lacy.

Hinter dem Ort Corfe Castle steigt die B 3069 steil an und es ergeben sich atemberaubende Rückblicke auf die **Isle of Purbeck**. Die Textur der Landschaft und die strategisch günstige Lage von Corfe Castle werden sichtbar. Wer sich Zeit nimmt, in **Worth Matravers** für ein *pint of bitter* (aus dem Holzfaß) einzukehren, macht an den ellbogengeputzten Tischen einen Zeitsprung rückwärts. Von Studland aus führt der Küstenweg (Dorset Coast Path) an geschützten Vogelbrutstätten vorbei zu den **Old Harry Rocks**, die zu den bizarrsten Felsen an Englands weißer Kreideküste gehören. Nach diesem Dreimeilenlauf wird es Tischzeit. Nach schwankendem Übersetzen mit der Fähre, muß man wissen, was man will: international gemixte Küche in **Bournemouth** oder frisch gefischte Seefrüchte im benachbarten **Poole**. ■

Steile Kreide: Old Harry Rocks

6. Route: Bournemouth – Poole – Weymouth – Exeter (145 km)

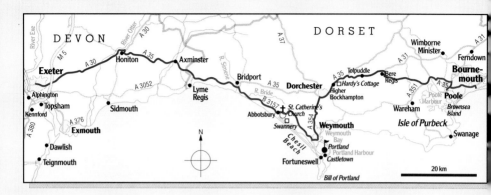

Vormittag	**Bournemouth:** Rundgang (1 Std.). Auf A 35 Richtung Poole; dort ist der Weg zum Quay ausgeschildert. **Poole** (Multi Storey Car Park, feiertags 20 p!, an New Orchard): Stadtrundgang (1 Std.). Auf A 35 nach **Bere Regis:** Kirche. Weiter auf A 35 über Dorchester (A 354) nach **Weymouth** (Parkplatz auf dem Pier, der südl. Verlängerung der Promenade): Hafenspaziergang und Fort-Besichtigung; evtl. Lunch.
Nachmittag	Auf B 3157 Richtung Bridport. **Abbotsbury:** Bergbesteigung (1 Std.). Wieder auf B 3157 nach Bridport, dann auf A 35 nach **Exeter.**

Extra: Von A 35 vor Higher Bockhampton links ab: **Hardy's Cottage.**

6. Route – Informationen

Bournemouth/Poole, Dorset;
℅ **Vorwahl 01202**

 Bournemouth International Centre
West Cliff, Bournemouth
℅ 297 297
Neuer Mehrzweckbau für Konzerte, Kongresse, Ausstellungen. Auch Fitneß, Schwimmbad, Restaurants.

 Casa Magni Shelley Museum
Beechwood Avenue, Bournemouth
℅ 210 09
Juni–Sept. Mo–Sa, Okt.–Mai Do–Sa 10.30–17 Uhr
Schrein der Romantik.

 Waterfront
The Quay, Poole

6. Route – Informationen

Ø 683 138
Mo–Sa 10–17, So 14–17 Uhr
Seeabenteuer in drei Dimensionen.

St. John Baptist
Bere Regis, Dorset
Kirche aus dem 12. Jh. im Dorfzentrum, etwas abseits der Hauptstraße. Wunderbar geschnitzte pausbackige Apostel in Lebensgröße unter der Decke.

Hardy's Cottage, NT
Higher Bockhampton, Dorset
✆ (01305) 262 366
April–Okt. Fr–Mi 11–18 Uhr
Vorher unbedingt anmelden!
Idyllisch im Wäldchen gelegene Dichterklause.

Weymouth, Dorset; ✆ **Vorwahl 01305**

Tourist Information Centre
Pavilion Complex, The Esplanade
✆ 765 221, 785 747

Mallams
7 Trinity Road
Ø 776 757
Fisch à la carte. ££

The Seagull Café
Trinity Road
Fish and chips klassisch: *take-away* vorne, *sit-in* hinten. £

Northe Fort
Northe Gardens, ✆ (01305) 787 243

Take away: Frischer Fisch

Mitte Mai–Mitte Sept. tägl. 11–17 Uhr
Große Festung.

 St. Catherine's Chapel
10 m kurze Hügelkirche aus dem 14. Jh.

Exeter, Devon; ✆ Vorwahl 01392

 Tourist Information Centre
Civic Centre, Paris St.
∅ 265 297

 Forte Crest
Southernhay
✆ 412 812, Fax 413 549
Nobelherberge.
££–£££

 White Hart Hotel
66 South St.
✆ 798 97, Fax 501 59
Inn aus dem 14. Jh. mit modernem Betten-
block. ££

 The Radnor Hotel
79 St. David's Hill
∅ 720 04
Kleines Cityhotel. ££

St.Olaves Court Hotel
Mary Arches St.
✆ 217 736, Fax 413 054
Architektur *Georgian*, Garten typisch englisch, Zimmer komfortabel, Restaurant
ambitioniert. ££

Youth Hostel
47 Countess Wear Road
∅ 873 329, Fax 876 939
Großes Haus am River Exe. £

Gipsy Hill Hotel
Gipsy Hill Lane, Pinhoe (nahe der A 30)
✆ 465 252, Fax 464 302

»Country House Hotel« östlich von Exeter
für den gehobenen Zigeuner. ££

 Arundell Arms Hotel
Lifton, Devon
✆ (01566) 784 666, Fax 784 494
Mekka für Angler und Jäger auf der anderen Seite von Dartmoor. £££

 Youth Hostel
Bellever/Dartmoor
2 km südl. von Postbridge
✆ (01822) 882 27
Mitten im Moor. £

 **Kennford International Caravan
Park**
Kennford, Exeter
✆ (01392) 833 046
Vier Meilen südlich von Exeter.

 Tinleys of Exeter
2 Broadgate, Cathedral Yard (1. Stock)
∅ 728 65
Sommer Mo–Sa 8.30–18, Winter Mo–Sa
8.30–17.30, So 12–17 Uhr
Schlemmen unter Denkmalschutz.
££

 Tudor House
Tudor St.
∅ 737 64
Di–Sa 12.15–13.45 und 19.15–21.45 Uhr
££

 Double Locks
Canal Banks
Von Alphington A 30 nach Süden, zweiter
Kreisverkehr Richtung »Industrial Estate«,
dann über eine schmale Brücke auf einem
Feldweg den Kanal entlang.
∅ 569 47
Tägl. 11–23 Uhr
Treffpunkt am Kanal. £

Strandpartien am Kanal
Dorsets imposante Wasserkante

Der Earl of Southampton fand 1574, es sei »eine Stelle, an der der Feind sehr einfach landen könnte«. Zwei Jahrhunderte später kam ein *captain* der Küstenwache hier vom Wege ab, denn »auf dieser kargen und unkultivierten Heide war kein menschliches Wesen, um uns den Weg zu weisen«. Die unwegsame Wildnis, von der die Rede ist, ist **Bournemouth**, vielmehr jener Küstenstreifen, auf dem es schließlich entstehen sollte. Die größte Stadt in der Grafschaft Dorset unterscheidet sich von allem, was wir bisher sahen, vor allem dadurch, daß sie nur eine Kurzgeschichte hat. Die ist so kurz, daß sie in den ehrenwerten »Buildings of England« (Ausgabe 1977), der Bibel für historische Gebäude, einfach unterschlagen wird.

Noch um die Mitte des letzten Jahrhunderts standen hier lediglich ein paar verstreute Häuser am Strand. Doch als Thomas Hardy (1840–1928), Dorsets berühmtester Dichter, 1891 seine »Tess of the d'Urbervilles«

Außer Rand und Band: Piertheater in Bournemouth

101

in das aufstrebende Strandbad verlegte, war es schon eine »Stadt der Villen, ein mediterraner Erholungsort am englischen Kanal«. Der Roman, in dem ein armes Mädchen ihren reichen Verführer im Hotelbett ersticht, wurde seines unüberlesbaren Realitätsgehalts wegen zum Tuschelthema Nummer eins im Lande. Bournemouth hat seitdem sein Abonnement in den Klatschspalten der Regenbogenpresse. Zufall, daß auch Robert Louis Stevenson (1850–94) hier in der Sommerfrische seinen »Dr. Jekyll and Mr. Hyde« vollendete, jene Parabel auf die Bestie im bürgerlichen Gewand?

Seit auch die Briten ihre Reisegewohnheiten radikal änderten (Ende der siebziger Jahre blieb mehr als die Hälfte auf der Insel, 1991 gerade noch ein Drittel), leiden die *sea resorts*, einst klassische Familienurlaubsziele, unter Umsatzschwindsucht. Bournemouth schwimmt gegen den Trend. Daß man sich hier, wenn die Windsurfer die Wellen kappen und französischer Akzent den sprichwörtlich weißen Strand entlangweht, an einem strahlenden Sommernachmittag durchaus ans Mittelmeer versetzt fühlen kann, daran allein kann es nicht liegen. Daß die mehr als vierhundert Hotels am Orte selbst in der feuchten Vor- und Nachsaison gut gebucht sind, dafür sorgt ein agiles Touristikmanagement.

Allein vier Millionen Pfund hat man jüngst in die Renovierung des Piers gesteckt, auf dem nicht nur die Flipperautomaten und Discolaser flackern, sondern auch weiter Theater gespielt wird. Rund ein Dutzend Sprachschulen trägt mit dazu bei, daß rund ums Jahr die Geschäfte laufen. Dafür sorgt nicht zuletzt auch das **Bournemouth International Centre**, mit dem zwar kein Architekturpreis zu gewinnen ist, aber der Wettbewerb mit den Konkurrenzbädern. *»We will take anybody's money. The Soviet Communist Party would be quite welcome«*, vertraute Luis Candal, der Direktor des »BIC«, einem Massenblatt an. Wenn dieser Deal auch nicht

mehr zustande kam, einige Labour- und Toryparteitage hat er Brighton schon abgejagt.

Das kleine Zentrum von Bournemouth ist problemlos zu erkunden. Eine Einkaufspassage, einige Museen (darunter das **Shelley Museum**), ausladende Parks und die beinah zweihundert Restaurants sind ganz aufs Wohlbefinden der Fremden zugeschnitten. Etwas schwieriger ist es da schon, von hier aus den kurzen Weg zum Nachbarn **Poole** zu finden. Zum einen, weil Europas größtes nichtindustrielles Ballungsgebiet keinem erkennbaren Muster folgt (deshalb folgen Sie einfach der A 35), zum anderen, weil der Stadtkern von Poole sich in einem der ausgedehntesten Naturhäfen der Welt in einer kleinen Ecke versteckt.

Pooles Spaziermeile, der **Quay** (sprich »kie«), ist nur einen halben Kilometer lang, dafür aber quicklebendig. Das Kreuz und Quer von Segelschiffen, Jachten, Fähren und Vergnügungsdampfern im Hafen und der Strom der Passanten (durch den sich leider immer noch die stinkenden Benzinkutschen schieben) bilden einen deutlichen Kontrapunkt zum Dolcefarniente nebenan. Geschäfte sind hier auch sonntags geöffnet. Junge Leute stehen sich vor **Lord Nelson** und dem **Jolly Sailor** mit einem *pint* in der Hand die Beine in den Bauch, machen die Hübschesten auf dem Laufsteg an und werden nebenbei Zeugen kleiner Tragödien, wenn Familien gegenüber für einen Boot-Trip nach Brownsea Island Schlange stehen.

Pooles Geschichte ist die **Waterfront**. Die hat sie, inzwischen zur Freizeitstadt umfrisiert, in ein gleichnamiges Museum verbannt. Da erfährt man, daß dies einmal ein erfolgreicher Überseehafen war. Daß zum Beispiel im 18. Jahrhundert die Schiffe einträgliche Dreiecksgeschäfte machten, nämlich Salz nach Neufundland brachten, dort Kabeljau fingen, den sie im Mittelmeer profitabel wieder gegen Wein und Olivenöl eintauschten.

Hohe Schnitzkunst: Kirche in Bere Regis ▷

Man erfährt aber auch, daß das unübersicht-
liche Gewirr von Buchten, Sandbänken, Seen
und Inseln seit jeher ein idealer Stützpunkt für
riskante Unternehmungen war.

Jahrhundertelang diente die zerklüftete
Küste als Schlupfwinkel für Schmuggler und
Piraten. So geschah es im Jahre 1747, daß
die berüchtigte »Hawkhurst Gang«, eine Ban-
de von mehr als fünfhundert Mann, geschlossen nach Poole marschierte und sich, mit
Stangen und Äxten bewaffnet, ihren Tee,
Brandy und Rum aus dem königlichen Zoll-
haus holte, in dem eine staatliche Streife das
Schmuggelgut tags zuvor vermeintlich si-
chergestellt hatte. Laut Ohrenzeugen sollen
die Einheimischen gejubelt haben. Noch
mehr Begeisterung lösten allerdings die 81
Landungsschiffe der Royal- und US-Navy
aus, die hier am Morgen des 5. Juni 1944
geführt von sechs Kanonenbooten vorsichtig
in Viererreihen am Quay vorbeiglitten. Es war
»D-Day«. Die kriegsentscheidende Invasion
der Normandie begann. Drei Jahre lang hatten englische und amerikanische Seeleute in
Pooles geschützten Buchten für diesen Tag
trainiert.

Wer im Multi Storey Car Park an New
Orchard den Wagen abgestellt hat, sollte
links vorbei an jenem **Custom House**, das die
Bösewichter stürmten, auf der **Market Street**
durch Alt-Poole zurückgehen, beziehungswei-
se dem, was die Abrißwut der sechziger Jahre davon übrig ließ. Am Ende der ehemaligen
Hauptstraße, in die sich kaum ein *Fish-and-
Chips*-Tourist verirrt, steht die stolze **Guildhall**. Entlang der Holes Bay geht es auf
schnellem Wege (A 35) nach Westen. Am
Rande der vielbefahrenen Landstraße, die
nichtsdestotrotz auch Dorfkerne durch-
schneidet, liegt jedoch manches Sehenswür-
dige: die meistbesuchte Dorfkirche Englands
in **Bere Regis** mit ihrer wunderbar gearbeite-
ten Holzdecke, die Märtyrereiche in Tol-
puddle (Erinnerung an vier Gewerkschaftler,
die 1834 wegen Aufsässigkeit nach Austra-

lien verbannt wurden) und ein weiteres literarisches Privatgemach, **Hardy's Cottage**, das
idyllisch gelegene, doch meist überlaufene
Wohnhaus des Romanciers.

Bald danach erreichen wir **Weymouth**, ein
weiteres Exemplar in unserer Kollektion der
Strandbadperlen. Das Pfund, mit dem man
hier wuchern kann, ist die **Bay** mit ihrem
sanft geschwungenen breiten Sandstrand, der
nicht nur der Lieblingsaufenthaltsort der Kinder ist, sondern auch höheren Orts Beach-
tung fand. Im Juni 1789, in Frankreich war
gerade Revolution, entschied sich Englands
Regent, Georg III. (1738–1820), nach Weymouth zu fahren. Denn sein Sohn (der spätere Georg IV.) hielt sich bereits in Brighton auf,
und beide konnten einander nicht ausstehen.
»Als er das erste Mal ins Wasser ging«, notierte ein Beobacher, »und gerade sein königlicher Kopf untergetaucht war, spielte eine Kapelle, die auf einem schwimmenden Ponton
versteckt war, *God save great George our
King*«.

Es gab allen Grund für Lobpreisungen.
Denn Georg III., der vergeblich hoffte, hier in
milder Seeluft seine Geisteskrankheit zu hei-
len, machte allein durch sein Hiersein aus
dem dahinsiechenden Hafenstädtchen eine
Boomcity. Aus dem Nichts entstand in wenigen Jahren die **Esplanade**, eine einmalige
nahezu geschlossene Zeile einst nobler *terra-
ces*, die heutzutage allerdings nur mehr von
bauhistorischem Interesse sind. Vormals herrschte strengste Hackordnung. Die größeren
und luxuriöseren Suiten vorn für die wirklich
reichen Familien, die rückwärtigen kleineren
Häuschen für die, die sowieso etwas hinten
dran waren. Dieses Verhältnis hat sich nun
umgekehrt. Die kleinen Cottages gehören
mittlerweile zum Teuersten auf dem örtlichen
Immobilienmarkt. Die vornehmen Reihenhäuser an der Seeseite dagegen wurden dem
schnellen B&B-Geschäft oder, im Erdge-
schoß, dem Bingo und den Chips mit Essig
geopfert.

Dichter im Cottage: Hardy's Home

Die St. Mary Street stellt die Verbindung zum alten **Hafen** her. Dort ankert noch eine Flotte von etwa dreißig Fischkuttern, deren Mastenwald das Panorama für ein lebendiges Durcheinander von Lieferanten, Bummlern und Freizeitkapitänen abgibt. Allzu clevere Touristikplaner sind jedoch schon dabei, die authentische Szenerie in eine Disney-World zu verwandeln, mit marktschreierischen Multimediashows, wie dem **Deep Sea Adventure** auf der einen (da sieht man noch mal die »Titanic« sinken) und, gerade neu eröffnet, dem in einer ehemaligen Brauerei untergebrachten **Timewalk** auf der anderen Hafenseite. Große Zeitsprünge kann man bei einem geruhsamen Spaziergang entlang des Kais nicht machen, dafür besteht die Chance, das Hier-und-Jetzt zu inhalieren.

Über die Stadtbrücke, an der man die roten Telefonboxen (die anderswo inzwischen unter Denkmalschutz stehen) leider gegen schlichte Glaskästen ausgetauscht hat, gelangt man ins eigentliche Alt-Weymouth. Hier warten Boote, um Landratten zu einem anderthalbstündigen *fishing trip* abzuschleppen. Die Qualität der hiesigen Fangergebnisse kann an Ort und Stelle überprüft werden, etwa im **Mallams**, einem Restaurant, in dem der Heilbutt in trockener Wermuth-Soße 15 Pfund kostet, oder in **Seagull Café**, einem der nettesten Fish-and-Chips-Shops an der Küste. Da wird die Portion Chips und die Tasse Kaffee von einer älteren, tiptopgeschminkten Dame im geblümten Kleid gebracht. Oder man nimmt die Wickeltüte auf die Hand und ißt den fettigen Inhalt auf der Kaimauer, wie das hier vor allem vielköpfige Familien tun.

Wer jetzt den Schildern **Nothe Fort** folgt, kommt zuerst in einen hochgelegenen Park. Nach Süden fällt der Blick auf die Halbinsel Portland, eine Basis der britischen Kanalflotte

Gute Aussicht: Damen im »deck chair«

Beispiel etwas über das Ausmaß der Bombardierung erfährt (83 Tote, 261 Verletzte, 414 Häuser zerstört, 7003 stark beschädigt). Außerdem ist im unterirdischen Labyrinth der Seefestung der Alltag hinter der Front mit Pappmaché-Figuren und Original-Requisiten nachgestellt. Die schon etwas angestaubte Schau wirkt authentisch und geht deshalb mehr unter die Haut als manches supermoderne *Adventure Centre*, das mit allen Mitteln arbeitet.

und ergiebiger Steinbruch für repräsentative Gebäude. Diese Aussicht hielt im übrigen Englands großer Landschaftsmaler John Constable auf der Leinwand fest, als er 1816 seine Flitterwochen in Weymouth verbrachte. So friedlich wie auf seinem Gemälde ging es in der Bucht jedoch nicht immer zu. Das zeigen die im Hof des Forts stehenden Kanonen und eine Ausstellung über den Zweiten Weltkrieg, in der man zum

Wer seinen Wagen auf dem Pier neben der Anlegestelle für Kanalfähren geparkt hat, kann sich dorthin vom lokalen Fährmann im Ruderboot über den River Wey bringen lassen. Von hier aus ist es nur eine Viertelstunde bis nach **Abbotsbury**, einem langen Straßendorf mit unverputzten riedgedeckten Häusern, die unter anderem deshalb einen so geschlossenen Eindruck machen, weil sie nicht durch moderne Fenster verschandelt wurden. Von der ehemaligen Benediktiner-Abtei blieb nicht viel mehr als Englands größte Scheune und die noch von den Mönchen begründete

Fisch und Fritten: Familiensnack

Sandfestung: British and Welsh

swannery, eine Schwanenkolonie mit einem enorm großen Parkplatz davor.

Nicht scheuen sollte man den Aufstieg zur kleinen **St. Catherine's Chapel**, die hoch oben auf einem kahlen Grasbuckel steht. Von dort kann man das Auge weit über Berg und Meer schweifen lassen. Aber auch die nur zehn Meter lange, dafür um so stabilere Kirche ist es wert, genauer hinzuschauen. Ihr Gewölbe mit seinen sieben Rippen ist einmalig in ganz England. Im Mittelalter war Katharina die Patronin der Jungfern, die bei der Heiligen gelegentlich um einen Mann anklopften. Ihre Bitte:

> *»A husband, St. Catherine.*
> *A handsome, St. Catherine.*
> *A rich one, St. Catherine.*
> *A nice one, St. Catherine.*
> *And soon, St. Catherine.«*

Bei aller Christlichkeit hat man dem Gebet dann meist doch noch etwas heidnisch nach-

geholfen. Im Südeingang sind »Wunschlöcher« zu erkennen. Darin scheuerte man die Knie vor dem Verlassen der Kirche.

Nach einem gepflegten Tee in den **Ilchester Arms** folgt eine Fahrt entlang der Küste, die gleich mit einem herrlichen Rückblick beginnt. Hinter Abbotsbury ist deutlich Chesil Beach erkennbar, eine fast zehn Kilometer lange Kiesel-Barriere, die eines der größten Wasservogelreservate einschließt, ein Paradies für eine typisch englische Passion, das *birdwatching*.
Über Bridport, vorbei an **Lyme Regis**, auch ein Mekka für Badefreunde, geht es für hiesige Verhältnisse zügig nach **Exeter**. Die Hauptstadt von Devon, dem flächenmäßig größten County in Südengland, kann mit Tischen und Tresen aufwarten. Vorschlag: Abendessen in historischen Räumen, z.B. in **Tudor House**. Der letzte Drink dagegen in einem Studentenpub. ■

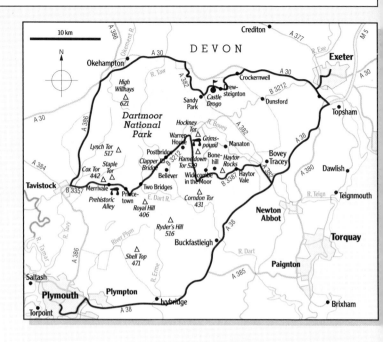

Vormittag

Exeter: Stadtrundgang (2 Std.). Auf A 3085 über den River Exe auf A 38 Richtung Plymouth. Nach 15 km rechts auf A 382 Richtung Bovey Tracey abfahren. 1 km Richtung Manaton, dann links auf B 3387 abbiegen. **Haytor:** Spaziergang (15 Min.). Weiter nach **Widecombe in the Moor:** Rundgang (30 Min.). Hinter dem Dorf ist die B 3212 nach Princetown ausgeschildert, von der man links abbiegt. **Warren House** (Lunch möglich). Kurzer Halt in **Postbridge. Two Bridges:** Spaziergang (30 Min.). **Princetown:** kurzer Rundgang und Lunch (2 Std.).

Nachmittag

Auf B 3357 am Gefängnis vorbei, nach 3 km liegt links eine **prähistorische Allee** (15 Min.) und 3 km weiter rechts **Staple Tor**. Auf der B 3357 bis **Tavistock:** Rundgang (30 Min.). Auf A 386 Richtung Okehampton, dann auf A 30 Richtung Exeter. Nach 15 km auf A 382 Richtung Moretonhampstead bis Sandy Park, dann links nach **Drewsteington:** Dinner. Durch das Dorf über Crockernwell wieder auf A 30 nach **Exeter**.

Varianten: Hinter Widecombe kommt man nach ungefähr 7 km zur bronzezeitlichen Siedlung **Grimspound** (200 m östlich der Straße).

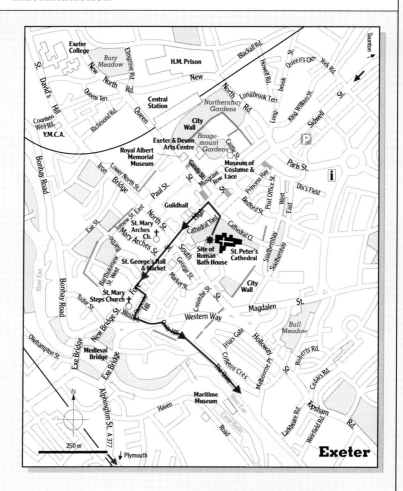

Exeter

Exeter, Devon; ✆ Vorwahl 01392

 Kathedrale
Cathedral Close
Tägl. ab 7.15 Uhr
Die normannischen Seitentürme wurden als Querschiffe in den gotischen Neubau integriert, der ab 1275 in gut 100 Jahren ganz im *Decorated Style* entstand.

 Guildhall
High St.
✆ 265 500
Mo–Sa. 10–17 Uhr
Älteste *guildhall* Englands, erbaut im 15. Jh. als Zunft- und Rathaus, zeigt heute verschiedene Stile. Die Fassade entstand von 1592 bis 1594, weitere Umbaumaßnahmen wurden in viktorianischer Zeit durchgeführt.

 Ship Inn
St. Martin's Lane
Ø 720 40
Hier trank schon Charles Dickens sein *pint
of* ...

 Arts Centre
Gandy St.
Ø 421 111
Ausstellungen, Café und Bar.

 St. Pancras
Widecombe in the Moor
Die Bergleute aus den Zinngruben sammel-
ten im 14. Jh. Geld für den Bau der Dorfkirche.

 Grimspound
Nach kurzem Aufstieg auf Hockney Tor in
nördlicher Richtung kann man die rund
3000 Jahre alte Siedlung gut überblicken.

 Postbridge
Die Clapper Bridge stammt aus derselben
grauen Vorzeit wie Grimspound.

 Warren House
an der B 3212, 3 km nördl. Postbridge
Sommer tägl. 11–23, Winter 11–14.30 und
17.30–23 Uhr
Das Kaminfeuer dieses einsamen Gast-
hofes, so wird gesagt, brennt seit 1845.
£

 Two Bridges
Spaziergang entlang des West Dart River
bis zum Crockern Tor, das von 1494 bis
1703 der Platz des *Stannary Parliament*, dem
Gerichtshof der Dartmoor-Zinngruben, war.
Dahinter (Weg gelb ausgezeichnet) stehen
englische Eichen.

 Dartmoor Prison
Princetown
Der *Prince of Wales*, später Georg IV., fi-
nanzierte den Bau des Zuchthauses (1806).

 The High Moorland Visitor Centre
The Old Duchy Building, Tavistock Road,
Princetown
Sommer tägl. 10–17, Winter 10–16 Uhr
Multimediale Information rund ums Moor.

 Plume of Feathers
Princetown
© (0182) 289 240; tägl. 11–23 Uhr
Ältestes Haus am kalten Ort. £

 Prähistorische Allee
bei Merrivale
Die längste der Reihen aus etwa 160 Steinen
mißt fast 400 m. Die gesamte Ebene ist
übersät mit Resten vorgeschichtlicher Kult-
stätten.

Old Inn
The Square, Drewsteignton
© (01647) 212 76
Di–Sa ab 19.30 Uhr, im Febr. nur Wochen-
ende. ££

Wo der Granit wächst
Exeter und das Dartmoor

»Sie war ein Juwel. Wir haben sie zerstört«, meldete schnarrend der Reichsrundfunksprecher. Im Mai 1942 hatten deutsche Bomberpiloten sogenannte »Baedeker-Angriffe« gegen historische englische Städte geflogen. Vom mittelalterlichen **Exeter** war danach kaum etwas übriggeblieben, die Innenstadt mit ihren Fachwerkhäusern und schmalen Gassen für immer im Feuermeer untergegangen. Die Schlacht gegen Englands *Royal Air Force* hatte Deutschlands Luftwaffe zu diesem Zeitpunkt längst verloren. Die militärisch sinnlose Attacke auf einem für den Kriegsverlauf so unerheblichen Nebenschauplatz

Kirche mit Liegewiese: Exeter Cathedral

:aucht deshalb in Geschichtsbüchern meist
gar nicht auf.

Als Kompensation für die herben Verluste
erhielt Devons Hauptstadt zehn Jahre nach
Kriegsende die Universitätswürde und gilt
seitdem als akzeptables Ausweichquartier für
angehende Akademiker, denen der Zugang
zum elitären »Oxbridge« verwehrt blieb. Mit
rund 5 000 Studenten macht die Hochschule
für deutsche Verhältnisse immer noch einen
recht exklusiven Eindruck. In Großbritannien
stieg noch während der achtziger Jahre nur
jeder zehnte »Abiturient« ins Studium ein. Wie
dem auch sei. Mit dem steten Zustrom an
gebildetem Personal bringt die junge Alma
mater, zu der auch ein »College of Art &
Design« gehört, jedenfalls frischen Wind in
die Südwestprovinz. Die Mehrzahl der Touristen findet man dagegen weiterhin an jenen
Ecken, aus denen noch die Vergangenheit
dünstet.

Beherrschender Mittelpunkt der Stadt ist
ein fast unbeschädigt alt gewordener, elefan-
tengrauer Gigant, die **Kathedrale**. Der äußer-
lich keineswegs himmelstürmende Bau, dessen massive Türme zwar als charakteristisch,
kaum aber als hervorstechend schön zu
bezeichnen sind, hat zumindest zwei Unver-
gleichlichkeiten: den einheitlichen *Decorated
Style* (ähnlich geschlossen ist nur Salisburys
Kathedrale, die gerade fertig war, als man
hier 1275 die Gerüste aufstellte) und, in England ebenso ungewöhnlich, die konsequente
Durchgestaltung des Innern. Beim Eintritt öff-
net sich ein monumentaler Raum. Das auf
Pfeilern aus Purbeck-Marmor ruhende, sich
bis zum Chor durchziehende gotische Gewölbe ist das längste seiner Art auf der Welt.
Landestypisch hingegen sind die Miserikor-
dien, Schnitzereien am Chorgestühl, die zum
Beispiel einen König zeigen, der in einem sie-
denden Wasserkessel steckt. Sie sind der
englischen Vorliebe für die humorvolle Darstellung von Genreszenen und -figuren zu
danken, für die sich in mittelalterlichen Bü-

Schluck hinter Butzen: Coffee House in Exeter

chern und Kirchenräumen ungezählte Beispiele finden. Ein Faible fürs Derbe, das sich
zäh über die Jahrhunderte hielt, findet sich
doch nicht nur in der Bilderwelt eines William
Hogarth (1694–1764)wieder, sondern inspiriert offenbar auch die Macher des neuen
englischen »Riffraff«-Kinos.

Vor einem Streifzug durchs Zentrum stärkt
garantiert ein echter *Devon cream tea* im
Tinleys of Exeter. Das tut Not, überschlagen
sich nun doch die Superlative. Man schlürft
seine Tasse nicht nur in der ältesten Teestube
am Orte. Man passiert mit dem **Clarence
Hotel** in Cathedral Yard und der **Guildhall** in
der High Street auch die jeweils ältesten
Exemplare ihrer Gattung in ganz England. Im
Ship Inn gleich nebenan soll sich im übrigen
Sir Francis Drake (1540–96), jener Admiral,
der das Kapital für das englische Weltreich
zusammenstahl, lieber aufgehalten haben als
auf seinem eigenen Schiff. Ansonsten bietet
Exeters im schlichten Nachkriegsstil wieder-

◁ *Langhaus mit Rippen: Kathedrale von Exeter*

erstandene Shoppingmeile durchaus groß-
städtische Auslagen. Die Stadt mit ihren
knapp 100 000 Bewohnern ist eine angenehme Mischung aus Übersichtlichkeit und ge-
schäftigem Treiben. Umfragen zufolge fühlt
man sich denn auch nirgends so wohl wie
gerade hier.

In der **Fore Street** betritt man den lebendigsten Teil des Stadtkerns, eine Straße, in
der statt der immer gleichen Ladenketten
noch Geschäfte mit unterschiedlichstem Angebot aufwarten, vom Sexshop über Kleinst-
boutiquen bis zum Ökoladen mit einer Do-it-
yourself-Kollektion Umweltpapier. In Arkaden, wie dem Fore Street Centre, gibt es
Hippiesachen und internationale Filmposter.
In der City Arcade gegenüber kann man im
In-Café **Harley of Exeter** sein Haupt auf einem zum Tisch umfunktionierten Nähma-
schinengestell abstützen und dabei der alternativen Szene zublinzeln.

Nicht zu glauben, aber der steile **Stepcote
Hill** war einst Exeters Haupteinfahrt von
Westen, über dessen holpriges Pflaster sich
alle Fuhrwerke quälen mußten. Die Gasse,
heute ein kurzes touristisches Vorzeigestück,

On the road: Begegnung in Dartmoor

114

Granitglatze: Haytor in Dartmoor

st der letzte Rest des **West Quarters**, dem
früheren Armenquartier. Das Viertel mit seinen schmalen, aneinandergelehnten Fachwerkhäusern hatte den Krieg überlebt und
fiel, wie so manches hierzulande, der »zweiten
Zerstörung« durch die Abrißbirne zum Opfer.
Sanierer und Verkehrsplaner tilgten auch hier
die Erinnerung an die peinliche Armut. Im
Moment wird gerade im »Crickelpit« ein paar
hundert Meter weiter aufgeräumt. Wo sich
die Wasserräder für den Reichtum der Stadt
drehten, wird ein öffentlicher Garten ange-
egt. Auf seinen Wegen gelangt man zum
Quay. An den Ufern des River Exe, einmal
Lebensader der Stadt, die das einstige Woll-
zentrum mit der Welt verband, entsteht nach

und nach eine Freizeitzone in bewährter Mischung aus Geschäft und Geschichte.

Raus in die Natur! Aber ziehen Sie sich
warm an! Die Landschaft, die direkt vor
Exeters verfallenen Toren liegt, hat gar nichts
gemein mit jenen sanften Horizonten, die
man von England sonst gewöhnt ist. Das
Dartmoor, geologisch gesehen ein gigantischer Granitblock, über dessen blanke
Buckel wilde Pferde traben, ist das Gegenteil
von lieblich. Hier ist sogar das Wetter extrem.
An rund zweihundert Tagen im Jahr schüttet
es aus dunklen Wolkenbänken, die oft in
Fetzen dicht über den Boden fegen und ebenso schnell wie sie aufziehen wieder verflogen
sind. Scharfe Winde und Temperaturkontra-

115

ste nagen so an diesem rauhen Landstrich, daß selbst der harte Stein zu *clitter* zerspringt, eiszeitlichen Geröllfeldern, die kilometerlang das glatzköpfige Gebirge überziehen.

Hinter Bovey Tracey zeigt sich der erste nackte Felskoloß, das **Haytor**. *Tors* nennt man die freigewaschenen Granitgipfel, die meist so sonderbar geformt sind, als seien sie von Menschenhand behauen oder aufgetürmt. Nach ein paar Biegungen, die hier durch kahle Heide führen, kann man auf einer Ausweiche parken, um sich bei einem komfortablen Weitblick über die **Bonehill Downs** in das gewaltige Monochrom dieser Bergwelt zu verlieren. Durch diese Einsamkeit sieht man noch heute, wenn auch vielleicht nicht gerade zur Hochsaison, Sagengestalten streifen, wie die »Witch of Vixen«, die böse Hexe, die sich stets im Nebel verbarg, oder den heulenden »Hound of the Baskervilles«, eine Gruselerfindung Conan

Doyles (1859–1930), der das Geheimnisvolle dieser Gegend wohl am besten einfing und mit dem Moorthriller noch vor seiner Sherlock-Holmes-Serie Auflagenrekorde brach.

Die nächste Station ist das Dorf **Widecombe in the Moor**, das sich durch die Fingerspitze der »Moorkathedrale« **St. Pancras** schon weithin ankündigt. Noch berühmter ist der Ort durch ein Volkslied, in dem acht Männer auf einer klapprigen Mähre zu jenem Markt reiten, der hier noch jedes Jahr stattfindet. Der Song »Old Tom Cobley and All« wurde zur inoffiziellen County-Hymne, die alle *Devonians* schon in der Schule lernen. An der Straße, die durch ein Tal schnurstracks nach Norden führt, hüpfen Schafe über Bäche und uralte Mauern. Manche dieser Landschaftslinien stammen noch aus dem Mittelalter. Kurz vor der B 3212 liegt dann rechter Hand, knapp zweihundert Meter von der Stra

Pferdeherde: Dartmoors wilde Bewohner

...e, eine kreisrunde Steinansammlung, die noch weit mehr Jahre auf dem Buckel hat. **Grimspound** zwischen Hameldown und Hokney Tor ist eine Siedlung aus der späten Bronzezeit. Die Umrisse von zwanzig Hütten und Kuhställen, die die Bauern hier vor etwa 3 000 Jahren aus Findlingen errichtet haben, sind auf der Heidefläche noch deutlich erkennbar. An der Stelle, an der die B 3212 nach Süden abzweigt, grasen gerne die Moorponies. Die scheuen Vierbeiner leben das ganze Jahr in freier Wildbahn. Die Romantik wäre perfekt, wüßte man nicht, daß viele dieser Tiere schließlich in Katzenfutterdosen enden.

Dartmoors dicke Torfdecke ist auch ein riesiger Schwamm. Plymouth, erste Stadt in Großbritannien mit externer Wasserversorgung, legte bereits 1591 eine Leitung hierher, die übrigens der clevere Francis Drake kontruierte. Bei **Postbridge**, wo die Packpferdroute von Plymouth nach Moretonhampstead den East Dart River kreuzte, jenen Fluß, der dem Moor den Namen gab, steht eine Brücke aus schweren Findlingen, die noch aus der Bronzezeit stammen soll. Ein paar Meilen weiter bei den **Two Bridges** kann man sich am West Dart River die Beine vertreten. Einen Kilometer von der Straße entfernt liegt **Crockern Tor**, Dartmoors Mittelpunkt, an dem die Vertreter der Zinnminen jahrhundertelang Gericht hielten.

Von hier aus sind es etwa fünf Fahrminuten bis **Princetown**, der mit Abstand trostloseste Ort in der ganzen Umgebung und ichtsdestoweniger ein gefragtes Ausflugsziel. Hier können sich Reisende auf dem Tagestrip, wenn sie der Enge des Busses entkommen sind, angesichts Englands berühmtester Gefängnismauern ihrer Bewegungsfreiheit erfreuen. **Dartmoor Prison**, 1806 von Gefangenen für gefangene Soldaten aus den Napoleonischen Kriegen gebaut, wurde ein halbes Jahrhundert später in ein Zellenzuchthaus für schwere Jungs umgewandelt.

Etwa fünfhundert sitzen hier noch heute ihre mehr oder weniger gerechte Strafe ab. Da Englands Richter beim Strafmaß wenig Zurückhaltung kennen, sind die Haftanstalten im Lande brechend voll. Als 1989 in einigen englischen Gefängnissen Revolten ausbrachen, explodierte der angestaute Frust auch in Dartmoor. Einige Insassen hielten es tagelang auf dem Dach eines Zellentraktes aus, den sie schließlich in Brand setzten.

Bei Merrivale auf dem Weg nach Tavistock verläuft parallel zur B 3357 auf einem kleinen Hochplateau eine Art **prähistorische Allee**. Das Moor ist übersät von steinernen Relikten der Vorgeschichte. Doch die meisten sind schwer erreichbar, und das Wandern ist hier sehr riskant, kann man sich doch leichter als man denkt verlaufen. Außerdem sind die drei Steinreihen am Rande der Durchgangsstraße ein ebenso beeindruckendes wie rätselhaftes Bauwerk. Niemand weiß bis heute, weshalb sie errichtet wurden. Als Landebahn für außerirdische Besucher wären sie jedenfalls recht unpraktisch gewesen, denn der platte Schlußstein hätte jeden Anflug jäh gebremst.

Das **Staple Tor** drei Meilen vor Tavistock ist die letzte Gelegenheit, eine der Granitspitzen zu ersteigen. Kommt man ihnen näher, verändern sich diese bizarren Skulpturen der Natur. Ein Schauspiel, das durch den ständigen Wechsel der Licht- und Wetterlage noch dramatischer wirkt. Übrigens blickt man von oben in eine »Danger Area«. Englands Militärs haben 133 Quadratkilometer(!) des Nationalparks Dartmoor als permanentes Kriegsspielgelände konfisziert. Rote Fahnen am Tag und rote Leuchten bei Nacht zeigen an, wann scharf geschossen wird. Dieses Manövergebiet muß man umfahren, will man sich auf dem Weg zurück nach **Exeter** nicht in Dartmoors Straßenwirrwarr verfransen. Ein Halt in **Drewsteington** (sprich »drustäinten«) rechtfertigt jedoch in jedem Falle, vom *motorway* noch einmal abzufahren. ■

8. Route: Exeter – Plymouth – Polperro – St. Ives (212 km)

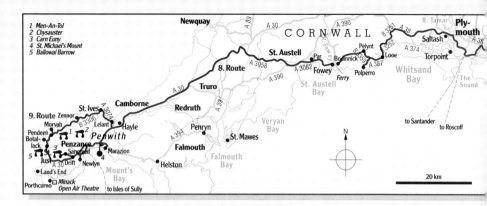

1 Men-An-Tol
2 Chysauster
3 Carn Euny
4 St. Michael's Mount
5 Ballowal Barrow

Vormittag	Nach Süden aus **Exeter** wie am Vortag. Auf A 38 nach **Plymouth**. Schilder »City Centre« (A 374) folgen. Rundgang (2 Std.), danach Lunch.
Nachmittag	Auf A 386/A 388 Richtung Saltash aus der Stadt (auf der Tamar Bridge fäll Brückengeld an). Nach 16 km links ab auf B 3251/B 3252 Richtung Looe weiter auf A 387 bis **Polperro**: Rundgang und Museumsbesuch (1 Std.) Zurück auf Cliffhöhe (A 387) dann links auf B 3359 nach Pelynt. Von dor Beschilderung »Fowey (via Ferry), Bodinnick Ferry« folgen. **Fowey** Rundgang (1 Std.). Die A 3082 führt nach Par, dort auf A 390 um St. Auste herum, schließlich A 3058 bis zur A 30 (Richtung Redruth). Auf Kreisverkeh hinter Hayle Schildern nach St. Ives folgen. **St. Ives.**

---

8. Route – Informationen

Plymouth, Devon; ℗ **Vorwahl 01752**

ℹ Tourist Information Centre
Civic Centre, Royal Parade
℗ 264 849

 Elizabethan House
32 New St.
℗ 668 000, Durchwahl 4383
Ostern–30. Sept. Di–Sa 10–17.30 Uhr

Eines der wenigen erhaltenen Häuser der Tudor-Zeit.

 The Hoe
Der Park auf dem Hügel wurde 1817 angelegt.

 Smeaton's Tower
The Hoe
Ostern–Okt. 10–17.30 Uhr
Der Turm von 1759 leuchtete auf See über 100 Jahre lang, bis er hierher umzog.

8. Route – Informationen

Plymouth Dome
The Hoe
∅ 600 608 (Tonband)
Tägl. ab 10 Uhr
Schon wieder eine »*journey through time*«.

Aquarium
Citadel Hill
∅ 222 772
Okt.–April tägl. 10–17, Mai–Sept. 10–18 Uhr

Perillas
34 Mayflower St.
Mo–Sa 11.30–22.30 Uhr
Erwähnt in »The Cournet's Guide to Fish &
Chips 1990«.
£

The Khyber Restaurant
44 Mayflower St.
∅ 266 036
Tägl. 12–14.30 und 17.30–23.30 Uhr
Empfohlen vom »Good Curry Guide«.
££

Blue Peter
The Quay
Lokal mit Hafenblick. Tinners Ale wird
gezapft. £

Frenchman's Creek
Townquai, Fowey, Cornwall
℃ (0172683) 2431
Im Winter geschl.
Kleiner Seefahrertreff. £

The Ship
Trafalgar Square, Fowey, Cornwall
gegenüber dem Stadtmuseum
℃ (0172683) 3751
Tägl. 11–23 Uhr
Von der Wand blickt Queen Victoria.

Ruhige Kugel: Bowling

St. Ives, Cornwall; ℃ Vorwahl 01736

Tourist Information Centre
The Guildhall, Street-an-Pol
℃ 796 297

Porthminster Hotel
The Terrace

∅ 795 221, Fax 797 043
Der viktorianische Bau thront über dem weißen Strand gleichen Namens. In den Hin-
terzimmern hat man einen wunderbaren
Blick auf das grünblaue Meer und bekommt
Besuch von den Möwen. In den Fluren hängen Landschaftsbilder von Malern der Schule von St. Ives. Wenn es draußen ungemüt-
lich wird, kann man drinnen in den Swim-
mingpool springen oder sich im Fitneß-
Raum trimmen. Sehr kinderfreundlich. ££

Tregenna Castle Hotel
Treloyan Avenue
∅ 795 254, Fax 796 066
Abgeschieden gelegenes 85-Betten-Haus
mit Sicht auf die St.-Ives-Bucht. ££

Trwinnard
4 Parc Avenue
∅ 794 168
Kleines Haus auf der Höhe. £

Cool: Fischer in Newlyn

Barnoon End
Godrevy Gardens
∅ 795 754
B&B im Stadtzentrum. £

Longships Hotel
Talland Road
∅ 798 180 £

Youth Hostel
Castle Horneck, Alverton bei Penzance
∅ 626 66
£

Ayr Holiday Park
Higher Ayr
∅ 795 855
März–Okt.
Strand-, Hafen- und Citynähe. Reservierung
empfehlenswert.

Oliver's Restaurant
Burtallan Lane
∅ 796 199, Fax 798 955 (Hotel)
Feine, aber bodenständige Küche im Hotel
Garrack, in dem man natürlich auch woh-
nen kann (20 Zimmer).
£££

Mermaid Bistro
21 Fish St.
∅ 796 816
Last orders 22.30 Uhr.
££

Noah's Park
Old Coach Road
∅ 797 572
Sommer tägl. 8–24 Uhr
Pub food an der Bar.
£

Schmuggler, Pilger und Piraten
Über Plymouth nach Cornwall

Bei Tempo hundertzehn (70 m/h) auf dem *motorway* A 38 bleibt Zeit, Dartmoors derben Tälern *good bye* zu sagen. In **Plymouth** geht es am felsigen Ufer des River Plym (den die Einheimischen »*Cattlewater*« nennen) erst zweispurig Richtung »City Centre«, dann jedoch im Linksschwenk nach **Barbican**, dem Hafenviertel und ältesten Teil der Stadt. Dorthin gelangt man über eine der ältesten Gassen, die New Street, in der man im **Eliza-**

bethan House, vormals Heim eines richtigen *captains*, Voyeur spielen kann.

Noch ein paar Schritte und schon steht man vor den **Mayflower Steps** am **Sutton Harbour**. Das sind jene historischen Stufen, auf denen sich im Jahre 1620 die 101 »Pilgrim Fathers« (eine beigefügte Namensliste beweist, daß die Vatis damals wirklich solo reisten) endgültig vom alten Europa verabschiedeten. Mayflower hieß die geliehene

»Jamaica Inn«: Piraten unter sich

Verzogener Leuchtturm: The Hoe

Nußschale, auf der sie, ihres daheim ungelittenen puritanischen Glaubens wegen, über den großen Teich schipperten. Drüben angekommen, gründeten sie ihr eigenes Plymouth. Diese erste dauerhafte Siedlung europäischer Kolonisateure in Nordamerika, heute ein Badeort im US-Staat Massachusetts, wurde zur Keimzelle Neuenglands.

Seit dem Mittelalter war der Hafen von Plymouth immer wieder Ausgangspunkt meist weit unfriedlicherer Expeditionen. Von hier aus stachen Seeräuber und Eroberer in See, wobei das eine das andere gar nicht auszuschließen brauchte. Den historischen Beweis dafür trat eine der unternehmungslustigsten Persönlichkeiten in Englands Geschichte an: James Cook (1728–79), als Kommandant der *Royal Navy* ebenso erfolgreich wie als Naturforscher, brach von hier aus gleich mehrmals zu neuen Ufern auf. Auf seinen ausgedehnten Pazifikkreuzfahrten erfand er

eine lebensrettende Matrosendiät aus Zitronen und Sauerkraut, errechnete erstmals die Entfernung zur Sonne und requirierte im Vor beisegeln neben ungezählten kleineren Eilanden, wie Hawaii und den Osterinseln, auc Großbritanniens größtes Zuchthaus, den aus tralischen Kontinent.

Bevor man zu eigenen kolonialen Raubzügen aufbrechen konnte, mußte allerdings erst einmal die Insel selbst vor fremden Eindringlingen geschützt werden. Viermal schor hatten die Franzosen in feindlicher Absicht übergesetzt, als am 27. Juli 1588 die gewaltigste aller Invasionsflotten nahte, die spanische Armada.

Sir Francis Drake hat sie, wie bekannt, auflaufen lassen. Doch der Schock, der England damals in die Knochen fuhr, sitzt bis heute. Plymouth wurde zur Manifestation dieses tiefen Mißtrauens gegen den Kontinent, ist die Stadt doch nicht nur der größte

Kriegshafen der *Royal Navy*, sondern auch Standort für Luft- und Bodentruppen. Die **Citadel**, steingewordenes Monument der Festungsmentalität, liegt dort, wo auf Stadtplänen meist ein weißer Fleck ist (obwohl das doppelstöckige Eingangstor von 1670 als eines der gelungensten Beispiele der Barockarchitektur in England gilt). Es ist anzuraten, den Fotoapparat in der Tasche zu lassen. Die Wachposten des 29. Kommandos der *Royal Artillery* halten ihre Augen offen.

Das Zentralplateau für Besucher liegt auf der anderen Straßenseite, **The Hoe**, eine immerwindige Wiese mit einem halben Dutzend Denkmälern. Das interessanteste: der **Leuchtturm**, erstens architektonisch (er wurde mit erheblichem technischen Aufwand 1882 von einer vorgelagerten Insel hierher versetzt) und zweitens wegen der überragend guten Sicht auf **The Sound**, wie die sturmgewohnte Meerenge hier poetisch heißt. Stärk-

ster Touristenmagnet ist jedoch der **Dome**, benannt nach seiner futuristischen Kuppel, unter der für mehr als 20 Millionen Mark jede Menge Seemannsgarn abgespult wird. Offenbar unter der Ägide der allgegenwärtigen Marine gerät hier die brutale Geschichte des britischen Imperialismus unversehens zur nostalgischen Ton-Dia-Nabelschau eines noblen Herrenvolkes. Niederkartätschen von Eingeborenen und Auspressen fremder Länder als preisgekrönte Familienunterhaltung. Ausgespart dagegen werden andere Kapitel der Seefahrtsgeschichte, etwa der »Handel mit Ebenholz«, wie das Sklavenexportgeschäft verschämt firmierte, aus dem Englands stolze Handelsflotte noch stolzere Profite zog. Allein während des 18. Jahrhunderts beförderten die Schiffe ihrer Majestät an die zehn Millionen Afrikaner gewaltsam nach Amerika.

Wäre da nicht auch noch die äußerst realistische Darstellung der deutschen Luftangrif-

Herrensitz in Torpoint: Antony House

fe, die den britischen *horror continentalis* letztlich nachvollziehbar macht (im Zweiten Weltkrieg fielen auf Plymouth bei einem 23stündigen Angriff doppelt so viele Bomben wie auf Coventry), würde ich nicht zögern, statt des martialischen Dome-Spektakels lieber Opas Aquarium nebenan zu empfehlen, in dem noch all die Fische munter herumschwimmen, die es in der Nordsee bald nicht mehr gibt. Den sinnlichen Eindruck der Meeresfauna abrunden kann, wer einen viertelstündigen Marsch in die auto- und einkaufsgerecht wiederaufgebaute Innenstadt antritt. Denn in der Mayflower Street hält **Perillas**, Westenglands ausgewiesen bester Fish-and-Chips-Shop, die Friteuse warm. Die Früchte des Imperiums werden beim Nachbarn im **Khyber** geerntet, einem feinen indischen Restaurant, das Einwanderer der ersten Generation hier seit drei Jahrzehnten offen halten.

Die kostenlose Fährverbindung nach **Torpoint** ist ein kleiner Grenzverkehr. Auf der anderen Seite beginnt nämlich Cornwall. Dessen Einwohner unterscheiden sich vom Rest der Insulaner, sind zwar schon lange eingemeindet, doch eigentlich (wie auch die Waliser) keine waschechten Engländer. Wie das Verhältnis aussieht, kann man in **Polperro** studieren, einem *historic fishing village*, wie der Wegweiser anzeigt. Der pittoreske Ort, dessen Häuser fotogen an den steilen Wänden einer schmalen Bucht kleben, machte als notorisches Schmugglernest Geschichte. Kein Zufall also, daß die Regierung in London unweit von hier den ersten Küstenpolizei-Posten einrichtete. So konnte man den Fischern jederzeit in die Luke gucken.

Heutzutage ist hier die Haupteinnahmequelle eine gänzlich andere. Der Niedergang der Fischerei in Cornwall (inzwischen arbeiten weniger als 2 000 Leute in dieser Branche) ging einher mit einem Boom des Fremdenverkehrs. Beides hatte dieselbe Ursache. Die niedlichen, meist in einer Bucht eingeklemmten Naturhäfen konnten nicht wachsen, behielten also ihre antiquierten Maßstäbe. Auch große Hotelklötze hatten keinen Platz. Das macht Cornwalls Küste als Reiseziel so attraktiv. Deshalb fallen zur augüstlichen Hochsaison die Touristen wie die Heuschrecken in Polperro ein.

Wer auf dem Parkplatz eingewiesen wurde und nun zum Dorfkern vordringen will, muß erst einmal eine Allee von Nippesläden, Zeitungskiosken und Bankfilialen passieren, wird dann aber durch den malerischen Hafen (ein nicht unerheblicher Prozentsatz der Besucher scheint nicht bis hier vorzudringen) voll entschädigt. Jemand, der dies Ambiente zu genießen wußte, war der österreichische Maler Oskar Kokoschka, der während des Zweiten Weltkriegs hier sein englisches Exil verbrachte. Zwar bringen die einlaufenden Boote nun statt Hering oder Kabeljau meist einen Schwarm Touristen zurück in den Hafen. Aber das Bild der buntbemalten Boote, die an der Mole liegen, ist darum nicht weniger lebendig. Man kann es sich, hoch oben auf einem Felsen hockend, aus der Möwenperspektive betrachten und dabei vielleicht eine gefüllte *pasty* verspeisen, Cornwalls schmackhafte Teigtaschen, die man hier überall für ein Pfund und ein paar *pennies* in die Hand gedrückt bekommt.

Doch man sollte sich vom idyllischen Bild nicht täuschen lassen. Das Frühjahrshochwasser 1994 machte aus dem kleinen Fluß eine reißende Flut, die schwere Schäden anrichtete. Inzwischen geht man wieder seinen Geschäften nach. Zu denen gehörte, wie gesagt, in diesen Gefilden traditionsgemäß auch das Schmugglerhandwerk. Und das war und ist keineswegs immer harmlos, wenn man bedenkt, daß die Seeschurken im 18. Jahrhundert Schlachtermesser und Dreschflegel mit sich trugen; daß die königlichen Zolltruppen ihrerseits eiserne Fußfallen am Strand auslegten; daß man Cognac-Fässer auch außerhalb des Schiffsrumpfes über den Kanal bringen kann und wie man sie mit

Schweineblase und Hühnerfedern als impro-
visierte Boje wiederfindet. Während früher
eher harmloser Stoff, wie Brandy, Wein oder
Seide, stets den geheimen Seeweg fand, geht
es heute um härtere Drogen. Im Mai 1991
wurden drei britische Fischer zu insgesamt
55 Jahren Gefängnis verurteilt. Sie hatten in
ihrem Kutter eine halbe Tonne Kokain.

Eine großzügig ausgebaute Straße führt
zur Fähre nach **Fowey** (sprich »*foi*«), einer Art
Rothenburg ob der Tauber am englischen
Kanal. Modernisiert wurde hier so gut wie
nichts. Vom über der Stadt gelegenen *Central
Car Park* gelangt man durch enge, abschüssi-
ge Gassen in ein angenehm untouristisches
Zentrum und zu einem Kai, an dem man
lösen darf. Hier fällt vielleicht ein Pub-Schild
mit der Aufschrift »King of Prussia« ins Auge.
Das Bild zeigt offensichtlich keinen Hohen-
zollern. Es ist Harry Carter, Cornwalls berühmtester Schmuggler, der sich nach sei-

nem Vorbild, Friedrich dem Großen, benann-
te. Spannende Mord- und Räuberpistolen aus
einer einschlägigen Schmuggelkneipe erzählt
im übrigen Daphne Du Maurier (1907–86) in
ihrem 1936 erschienenen Roman »Jamaica
Inn«, der schon drei Jahre später vom Grusel-
großmeister Alfred Hitchcock in Szene gesetzt wurde (deutscher Titel »Riffpiraten«).

Die große Tiefe des River Fowey hat die
Stadt zu einem Exporthafen für Kaolin gemacht, ein spezieller Lehm, der zur Porzellan-
und Papierherstellung benötigt wird. Bei St.
Austell wird das schneeweiße Zeug – im übrigen nichts anderes als umgewandelter Granit
– aus der Erde geholt. Von hier aus geht es
weiter nach **St. Ives**, das sich selbst den
»Edelstein von Cornwall« nennt. Vorschlag für
einen ruhigen Abend: nach dem Einchecken
ein Hafenspaziergang und ein Sonnenunter-
gang an dem dann von allem Ferienvolk ver-
lassenen Porthmeor Beach. ■

Bei der Arbeit: Fischer in Cornwall

9. Route: St. Ives – Penzance – Cape Cornwall – St. Ives (94 km)

Die Tagesroute ist in der Karte auf S. 118 eingezeichnet.

Vormittag

St. Ives: Stadtbummel (2 Std.). Auf A 3074 nach Lelant, dort auf der A 30 Richtung Penzance. Nach 5 km an großem Kreisverkehr Richtung Marazion: **St. Michael's Mount**. Auf A 30 nach **Penzance** (Parkplatz am Hafen): Rundgang (45 Min.) und Lunch.

Nachmittag

Auf der Promenade (A 3077) nach **Newlyn**: Rundgang (45 Min.). Von Newlyn auf A 30 nach Norden. Nach 3 km bei Lower Drift kleine Straße rechts ab Richtung Sancreed, nach 2 km Richtung Brane. Von dort zu Fuß nach **Carn Euny** (30 Min.). Zurück auf A 30. Es ist ausgeschildert nach St. Just. Abstecher nach **Cape Cornwall** vom Marktplatz aus. Nur 2 km weiter liegt **Botallack**: links ins Dorf hinein, Schildern nach »Manor Farm« folgen. Direkt dahinter stehen die Bergwerksruinen. Ein Weg nach Pendeen Watch dauert zu Fuß 30 Min.; danach zurück auf die Hauptstraße (B 3306) nach **Pendeen**: Leuchtturm-Besichtigung (30 Min.). Auf der B 3306 Richtung St. Ives. An der Zinnstraße (B 3306) liegt **Zennor**. Nun sind es noch 10 kurvige Kilometer bis **St. Ives**.

Alternativen und Extras: Beim Dorf Morvah nördl. Pendenn führt rechts eine schmale Straße Richtung Penzance; bei Bosullow Common (2 km) parken; von hier aus ist es 1 km zu Fuß, dann sieht man rechts in den Wiesen den neolithischen Steinkreis **Men-An-Tol**, der ursprünglich ein Dreieck war. Diese Extratour paßt noch in das Tagesprogramm.

Es gibt jedoch auf Penwith und in der weiteren Umgebung genug Sehenswürdiges, um viele Extratage erholsam und spannend damit auszufüllen. Allein eine Küstenwanderung (etwa von St. Ives 20 km nach Pendeen) oder ein Trip in die Prähistorie der Insel, der die wichtigsten Monumente, wie **Chysauster** (bei New Mill) oder **Ballowall Barrow** (bei St. Just), einschließt, füllt leicht einen Tag.

Frühgeschichtliches gibt es auch auf den **Isles of Scilly** (sprich »silli«). Der Archipel (etwa 50 km östl. von Land's End) mit dem milden Klima ist ein Paradies für Wanderer und Naturfreunde, leben auf einigen der etwa 100 Inseln doch noch Seehunde und seltene Vogelarten (erreichbar von Penzance aus mit der Fähre oder dem Hubschrauber; Tourist Information, St. Mary's, Isles of Scill, ✆ (01720) 225 36).

9. Route – Informationen

St. Ives, Cornwall; © Vorwahl 01736

 Barbara Hepworth Museum
Barnoon Hill
© 796 226
Okt.–März Mo–Sa 10–16.30, April–Juni,
Sept. 10–17, Juli–Aug. 10–18.30 und So 14–
18 Uhr

 Wills Lane Gallery
Wills Lane
© 795 240, 795 723
Inhaber Henry Gilbert (Architekt der Penwith Gallery) betreibt sein rühriges Kunst-
geschäft mit den Werken wichtiger orts-
ansässiger Künstler.

 New Craftsman
24 Fore St.
© 795 652
Die zweite gute Kunstadresse mit Schwer-
gewicht auf Töpferei (Bernard Leach), aber
auch zeitgenössische Maler.

 Sloop Inn
The Wharf, an der Nordwestecke des
Hafens
Davor steht eine rote Telefonzelle und
abends viele Bierglashalter.

 Cobblestones Coffee House
5 St. Andrew's St.
© 797 613
Sommer tägl. 9–22, Winter 9–17 Uhr
Holztische und Balkendecke. £

 Bumbles Tea Shop
Digby Square
© 797 977
Große Teeauswahl.

 Salthouse Gallery
Norway Square
© 795 003
Mo–Sa 10.30–18 Uhr
Direkt gegenüber der in einer Kirche

untergebrachten konservativen »St. Ives
Society of Artists«. Neben Kunst gibt es
auch Poesie. Auf dem Platz davor finden
Konzerte und Lesungen statt.

 Penwyth Gallery
Back Road West
© 795 579
Mo–Sa 10–17 Uhr
An diese Wände hängten die Abstrakten,
die sich 1949 sezessionierten, ihre damals
geschmähten Bilder. Immer noch eine
wichtige Reflexionsfläche für die Kunst im
Südwesten.

 Tate Gallery St. Ives
Porthmeor Beach
© 796 226
1. Nov.–31. März So 13–17, Di 11–21, Mi–Sa
11–17 Uhr, 1. April –31. Okt. So 11–17,
Mo–Sa 11–19, Di, Do 11–21 Uhr. Eintritt gilt
auch für Barbara Hepworth Museum
Hier kann die cornische Kunstkolonie zeigen, was sie auf der Palette hat(te).

 St. Michael's Mount
Marazion bei Penzance
© 710 507
Castle 29. März–Ende Okt. Mo–Fr 10.30–
17.45 Uhr
Das Spazierengehen bei Ebbe im Dorf vor
der Burg ist umsonst.

Penzance, Cornwall; © Vorwahl 01736

 Tourist Information Centre
Station Road
© 622 07

 Ägyptisches Haus
6 Chapel St.
© 643 78
April–24. Dez. Mo–Sa 9–17, Jan.–März Mo,
Di und Do–Sa 10–16 Uhr

 Museum of Nautical Art
19 Chapel St.

März–Okt. tägl. 10–17 Uhr
Das Meer war ihr Schicksal!

 Admiral Benbow
46 Chapel St.
∅ 634 48
Sommer tägl. 11–23, Winter 11–15 und
18–23 Uhr
Kajüten-Stimmung. £

 Parrot of Penzance
Abbey Slip
∅ 505 15
Ostern–Sept. Mo–Sa 12–15 und 19.30–22,
Sept.–Ostern Do–Fr 19.30–22 Uhr
Kleines elegantes Lokal mit Hafenblick. £

 Newlyn Art Gallery
New Road (von Penzance aus das erste
Gebäude auf der Meerseite)
∅ 637 15
Sommer Mo–Sa 10–18, Winter Mo–Sa
10–17 Uhr
Ausstellungen.

 Carn Euny
Das eisenzeitliche Dorf wurde von Arbei-
tern der Zinnminen Anfang des 19. Jh. entdeckt.

Land's End
∅ 871 501

Vergnügungsfort. Die A 30 führt unfehlbar
hin.

 Minack Open Air Theatre
Porthcurno, Cornwall
 Von Porthcurno (Ort) auf B 3315 rechts
Schildern nach Porthcurno (Strand) folgen.
Besichtigung: Mai–Sept. Mo–Fr 9–11.45
und ab 13 Uhr
Theaterkartenreservierung ✆ (01736) 810 471
Auch bei schönem Wetter warme Jacken
mitnehmen!

 Crown Engine House
Botallack Head, südl. Pendeen
Das untere Maschinenhaus (1835) hat
Queen Victoria gesehen, als sie 1846
Botallack besuchte, das obere von 1862
nicht. 500 Leute arbeiteten hier, bis Ende
des Jahrhunderts die Zinnpreise fielen und
man 1895 dicht machte.

 The State House
Land's End
✆ (01736) 871 884
Gläsernes Lokal, an Großbritanniens
berühmtem Ende. ££

 Geevor Tin Mine Museum
Pendeen, Cornwall
✆ (01736) 788 662
Visitor Centre: Ostern–Okt. tägl. 10–17
Uhr, Einfahrten (nur bei mehr als 14 Perso-
nen): Mo–Fr 10–12 Uhr (vorher buchen)
Oberirdische Führer erzählen von den
Tagen unter Tage.

 Pendeen Watch
Man teilt den Weitblick des Leuchtturmwäch-
ters. Wenn der Strom ausfällt, muß der an
die Handkurbel, was viel Geschick erfordert,
weil jeder Turm seinen eigenen Rhythmus hat.

Die nackte Schöne
Penwith, Englands populäre Zehspitze

Ateliers in riedgedeckten Farmhäusern inmitten bunter Wiesen, auf harscher Klippe aus blankem Granit oder in einem Dachzimmer über den Booten im Hafen. Seit über hundert Jahren fühlen sich Maler und Bildhauer von Englands Westzipfel angezogen, haben sich hier in sicherer 250-Meilen-Distanz zum Moloch London niedergelassen, an einem Ort, an dem im milden Golfstromklima kreative Ideen blühen. Besonders **St. Ives**, einst Haupthafen der heimischen Sardinenfische-

rei, entwickelte sich zur renommierten Künstlerkolonie. Seit den achtziger Jahren des vorigen Jahrhunderts ist es der Treffpunkt für ein zusammengewürfeltes Künstlervolk. Gepflegt wurde anfangs vor allem das Malen in der freien Natur, die hier so reichlich verfügbar war.

In den dreißiger Jahren hielt dann auch in Cornwall die Moderne Einzug. Nicht zuletzt Künstler, die auf der Flucht vor den Nazis hier Durchgangsstation machten, wie der Hollän-

Kunst auf Fischernetzen: Die Malerin Louise McClary

der Piet Mondrian (1872–1944) oder der Russe Naum Gabo (1890–1977), der bis 1933 in Berlin gelebt hatte und während des Weltkriegs für die BBC arbeitete, gaben nun der Bohème kosmopolitische Züge. Nach dem Krieg schließlich setzte sich die neue Generation der Abstrakten auch auf dem Kunstmarkt durch. Deren Mutterfigur war Barbara Hepworth (1903–75), Englands berühmteste Bildhauerin, die mit ihren mal eckigen, mal runden Plastiken entscheidend mithalf, Großbritanniens schlechten Ruf in dieser Branche aufzupolieren. Ihr Haus im Rücken der **Fore Street**, in dem sie bis zu ihrem Tode lebte, ist nun das **Barbara Hepworth Museum**.

»Das Studio zu finden«, schreibt die Künstlerin, »war eine Art Wunder. Zehn Jahre lang bin ich mit meinen Einkaufstaschen daran vorbeigelaufen, ohne zu wissen, was hinter der hohen Mauer lag.« Dieselbe Überraschung kann auch der heutige Besucher erleben. Der konservierte Atelierraum sieht aus, als ob Mrs. Hepworth nur eben mal Hammer und Meißel beseite gelegt habe, um sich eine Tasse Tee aufzubrühen. Unbedingt sehens- und begehenswert aber ist der besagte Garten im Hinterhof des ehemaligen Ateliers, ein kleine verborgene Kunstoase. Der Kontrast zwischen den wuchernden Pflanzen und den klaren Skulpturformen ist Handarbeit der Hausherrin.

Um das vormalige Refugium herum haben sich Galerien etabliert, in denen man Arbeiten ansässiger Künstler erstehen kann. Etwa die **Wills Lane Gallery** und der **New Craftsman** in der Fore Street, der flaschenhalsschmalen Einkaufsstraße, in der auch mancher Nippes in Öl feilgeboten wird. Sie endet am Hafenbecken, wo im **Sloop Inn** auf die Künstler lange Jahre ihre Lieblingstheke wartete, an der man tratschte und sich stritt. Heute ist sie nicht selten von Besuchern in ellenbogenfreier Ausflugskleidung besetzt. Das krasse Nebeneinander von schrillem Ferienrummel und stillem Kunstbetrieb wird nirgends augenscheinlicher als am **Porthmeor Beach**. Dort können die Malenden von der Staffelei aus durch ihre Atelierfenster den Sonnenhungrigen direkt auf den exponierten Bauch schauen. 100 Meter weiter südlich werden in einer neuen Filiale der **Tate Gallery** die Werke der Durchgereisten und in Cornwall Hängengebliebenen erstmals im Überblick dokumentiert. Der kleine, aber ambitionierte Museumsbau, der sich sensibel in die Strandsilhouette einfügt, ist wie ein Schiff in Decks unterteilt und verbindet Kunstgenuß mit freier Sicht aufs Meer.

Am anderen Ende der Stadt steht hoch über Porthminster Beach das **Talland House**. Dort wohnte die Schriftstellerin Virginia Woolf, die schon als Kind ihre Sommerferien an Cornwalls weißen Stränden verbrachte. In »To the Lighthouse« hat sie der Halbinsel ein literarisches Denkmal gesetzt, wobei bis heute durchaus verschiedene Leuchtturmstandorte (natürlich auch St. Ives) für sich reklamieren, das Original zu sein. Virginia Woolf war nicht die einzige ihrer Zunft, die hier Spuren ihrer Inspiration hinterließ. Wir kreuzen auch den Weg Daphne Du Mauriers. Die gebürtige Londonerin, die zeitlebens von diesem Land gefesselt war, entlarvt in ihrem Buch »Vanishing Cornwall« falsche, den Touristikprospekten entstammende Vorstellungen vom angeblich gleichförmig-cornischen Klima. Zwar ist der Winter hier tatsächlich so zahm, daß ihn selbst tropische Palmen überleben, aber dafür »wechseln die Launen des Wetters von Meile zu Meile in verrückter Eigensinnigkeit«. Wenn es richtig stürmt, versichert glaubhaft der Volksmund, braucht ein Mann zwei andere Männer, die ihm das Haar auf dem Kopf festhalten.

Nach Cornwall kommen die Künstler nicht nur wegen seines strahlenden Lichts, sondern auch wegen der Nebel, die über die Heide fegen, und wegen der Brandung, die sich brüllend an die Klippen wirft. Das Ungebän-

Seeperle und Kunsthort: St. Ives

digte, das dieses Land vom Rest des gemäßigten Englands unterscheidet, macht seinen Reiz aus. Dazu gehört auch ein gewisser unabhängiger Geist, den sich die Bevölkerung erhalten hat. Zwar ist die eigene keltische Sprache, das dem Bretonischen verwandte *Cornish*, längst tot. Nur in Ortsnamen (*tre-* = Stadt, *bos-* = Farm) finden sich noch Überreste. Aber die kantigen Umgangsformen der Leute aus dem westlichsten *West County* heben sich doch deutlich ab von jener distinguierten südenglischen Attitüde, die wir für typisch britisch halten. Cornwall, behauptet ein alter englischer Reiseführer, ist »*practically another country*«.

Tanzende Steine. Unheilvoll krächzende Raben. Stimmen, die von See her rufen. Der Naturglaube lebt in cornischen Köpfen weiter. Einher mit den alten Mythen geht das beklemmende Gefühl des Ausgeliefertseins, wie es etwa Daphne Du Maurier in ihrer hinter-

gründigen Novelle »Die Vögel« einfing (1962 von Alfred Hitchcock erfolgreich verfilmt). Die Ursprünglichkeit, die der aufgeklärte Tourist als prickelnde Urlaubszutat so schätzt, hat noch eine Kehrseite: die Ärmlichkeit. In Cornwall, dem Lieblingsreiseziel der Engländer, muß manche einheimische Familie zwangsweise im Caravan hausen, weil die reichen Cottagebesitzer aus der Hauptstadt die Immobilienpreise längst verdorben haben. Wenn nach der Saison die wahre Melancholie einkehrt, ist jeder vierte Einheimische arbeitslos.

Einer der größten Arbeitgeber ist Prince Charles, König im Wartestand und *Duke of Cornwall*. Dem Herzog (Cornwall ist ein *duchy* und kein *county*) gehören zwischen Plymouth und Land's End ein paar hundert Höfe, mit den Ländereien über 300 Quadratkilometer. Von den cornischen Kühen lebt der Prinz passabel und steuerfrei.

Nähert man sich **Penzance**, St. Ives touristischem Konkurrenten, fällt sofort sein Vorposten auf See ins Auge, **St. Michael's Mount**. Die beburgte Felsinsel, eine Dublette des französischen Mont St. Michel, ist bei Ebbe (zu Fuß) und Flut (per Amphibienboot) erreichbar. Für die Anstrengungen des steilen Aufstiegs entschädigen alte Cornwall-Karten und das von Butler Henry Lee penibel aus Champagnerkorken nachgebaute Modell des Eilands. Penzance selber, Englands westlichste Stadt, ist nicht glamourös, aber geschäftig. Von hier aus werden jede Nacht Fisch, Gemüse und Blumen nach London verschickt. Architektonisch erwähnenswert das sogenannte **Ägyptische Haus** in der Chapel Street, ein Meisterstück englischer Exzentrik, das verwirrt wie eine expressionistische Filmkulisse. **Das Museum of Nautical Art** stellt Strandfundstücke jener Unglücksschiffe zur Schau, die an der harten Küste zerschellten.

Oft waren es auch Fischerboote aus dem nahen **Newlyn**, die in Seenot gerieten. Dort, am anderen Ende der Bucht, laufen bis heute regelmäßig über 100 Schiffe aus und bleiben bis zu zehn Tage draußen. Der damit größte Fischmarkt Englands ist rund um die Uhr geöffnet. Ins Schleppnetz geht Newlyns Fischern die ganze Seepalette, vom Butt (*brill*) über den Sternrochen (*star ray*) bis zum großen Hecht (*hake*) für französische Gourmetgaumen. Schon um 1900 schickte man Sardinen (*pilchards*) massenweise nach Italien. Mittlerweile werden 80 Prozent der kühlen Ware ins Ausland geliefert. Aber die Waagen in der Markthalle zeigen weiterhin englische *pounds* und *stones* an. Was dem Beobachter bei der Prozedur manchmal unangenehm in die Nase sticht, ist für die Beteiligten der »Duft von Gewinn«. Cornwalls Fischindustrie, die seit Mitte des 19. Jahrhunderts boomte, hatte erstmals einen bescheidenen Wohlstand in die rückständige Region gebracht. »Die Trawler, die über die Laichgründe ziehen«, warnte ein Reiseführer jedoch bereits Anfang

Shakespeare im Freien: Minack-Klippentheater

der zwanziger Jahre den potentiellen Angler, »haben einigen Schaden angerichtet«. Heute, wo manche Hauptfischarten, wie etwa der Dorsch (*cod*), in der Nordsee fast ausgerottet sind, lebt man hier mit der Angst vor EG-Fangverboten.

Das unscheinbare Newlyn trägt Straßenkleidung und war doch das erste Künstlerdorf

Cornwall, das einer Malerschule den Namen gab, die als »Newlyn School« sogar Eingang in die Kunstlexika fand. In der aus Granit gebauten **Art Gallery** von 1895 werden zeitgenössische Arbeiten führender britischer Künstler ausgestellt. Die Werke einer anderen Epoche stehen in Cornwall überall am Weesrand. Das Innere der Halbinsel ist übersät

mit Monumenten der Frühgeschichte. An der kurvenreichen Strecke nach St. Just weist kurz vor Sancreed ein Schild zum Flecken Brane. Dort sind die Überreste von **Carn Euny** zu besichtigen, einer Ansiedlung aus dem 1. Jahrhundert v. Chr. Einzigartig ist der etwa 20 Meter lange *fogou*, ein unterirdischer Gang mit einer runden Seitenkammer, dessen Funktion immer noch im dunkeln liegt. Von **St. Just** aus, dessen Marktkarree (das ehemalige Markthaus ist heute das Wellington Hotel) städtisches Gepräge hat und für einen Snack immer gut ist, sind es gerade fünf Meilen bis **Land's End**, wohl einer der prominentesten Orte im Lande, in dessen unmittelbarer Nähe sich übrigens der Bestsellerautor John Le Carré (sprich »*Lekar*«) seine Agententhriller (»Der Spion der aus der Kälte kam«) ausdenkt. Von einem Besuch der Landspitze ist dringend abzuraten. Denn noch zu Thatcher-Zeiten hat ein berüchtigter Geldritter Englands kleinen Zeh gekauft und dessen Fußnagel glitzernd einlackiert. Nun zeigt dort ein rummeliges Vergnügungsfort, wie man auch aus einem Naturwunder wunderbar Kapital schlagen kann. Einen Abstecher wert ist dagegen das in die Klippen hineinpraktizierte **Minack Open Air Theatre** bei **Porthcurno**, das zum jeweiligen Stück gratis ein atemberaubendes Bühnenbild bietet. »Pupurn und grün wie ein Pfauenhals schimmert das Meer«, schrieb ein Poet. Doch trotz solch mediterraner Farben und der Tatsache, daß eine Meile entfernt mit Gwennap Head der südlichste Punkt der Insel liegt, sollte man zur Abendvorstellung auf jeden Fall eine warme Jacke mitnehmen.

Der gezackte Küstenstreifen von Porthcurno bis **Cape Cornwall** ist ein gefürchtetes Seemannsgrab. Hier ist manches stolze Schiff in Schieflage gekommen, häufig durch Lichtsignale, mit denen hinterlistige Riffpiraten den Steuermann auf falschen Kurs lockten. Wenn heutzutage ein Kahn in Seenot ist, kümmern sich die braven Mannen im *life boat* darum, die Mannschaft rechtzeitig von Bord zu holen, was keineswegs immer gelingt. Elf Matrosen starben zum Beispiel am 3. November 1962 bei einer besonders dramatischen Rettungsaktion. Der französische Trawler »Jean Gougy« war bei Sennen Cove auf Grund gelaufen und lag auf der Seite. Sechs Männer hielten sich noch verzweifelt

auf der Brücke. Doch weder von der Klippe noch von der rauhen See her war an sie heanzukommen. In einem Rennen gegen die steigende Flut konnten fünf von ihnen gerettet werden. Man hatte ein Seil hinüberkatapultiert und die Schiffbrüchigen per Flaschenzug ans rettende Ufer gezogen.

Nördlich von St. Just führt »*Tinners Way*« (die heutige B 3306) auf 13 Zick-Zack-Meilen bis nach St. Ives. Schon vor vielen hundert Jahren brachte man auf diesem Zinn-Pfad das kostbare Metall nach Norden, denn man konnte daraus Waffen schmieden, aber auch Pfannen und Töpfe herstellen. In jenen Urzeiten (auch die Bewohner von Carn Euny handelten mit Zinn) wusch man das Erz direkt aus dem Fels, in dem sich seine Adern zeigten. Erst im Spätmittelalter wurde Schächte gegraben. Schließlich versetzte die industrielle Revolution das Land in Clondike-Stimmung. Wie die Maden den Käse durchlöcherten Tausende von Stollen den Untergrund, der zu Hochzeiten Zinn, Blei und Kupfer für die ganze Welt lieferte und in dem Cornwalls Einwohner ihr hartes Brot fanden. Doch schon vor 100 Jahren war es damit vorbei. Aus profitablen Minen wurden hohle Industrieruinen. Zwischen St. Just und Pendeen, einem der Hauptabbaugebiete, stehen immer noch Dutzende der klotzigen Schornsteine und Maschinenhäuser, durch die der Wind pfeift. Sie sind längst Wallfahrtsziele für Hobbyhistoriker, Spätestromantiker und Amateurgeologen geworden, die auf den Abraumhalden seltene Mineralien suchen.

Botallack, ein Dorf, dem seine Bergbauvergangenheit ins graue Gesicht geschrieben steht, birgt eine eindrucksvolle Besonderheit. Hier wurden die Stollen bis zu 400 Meter unter das Meer getrieben und die zwei Pumphäuser der »Crowns Mine« wie Trutzburgen in die wilden Klippen gesetzt. Das obere ist leicht über einen breiten Fußweg erreichbar, das zweite nur unter Lebensgefahr. Eine Überraschung: im Frühjahr wird die rüde Umge-

Drama: Untergang der »Jean Gougy«

ðung zu einem Blütenmeer und die Klippen um Wallfahrtsort für Naturfreunde und Botaniker.

Im benachbarten **Pendeen** wurden die Gebäude der Geevor-Zinngrube als **Mining-Museum** konserviert. Bei einem Besuch bekommt man eine ferne Ahnung davon, wie heiß, schmutzig und zudem gefährlich die Arbeit unter Tage war. Schmutzig waren oft auch die Geschäftspraktiken der Grubenbarone. Als 1888 ein Buch mit dem Titel »Tin« (Zinn) deren ruppige Methoden anprangerte, kaufte der reichste unter ihnen einfach die gesamte Auflage auf.

Wer von den Botallack-Minen aus den »Cornwall Coast Path« nordwärts wandert, kommt nach einer knappen Stunde zum Pendeen Watch. Der Leuchtturmwärter selbst erklärt das technische Wunderwerk, das man natürlich auch auf vier Rädern erreichen kann.

Beim folgenden Slalom durch die Berge lohnt es sich, noch einmal vom Wege abzuweichen. Von Morvah aus führt eine Straße niedrigster Ordnung in ein Heidegebiet, in dem man ständig über prähistorische Monumente stolpert. Das merkwürdigste ist der **Men-An-Tol**, was auf cornisch »Loch-im-Stein« heißt.

Das farblose **Zennor** ein paar Meilen vor St. Ives hatte einen berühmten Einwohner, auf den jedoch jeder Hinweis fehlt. Von der Ortsmitte führt ein Fußweg zum Meer. Hier, in der Einsamkeit, wo der Sage nach einst der Sohn des ansässigen Gutsherren einer Meer-

jungfrau verfiel, mietete im Jahre 1916 der Schriftsteller D. H. Lawrence (1885–1930) mit seiner Frau Frieda, geborene von Richthofen, ein kleines Cottage, für fünf Pfund im Jahr. Lawrence, scharfer Kritiker bürgerlicher Konvention, Naturfreund und Verfechter einer freien Sexualität, wollte eine Künstlergemeinschaft um sich scharen. Die Flucht von Nonkonformisten in Englands letzte Winkel ist offenbar eine nicht untypische Reaktion englischer Intellektueller auf die abgestandenen Zustände, doch in diesem Fall nahm die Sache eine unvorhergesehene Wendung. Die Eingeborenen – früher warf man hier Hexen kurzerhand in den Dorfweiher – hetzten die Polizei auf den bärtigen Pazifisten mit seiner deutschen Frau. Die *bobbies* brachen daraufhin in das Haus der Fremdlinge ein, die förmlich ausgewiesen wurden. Lawrence beschreibt im »Alptraum«-Kapitel des halbbiographischen Romans »Kangaroo« diese Vertreibung aus dem Cornwallparadies. ■

Pumphaus: Cornwalls Zinnruinen

10. Route: St. Ives – Tintagel – Exmoor (244 km)

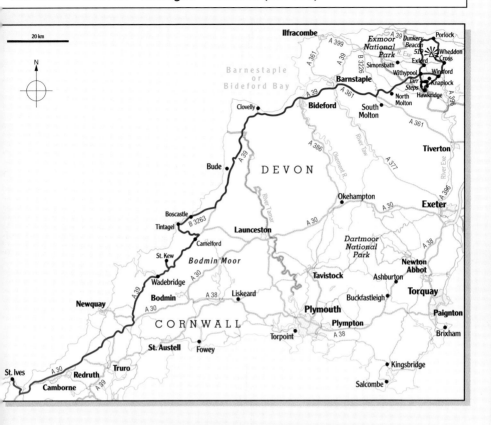

Vormittag

Von **St. Ives** auf A 30 und A 39 nach Wadebridge. 3 km hinter der Stadt Abzweig nach **St. Kew**: Pub-Stop. Zurück auf A 39, hinter Camelford auf B 3314/B 3263 nach **Tintagel**: Besichtigung (1 Std.). Über Boscastle zurück auf A 39.

Nachmittag

Bei **Barnstaple** auf A 361 wechseln und beim dritten Kreisverkehr nach etwa 15 km auf der B 3226 Richtung **North Molton**. Immer geradeaus bis **Withypool**. Von hier 5 km nach Süden. **Hawkridge** und **Tarr Steps** ausgeschildert: Spaziergang. Weiter nach **Winsford**.

Abendausflug

Am Dorfplatz links, nach 100 m rechts ab auf eine kurvige Verbindungsstraße zur A 396. In **Wheddon Cross** links zum **Dunkery Beacon**. Von da ab wird die Straße etwas schmal und schwierig. **Porlock**: Einkehr. Auf der A 39 Richtung Lynmouth, gleich nach dem Ortsschild eine sehr steile Serpentine. Nach 3 km links ab Richtung Exford, nach weiteren 3 km rechts halten Richtung Withypool. Dort sofort scharf links ab nach **Winsford**.

Variante: Wer nicht anders kann, kann 20 km hinter Bude nach **Clovelly** fahren (Ab- und Aufstieg mindestens 1 Std.).

10. Route – Informationen

 St. Kew Inn
℘ (0120884) 259
Mo–Sa 10.30–14.30 und 18–22, Fr, Sa und im Sommer bis 23 Uhr
Käse-Sandwich £ 1.75.

 Tintagel Castle, EH
℘ (01840) 770 328
April–Sept. tägl. 10–18, Okt.–März Di–So 10–16 Uhr
Im 12. Jh. wurde Stein auf Fels gesetzt. Wind und wilde See brachen bald große Stücke vom wackligen Grund und rissen auch ein paar Gebäude in die Tiefe.

 Witchcraft Museum
Boscastle
Ostern–Mitte Okt. tägl. 10 Uhr–Dämmerung

 Clovelly
℘ (01237) 431 781
Dieses Dorf ist *unique*, und daran verdient die Familie Rous, die die Bewohner nicht zu fragen brauchte, als sie es zu einem Freilichtmuseum machte.

 The Royal Oak Inn
Winsford, Somerset
 ℘ (0164385) 455, Fax 388
Charles Steven, in der Welt herumgekommen und früher ein guter Rugbyspieler, versteht es gemeinsam mit seiner Frau, perfekten Service und legere Umgangsformen miteinander zu verbinden. Der idyllisch gelegene Kutschergasthof ist der ideale Ruhepunkt für gestreßte Großstadtnerven. In der Umgebung kann man wandern, reiten und angeln, in der Wintersaison wird zur Jagd geblasen. Im übrigen kann

sich auch das Restaurant sehen lassen. Das Lammfleisch stammt aus der eigenen Herde. Nur die Gänse, die ums Haus schnattern, werden nicht geschlachtet. ££–£££

 Emmetts Grange Farmhouse
Simonsbath, Somerset
℘ (0164383) 282
Auf dem Hof ist auch Selbstversorgung möglich. ££

 Karslake House Hotel
Winsford, Somerset
℘ (0164385) 242
Okt.–Ostern geschl.
Kleines altes Haus. £

 Exmoor House
Wheddon Cross, Minehead, Somerset
℘ (01643) 841 432
B&B. £

 Ship Inn
High St., Porlock, Somerset
 am westl. Ortsausgang, parken gegenüber
℘ (01643) 862 507
Viele *locals* und große Kamine im Vorderraum. Garten hinten. Preiswerte Hausmannskost. 11 Zimmer mit *charming simplicity*. £

 Youth Hostel
Exe Mead, Exford, Minehead, Somerset
℘ (0164383) 288
£

 Westermill Farm
Exford, Somerset
 ℘ (0164383) 238
Farm im Exmoor. Paradies für Kinder.

Land am Rand
Tintagel Castle und Exmoor

King Arthur und seine Ritter schlummern unter den Hügeln. Und wenn Britannien einmal wirklich in Not ist, werden sie aufstehen und den Feind erledigen. So erzählt es die Sage in einer Mischung aus Pathos und Patriotismus. Der eingeborene Heerführer, dessen Bild wir bereits in Winchester begegneten und der sein Land, so der vage historische Hintergrund, um das Jahr 500 tapfer gegen die vom Kontinent eindringenden Angelsachsen verteidigt haben soll, hat eine große Fangemeinde. Er avancierte zum englischen Siegfried, obwohl oder gerade weil gar nicht sicher ist, ob der legendäre Urbrite überhaupt existierte. Die Dichter taten ein übriges. Kaum hatte etwa Hofpoet Alfred Tennyson (1809–92) seinen Landsleuten 1859 Arthurs »Königsidyllen« (»*The Idylls of the King*«) als viktorianische Bettlektüre verschrieben, schon zog es die verzückten Leser massenweise nach **Tintagel**, dorthin nämlich, wo der Lord-Dichter effektvoll den Geburtsort seines Helden ansiedelte.

Bevor man sich endgültig ins Sagenhafte steigert, gibt ein Halt in einem abseits gelegenen Gasthof dafür die richtige physische Grundlage. Zwei Meilen hinter Wadebridge führt (von der A 39) eine grüne Landstraße vorbei an klassisch-roten Post- und Telefonboxen zu einer bodenständigen Idylle nach **St. Kew** mit dem gleichnamigen **Inn** im Ortskern. Der einfache, hufeisenförmige Granitbau mit seinen Karoschiebefenstern erweckt außen genau jenen reellen Eindruck, den das Mittagsbuffet innen hält. Nun gibt es kein Halten mehr: Unter den weit über hundert Plätzen in Großbritannien, die King Arthur für sich in Anspruch nehmen, zählt **Tintagel Castle** sicher zu den faszinierendsten.

Auf einem breiten, noch völlig undramatischen Trampelpfad gelangt man vom Dorf hinab zum Meer, worauf ein ziemlich schroffer Anstieg zur Burg folgt, den Tennysons Zeitgenossen praktischerweise mit Stufen versahen. Die mittelalterliche Anlage, die schon Anfang des 16. Jahrhunderts ruiniert war, steht auf einem vorgelagerten Felsrücken, dem Wind und Wetter übel mitgespielt haben. Aus jeder Ritze pfeifen die Legenden, vom Magier Merlin, vom Heiligen Gral und vom Zauberschwert Excalibur, das Arthur allerdings nichts nützte, als Ritter Lancelot mit seiner Frau durchbrannte. Ob wirklich was dran ist an den Phantasien, zu dem dies Stück erodierter Geschichte immer wieder anstachelt, werden wir wohl nie erfahren. Immerhin hat man Mauerreste etwas außerhalb der Burg aufgestöbert, deren Alter zu dem des Mythos passen, wahrscheinlich ein aufgegebenes Kloster, aber warum nicht der Wohnsitz eines Draufgängers, wie King Arthur einer war?

An stürmischen Tagen, wenn sich nicht Legionen von Touristen auf den Füßen herumtreten, kann man, am besten mit zünftigen *wellies* (Gummistiefeln) und einem *barbour jacket* bewaffnet, seinen Gedanken hier märchenhaft freien Lauf lassen. Die Gelegenheit ergibt sich des öfteren, wie man auf der Fahrt nach **Boscastle** unschwer erkennt. Hier haben sich nämlich die Straßenbäume längst der Dauerwindrichtung gebeugt. Boscastle,

ingeklemmt in einer Spalte der Schieferklip-
pen, der Hafen ein Miniaturfjord, wirbt mit
einem **Witchcraft Museum**, einer ausge-
suchten Kollektion des Unheimlichen.

Auf der Höhe von **Bude** wird Cornwalls
tückische Steilküste vorerst durch weite
Sandstrände abgelöst, hinter denen sich flache Grashügel ausstrecken. Nach gut zwanzig weiteren Kilometern auf der ausgebauten
A 39 hat sich das Bild aber schon wieder
geändert. Achtung, bald weist ein Schild auf
Clovelly hin, ein in mancher Hinsicht bemer-
kenswerter Ort, der ein paar Superlative für
sich reklamieren kann. Obwohl die Gemeinde nur rund 500 Einwohner hat, ist sie seltsa-
merweise auf jeder Karte eingezeichnet. Das
mag an der malerischen Hauptstraße liegen,
die extrem steil zu Tal purzelt, zweifellos aber
auch an der Werbetrommel, die hier kräftig
gerührt wird. *»One of the world's unique villa-
ges«*, mit eigenem Markenzeichen und einem

»Begrüßungszentrum« im aufdringlichen
Supermarktstil, dürfte wohl das einzige Dorf
sein, bei dem man Eintritt zahlen muß, um
hineinzukommen. *Open all day!*

Bei der Weiterfahrt muß der arglose Fahrer
aufpassen, denn es fliegen ihm womöglich
Düsenjäger von der nahen Chivenor Air Base
um die Ohren. Doch dann kehrt Ruhe ein.
Denn hinter **Barnstaple** liegt Tarka-Land.
Tarka ist ein Fischotter, dessen Abenteuer in
Fluß und Flur jedes englische Schulkind
kennt. Es war ein gewisser Henry Williamson,
der sich, der Menschheit müde, nach dem
Ersten Weltkrieg hier in der Nähe in einer einsamen Lehmhütte verkroch, bald jeden
Baum und jeden Otter kannte und nebenbei
den Jugendbuchklassiker schrieb. Tarka,
dessen lebende Zeitgenossen leider immer
seltener auftauchen, hat inzwischen Karriere
gemacht, als Fernsehstar und als Wappentier
des lokalen *Tourist Board*.

Open air: Kaffee- und Teegarten

Schmaler Steg: Tintagel Castle

Tatsächlich eröffnet sich, wenn man bei North Molton die A 361 verläßt, eine Bilderbuchlandschaft, die Natur pur bietet. Der Nationalpark **Exmoor** ist zwar Großbritanniens kleinster, aber zugleich auch einer der aufregendsten, in dem man, eben noch auf Englands höchster Klippe Meeresluft schnuppernd, sich hinter dem nächsten Felsen schon wie im tiefsten Schwarzwald fühlen kann. Rauhe Bergrücken, über denen Bussarde kreisen, und lauschige Täler mit plätschernden Bächen lösen einander ab. Im Kern ist Exmoor weitgehend menschenleer. Seine Hauptbewohner sind Schafe, zottelige Ponies und Rotwild, letzteres Ursache für einen ausgeprägten Schießeisentourismus. Reiche Leute reisen von sehr weit an und zahlen viel Geld, um hier ihre *bloody sports* zu treiben. In Verruf geraten sind vor allem die grausamen Fuchstreibjagden und das sinnlose Abknallen Abertausender Vögel.

Für das friedliche Fußvolk gibt es in dieser gottlob schlecht erschlossenen, am Rande der Verkehrsadern vor sich hin schlummernden Landschaft, die größtenteils zur Grafschaft Somerset gehört, viel zu erwandern. Nachdem eine Moorstraße eine ganze Weile über melancholisch-braunes Heidehochland geführt hat, ändern sich kurz vor **Withypool** abrupt die Farben. Wie mit dem Lineal gezogen verläuft hier die Grenze zwischen Ödland und saftigen, von Hecken eingefaßten Bauernwiesen. Denn in Exmoor, obwohl Naturpark, werden vier Fünftel der Fläche landwirtschaftlich genutzt. Die Bauern haben die Steine aus der Erde gegraben und damit Mauern gebaut. Noch vor der Brücke zweigt der »Two Moors Way« nach Hawkridge ab. Von der Dorfkirche aus schießt die Straße hinab in das Tal des River Barle, an dessen Ufern dicht stehende Laubbäume einen kleinen, dunklen Märchenwald bilden.

Frei Haus: Rucksackferien im West Country

◁ *Up and down: liebliches Exmoor*

Zuflucht für Stadtneurotiker: Winsford

Von den **Tarr Steps**, einer steinalten Brücke mit 17 »Bögen«, kann man auf einem Reitweg ein Stück nordwärts den Fluß entlangspazieren oder den Ausgang auf der »Watery Lane« (erste Straße rechts), vorbei an hochschießenden Farnen, zu einem Dreiecksweg verlängern, der von der Knaplock Farm zurückführt.

Nun sind es nur noch fünf Kilometer über Weideroste hinweg nach **Winsford**, einem wahrlich winzigen Flecken im tiefen Exe-Tal. In diese Oase der Ruhe rattert höchstens ab und zu ein Trecker, dessen Besitzer nicht selten direkt das **Royal Oak Inn** ansteuert. In dem alten riedgedeckten Gasthof, an dem früher die Fuhrleute auf halbem Weg durchs Exmoor erst ihre Pferde und dann selbst ausspannten, stehen Leute, die gerade die Mistgabel aus der Hand gelegt haben, neben blaublütigen Hotelgästen, deren Rolls im Hinterhof geparkt ist, an der Bar einträchtig

beieinander. Wenn es sein muß, mixt der Chef die Cocktails selbst.

Winsford ist ein ausgezeichneter Ausgangspunkt für wohldosierte Erkundungstrips. Vor dem Abendessen bleibt noch Zeit für einen Vorstoß ins 15 Kilometer entfernte **Porlock**. Biegt man von der A 396 in **Wheddon Cross** links auf die B 3224 ab, fährt man nach gut drei Kilometern direkt auf den **Dunkery Beacon** zu, Exmoors Hausberg. An seinen Quellen lassen sich die Bäche vollaufen. Sein 519 Meter hoher Gipfel, den ein geübter Wandervogel leicht in 15 schweißtreibenden Minuten erledigt (30 Grad Steigung), gibt auf Berg und See eine linsenreine Rundumsicht frei. In Porlock angekommen, wäre eine Erfrischung nicht zu verachten. Wenn überhaupt, dann in **Ship Inn**, einem Gasthaus, dem man seine bald 600jährige Vergangenheit ansieht und in dem die entspannte Atmosphäre gratis ist. ■

11. Route: Exmoor – Glastonbury – Stourhead – Bath (167 km)

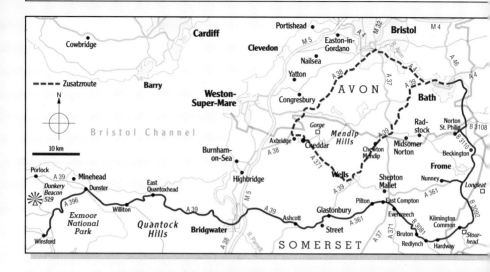

Vormittag

Von Winsford auf A 396 nach **Dunster:** Spaziergang (30 Min.). Auf A 39 über Bridgewater, bei eventuellem Füßevertreten in **East Quantoxhead** 5 km hinter Williton. Weiter nach **Glastonbury** (großer Parkplatz im Rücken der High Street gegenüber der Abbey): Besichtigung, Tor-Besteigung (2 Std.) und Lunch.

Nachmittag

Auf A 361 Richtung Shepton Mallet. Nachdem die A 37 kreuzt, rechts ab auf A 371 und nach 2 km links auf B 3081 Richtung Evercreech. 2 km hinter Bruton bei Redlynch links auf eine Wald-und-Wiesen-Straße. Die führt durch Hardway und stößt hinter Kilmington Common auf die Landstraße B 3092. Rechts ab: nach 500 m weist rechts ein kleines Schild nach **Stourhead:** Haus- und Parkbesichtigung (30 und 60 Min.). Zurück auf B 3092 Richtung Frome. Nach 11 km links auf A 361. Nach 3 km Wegweiser nach **Nunney:** Spaziergang (15 Min.). Zurück zur A 36 Richtung Frome bzw. Bath. 2 km hinter Beckington führt dann links B 3110 nach **Norton St. Philip:** Einkehr. Von hier aus sind es noch 15 km, also etwa 20 Min., bis **Bath.**

Alternativen: Wer die Einsamkeit sucht und Zeit hat, sie zu finden, kann in Exmoor wunderbare Wanderungen unternehmen: entweder auf der Heide, in den Tälern oder an der Küste (Tourist Information, Town Hall, Lynton, Devon, © (01598) 522 25 oder Exmoor National Park Centre: siehe Dunster).

11. Route – Informationen

 Dunster Castle, NT
✆ (01643) 821 314
Garten: 1. März–3. Nov. 11–17 Uhr,
Castle: 25. März–30. Sept. Sa–Mi 11–17,
Okt. Sa–Mi 12–16 Uhr
600 Jahre lang befestigtes Heim der Luttrell-
Family; im 17. und 19. Jh. modernisiert.

Exmoor National Park Visitor Centre
Dunster, Somerset
Beim Parkplatz, ein paar Schritte vom Nord-
ende des Marktplatzes
✆ (01643) 821 835
Informationen über Landschaft, Ackerbau
und Schafzucht.

East Quantoxhead
Über einen holprigen Feldweg erreicht
man das Dorf. Parkplatz neben dem Enten-
teich.

Ashcott Inn
Ashcott, Somerset
an der A 39
✆ (01458) 210 282
Lunch 12–14 Uhr
Blanke Wände und riesige Kamine. Erst
ploughmans, hinterher hausgemachter
cheesecake. £

 Shoe Museum
High St., Street, Somerset
✆ (01458) 431 31 (Zentrale)
Ostern–Okt. Mo–Fr 10–16.45, Sa 10–16.30
Uhr
Schuhwerk und Schuhwerkzeuge von den
alten Römern bis heute.

Glastonbury, Somerset; ✆ **Vorwahl 01458**

 Tourist Information Centre
A Marchant's Building/Northload St.
✆ 832 954

 Glastonbury Abbey
Eingang in der Magdalene St. (von der High
St. links um die Ecke)
✆ 832 267
Sept.–Mai tägl. ab 9.30, Juni–Aug. ab 9 Uhr
Die schönen Ruinen stammen aus dem
12. Jh. Mehr als Stümpfe blieben von der
spätnormannischen St. Mary's Chapel
übrig, aber nur die Abtsküche hat noch ihr
(spitzes) Dach auf. Im Museum kann man
die Ausmaße der ehemaligen Abtei im
Modell betrachten.

 Glastonbury Tor
Zugang von Wellhouse Lane aus (500 m
Gehweg vom Ostende der High Street),
einer Seitenstraße der A 361 (Richtung
Shepton Mallet); hier liegt auch der sagen-
umwobene Hügel Chalice Well (hinterm
Parkplatz). Der St. Michael's Tower, den man
in der flachen Gegend von überall sieht,
stammt aus dem 14. Jh. Wer trotz müder
Beine noch zum ebenfalls mythisch umrank-
ten Wearyall Hill will, kann ihn, vorbei am
Rural Life Museum in der Bere Lane, von der
Hill Haed St. aus in 15 Min. erreichen.

 Rainbows End Café
17a High St.
✆ 833 896
10–16.30 Uhr, Mi, So geschl.
Gesundes *wholefood* nach beschwerlichem
Aufstieg. £

 Deacons Coffee House
24 High St.
✆ 834 633
Tägl. 10–17.30 Uhr
Auch Tee und *light* lunch. £

 Burns the Bread
14 High St.
Mo–Sa 7–17 Uhr

Bäckerei mit hausgemachten *pies* und *pastries* (auch *take away*).

Stourhead, NT
Stourton, Warminster, Wiltshire
✆ (01747) 840 348
Haus: 1. April–1. Nov. Sa–Mi 12–17.30 Uhr; Garten: ganzes Jahr tägl. 8–19 Uhr bzw. bis zur Dämmerung
Der prächtige Landsitz der Londoner Banker wurde 1721–24 als palladianische Villa errichtet, 1790 mit Flügeln (für die Galerie und die schöne Bibliothek mit Chippendale-Mahagoni-Möbeln) und 1839 mit einem Säuleneingang versehen. Die bahnbrechende Parkanlage entstand in der zweiten Hälfte des 18. Jh., als sich das Bild der englischen Landschaft aufgrund der Umwälzungen in der Landwirtschaft radikal wandelte. Empfehlung: Wenn man den Garten mit Muße genießen will, muß man nicht auch noch durchs Haus hetzen. Ein Plan der Gartenanlage ist am Eingang erhältlich.

Nunney Castle, EH
Nunney, Somerset
Immer geöffnet.

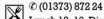

George Inn
Norton St. Philip, Somerset
✆ (01373) 872 24
Lunch 12–16, Dinner 19–22 Uhr
Klassisches mittelalterliches Fachwerkpub mit großen Erkerfenstern im Barraum und vier Nebenzimmern mit Eßgelegenheit. Die Dungeon-Bar (Anhänger des Herzogs von Monmouth waren hier 1685 eingesperrt, nachdem sie erfolglos gegen den König rebelliert hatten) ist nur zu Lunch und Dinner geöffnet. Die Einheimischen übersehen einfach die vielen Neugierigen.

Bath, Avon; ✆ Vorwahl 01225

Tourist Information Centre
The Colonnades, 11–13 Bath St.
✆ 462 831

Limpley Stoke Hotel
Lower Limpley, Stoke, Avon (an der A 36)
✆ 723 333, Fax 722 406
Dörfliche Idylle im Avon-Tal: Das romantische *Georgian* Hotel liegt fünf Meilen vor der Stadt. ££

Combe Grove Manor
Brassknocker Hill
Monkton Combe, Bath, Avon
✆ 834 644, Fax 834 961
Echte Country-House-Atmosphäre mit herrlichem Park und Weitblick. £££

Landsdown Grove Hotel
Landsdown Road, Bath, Avon
✆ 315 891, Fax 448 092
Auf einer Anhöhe gelegene traditionsreiche Adresse. Zu den Gästen zählten Mitglieder der königlichen Familie ebenso wie Maggie Thatcher. ££–£££

Queensberry Hotel
Russel St., Bath, Avon
✆ 447 928, Fax 446 065
Wohnen unter Denkmalschutz in einem eleganten Stadthotel (££–£££).
Im hervorragenden Kellerrestaurant »Olive Tree« wird streng auf frische Zutaten geachtet. Fisch und Federwild kommen täglich vom Markt (££).

Brompton House Hotel
St. John's Road
✆ 420 972, 448 423
Das elegante Pfarrhaus aus dem 18. Jh. liegt in herrlichen Gärten. Frühstück *wholefood* oder *fully English*. ££

11. Route – Informationen

 Carfax Hotel
Great Pulteney St.
℗ 462 089
B&B in einem jüngst renovierten 40-Zimmer-Haus. £–££

 Youth Hostel
Bathwick Hill
∅ 465 674
£

 YMCA
International House, Broad Street Place
∅ 460 471
140 Betten für junge Leute. £

 Newton Mill Touring Centre
Newton St., Loe
3 km außerhalb
∅ 333 909

 Rajpoot
4 Argyle St.
℗ 466 833
Tägl. 12–14.30 und 18–23 Uhr
Appetitliches aus dem Tandoori-Ofen. ££

 Tarts
8 Pierrepont Place
∅ 330 280
Mo–Sa 12–14.30 und 18.45–23.45 Uhr
Französische Küche im Keller. ££

 Claret's
7a Kingsmead Square
∅ 466 688
Mo–Sa 12–14 und 17.30–22.30/23 Uhr
New English cuisine in gestylter Umgebung.
££

 Popjoy's
Beau Nash's House, Sawclose
∅ 460 494
Lunch Di–Fr, Dinner Di–Sa

Unabdingbares Muß für »dinierende Snobs«. Nach dem Wechsel des Kochs wieder in alter Frische.
££

 The Theatre Vaults
St. John's Place
∅ 442 265
Lunch nur an Matinee-Tagen 12–14.30, Dinner Mi, Sa ab 18 Uhr. £

 Footlights
The Podium, Northgate St.
∅ 480 366
Tägl. 12–23 Uhr. £

 Just Duck
The Podium
Northgate St.
℗ 438 089, 481 33
Szechuan-Gerichte. ££

 Moles
George St.
∅ 333 448
Beliebter Jazzclub mit Live-Musik (Plattenstudio im 1. Stock). Mittwochs afrikanischer and lateinamerikanischer Beat.

The Basement
County Hotel, Bathwick Hill
∅ 316 372
Klassischer Club.

Saville's
2 Saville Row
∅ 425 550
Tägl. bis 2 Uhr
Mexikanische Tapa-Bar mit Nightclub.

Island Club
Terrace Walk
∅ 462 238
Populäre unterirdische Studentendisco.

Auf Avalon und in Arkadien
Über Glastonbury nach Bath

Wenn die Fahrt nun auch ins Landesinnere führt, so ist das erste Ziel doch eine Insel. Es ist die sagenumwogene »Insel von Avalon«, die aus den Nebeln vergangener Zeitalter mythisch ins profane Jetzt hineinragt. Hat man Exmoor bei **Dunster Castle** hinter sich gelassen und die **Quantock Hills** auf der A 39 umkurvt, vielleicht bei der kleinen Ortschaft East Quantoxhead noch eine letzte Seebrise eingeatmet, geht es eine knappe monotone Stunde lang übers platte Somerset. Trockengelegte Marsch soweit das Auge reicht, darauf mampfendes Rindvieh in Schwarzweiß.

Das erste, was von **Glastonbury** ins Auge fällt, ist denn auch nicht das Straßenschild, sondern der **Tor**, ein mit einem Kirchenstumpf besetzter Hügel, der zwar nur gut 150 Meter hoch ist, dessen seltsam-konische Gestalt aber die Ebene majestätisch beherrscht. Genau hier soll sie gelegen haben, die Insel

Magischer Gipfel: The Tor

Durch große Ruinen: Glastonbury Abbey

Avalon, zu einer Zeit, als in der Gegend drumrum noch das Meer schäumte. Tatsächlich hat man nicht weit von hier Reste einer Kaimauer gefunden, und daß das gesamte Umland morastiger Sumpf war, ist auch noch nicht so lange her.

Der Legende nach gibt der Berg Zugang zum Feenland Annwn. Einstens, so um das 6. Jahrhundert, reiste der Priester Collen von hier aus zu Gwyn ap Nudd, dem König der Feen. Als der Herrscher den Heiligen nicht mehr fortlassen wollte, verschüttete dieser das geweihte Wasser, das er vorsichtshalber mitgenommen hatte, und fand sich im selben Augenblick alleine auf dem Tor wieder. Das Alter des Labyrinthmusters am Berghang wird von Archäologen auf 4000 Jahre geschätzt. Unter der Grasnarbe befindet sich ein System von Tunneln, von denen einer bis zu der einen Kilometer entfernten Kirche geführt haben soll.

An zwei weiteren Hügeln setzt sich die Sagenserie fort, von der Glastonbury förmlich eingewoben ist. Am **Chalice Hill**, zu Füßen des Tor, liegt eine Quelle, angeblich der Ursprungsort für den rechten Glauben der Briten. Joseph von Arimathia, ein Anhänger Christi, soll hier im Jahre 63 den Heiligen Gral, den Kelch, in dem er das Blut Jesu bei der Kreuzigung aufgefangen hatte, vergraben haben und danach die erste Kirche des Landes gezimmert haben. Außerdem soll er auf dem **Wearyall Hill** seinen Gehstock in den Boden gesteckt haben, woraus ein Hagedornbusch wuchs, der wundersamerweise zweimal jährlich blüht. Als ein Scherge des Kirchenschänders Cromwell das heilige Gesträuch abholzen wollte, stach ihm der Dorn ins Auge und er wurde auf der Stelle blind. Die Queen, die vom Strauch jedes Jahr zu Weihnachten Blüten bekommt, kann dagegen nicht klagen.

151

Gewachsene Romantik: Stourhead

Aus der Sphäre der Legenden zurück auf den Boden der Geschichte. Auch deren Dramaturgie hat in dieser Stadt Unwahrscheinliches zu bieten. Glastonbury ist heute ein unbedeutendes Kaff ohne Bahnverbindung. Seine knapp 6 000 Einwohner leben von Schaffellen, von der Lederverarbeitung (Clarks **Schuhmuseum** im benachbarten Street) und vom unstillbaren Durst nach Mythen. Glastonbury war einmal ein Machtzentrum ersten Ranges. Dort wo sich diese Macht konzentrierte, blieb ein vierseitiges Vakuum, um das sich die Straßen der Stadt noch immer ehrfurchtsvoll herumwinden. Hier lag einmal die reichste Firma in England, **Glastonbury Abbey**. Von dem stolzen Kloster stehen nur noch Ruinen, wenn auch die berühmtesten des Landes.

Wer an einem sonnigen Tag auf dem stets frisch gemähten Rasen um die Mauerreste herumbummelt, bekommt einen völlig verkehrten Eindruck. Dies ist nicht der heimelige Ort, als der er erscheint, sondern auch ein Tatort, an dem sich Barbaren ungezügelt austobten. Die 177 Meter lange Kirche, die hier einmal stand, war die prächtigste, die je in England gebaut wurde, und der spirituelle Mittelpunkt eines vorbildlich geführten Betriebes. Der Abt und seine 80 Mönche (denen dreimal soviel Geld zur Verfügung stand wie in anderen Klöstern) agierten als gut eingespieltes Team, das hinter einem religiösen Schleier einen ausgeprägten Sinn fürs Praktische verbarg. Als im Jahre 1184 ein Feuer das Kloster heimgesucht hatte und der König kein Geld geben wollte, brachten sie das Gerücht in Umlauf, auf ihrem Grund lägen die Gebeine King Arthurs. Der König glaubte es, zahlte, und viele glauben es noch heute.

Ansonsten ging alles mit rechten Dingen zu, so rechtschaffen, daß selbst die Auflösungs-Kommissare, die Henry VIII. erstmals im Jahre 1535 schickte, beim besten Willen nichts Verwerfliches finden konnten. Vier Jahre später war es trotzdem soweit. Seine Majestät, scharf auf das klösterliche Kapital und die riesigen Ländereien, machte kurzen Prozeß. Den Abt ließ er vierteilen, auf die Mönche jagte er den Mob, die gesamte Abtei wurde dem Erdboden gleichgemacht. Mit dem Schutt pflasterte man die Straße nach Wells. Eine hochentwickelte Kultur des Lernens und des Wirtschaftens wurde mit Stumpf und Stil ausgerottet, Glastonbury in die Bedeutungslosigkeit gestoßen.

Daß der kleine Ort im Herzen von Nirgendwo trotzdem im öffentlichen Bewußtsein ist, dafür sorgt unter anderem das **Glastonbury Festival**, das britische Woodstock (gibt es auch auf Zelluloid), auf dem erstmals 1971 heimische Stars wie David Bowie, Pete Townsend und Steve Winwood (mit Traffic) für Englands traditionsreiche *Campaign for*

Nuclear Disarmament (CND) in die Klampfen griffen. Das einstige Hippiegroßereignis bringt heutzutage immer noch an die 80 000 Rockbegeisterte auf die Beine.

Wenn man die Stadt auf der A 361 in östlicher Richtung verläßt, passiert man **Pilton**, den Ort, wo das Popspektakel über die Bühne geht. Wer es schafft, bei Shepton Mallet rechts auf die A 371 abzubiegen und sich nach einer Meile links in die B 3081 einzufädeln, kann kurz hinter Bruton eine zehn Kilometer lange Abkürzung über den Kingsettle Hill nach **Stourhead** nehmen. Dieser Landsitz am bewaldeten Rand der West Wiltshire Downs ist ein Stück englischer Kulturgeschichte, die man erwandern kann. Beim Spaziergang durch den weitläufigen Park gibt es viel zu entdecken. Hinter Rhododendronblüten kommen griechische Säulen zum Vorschein. Durch das Laub der Bäume schimmert ein See. Man geht durch künstliche Bö-

Rapsodie in gelb: Somerset

Flower power: Leute vom Markt

Als die viel herumgekommene deutsche Dichterin Johanna Schopenhauer (1766–1838) Stourhead um 1800 sah, staunte sie nicht schlecht über »die schönste, lieblichste Landschaft, die nur eine Dichter-Phantasie erfinden kann«. Hausherr Henry Hoare II. (1705–85), Enkel eines geadelten Londoner Bankers, hatte 1743 den Modearchitekten Henry Flitcroft beauftragt, die Umgebung des Familienlandsitzes mit ein paar *follies* schick zu bestücken: einem Flora-Tempel, einem künstlichen See und einer »Paradiesquelle«. Später wurden Kieswege angelegt, das Dorf Stourton in die Anlage integriert, eine Brücke geschlagen, die aussehen sollte, »als wenn das die Dorfbrücke wäre«, ein »Pantheon« und eine Grotte gebaut. Als Krönung des ganzen kam das Bristol High Cross hinzu, tatsächlich ein mittelalterliches Hochkreuz, das in einer Ecke von Bristol Cathedral vor sich hin rottete und 1764 auf sechs Fuhrwerken hierher verfrachtet wurde. Kurz, Stourhaed Garden wandelte sich im Laufe der Jahre zum Urbild romantisierter Natur. »Die englischen Gärtner«, resümierte Frau Schopenhauer, »sind wahre Landschaftsmaler«.

Ovid-Leser und Gartenneuerer Henry Hoare sah sein künstliches Arkadien allerdings noch in anderem Licht. »Was hier entsteht«, schrieb er in sein Tagebuch, »ist die Frucht der Industrie und zeigt, welche großen Dinge sie hervorbringen kann, zum Neid der Unfähigen, die keinen Anspruch auf Tempel, Grotten, exotische Pinien und Eis im Sommer haben.« Nebenbei ist der Park auch ein Baummuseum (durchnumerierter Katalog erhältlich) mit mächtigen Exemplaren wie der 43 Meter hohen Steineiche, die bereits 1792 hier gepflanzt wurde, und Fremdlingen wie dem chinesischen Taschentuchbaum. Bei allzu schlechtem Wetter lohnt auch ein Rundgang durch die Gemächer. Hier lebte bis 1947 Henry Hoare, der, obschon Direktor der Lloyd's Bank, sich weit lieber im Pferdestall und in den Blumenbeeten betätigte. Er ver-

gen hindurch und überschreitet eine Brücke, die nirgends hinführt.

»Laßt nicht allerorts die Schönheit sichtbar werden, da doch ein Teil der Kunst darin besteht, sie schicklich zu verstecken. Derjenige gewinnt am meisten, der gefällig verwirrt, überrascht, verändert und die Grenzen verwischt«, erläutert der Maler William Hogarth (1697–1764) eine Idee, die sowohl auf Staffeleien wie auf Rabatten anwendbar ist. Sie wurde zum Grundprinzip englischer Parklandschaften, die durch sanft gebogene Wege und Wasserläufe Überraschungselemente bereithält. In der dadurch erzielten Vielfalt und Zwanglosigkeit spiegelt sich der freie Geist, der damals von England ausging und sich anschickte, den Schematismus französischer Provenienz, in dem sich noch die Herrschaft des Despoten ausdrückte, abzulösen.

Der englische Garten

Schon die Kulturen des Alten Orients verstanden es, jenseits bloßer Nutzbarmachung Gärten künstlerisch zu ästhetischen Gebilden in freier Natur zu gestalten. Aus der griechischen Antike sind heilige Haine überliefert, Grabzeichnungen aus Ägypten belegen den Brauch, Gebäudekomplexe und regelmäßig angeordnete Baum- und Beetanlagen um ein zentrales Wasserbecken zu gruppieren, ein Motiv, das sich in den wasserarmen Gebieten des Orients erhalten hat und zu islamischer Zeit als Paradiesesvorstellung Eingang in die Miniaturmalerei und auch in die Teppichknüpfkunst fand.

In Ostasien schuf man mit sorgsam komponierten Gartenensembles, deren scheinbare Ungeordnetheit ein Abbild der ungestalteten Natur und Landschaft *en miniature* sein sollte, jene Vorstellung, die im England des 18. Jahrhunderts den Landschaftsgarten (englischen Garten) hervorbrachte, der als künstlich geschaffenes Naturpanorama Motive der idealen Landschaftsmalerei ins Dreidimensionale übertrug (Stourhead).

Die architektonisch gegliederten, abgezirkelten Parkanlagen französischer Gärten des Barock stellten vor allem ein Abbild des absolutistischen Systems und eine Fortsetzung der dazugehörigen Schloßarchitektur im Freien dar. Im Gegensatz dazu verband sich im England der Aufklärung der Freiheitsgedanke mit dem Garten, da man sich die Freiheit als im Naturrecht gründend vorstellte und deshalb den Landschaftsgarten als ihr Symbol empfand. *Dagmar von Naredi-Rainer*

»My home is my castle«: Nunney

Pub sign: hoffnungsvoller Stop am Wege

machte das Haus dem National Trust schon zu Lebzeiten mit allen dazugehörigen persönlichen Requisiten.

Auf der Weiterfahrt nach Norden dürfen »die Löwen von Longleat« getrost rechts liegengelassen werden. Abseits der B 3092 hat der sechste Marquis of Bath, um **Longleat House** halten zu können, seinen Familienstammsitz schon in den sechziger Jahren in eine öffentliche Schaubude umgewandelt, ein später häufig kopierter Pragmatismus, über den man zuerst die aristokratische Nase rümpfte. Hinterm Haus entstand ein »Safaripark« als moderne Version des englischen Gartens, auf dessen feuchten Wiesen die Könige der Wüste dösend von ihrer heißen Heimat träumen. Ein anderer Hausherr hat sich, nur einen Wildkatzensprung weiter, auch ein stattliches Heim hingesetzt. In **Nunney**, einem

reizvollen Straßendorf, überragt eine seltsame vierzylindrige Ruine die riedgedeckten Cottages. Hier wohnte John de la Mare, Sheriff von Somerset. Der Veteran des Hundertjährigen Krieges finanzierte den vierstöckigen Klotz im Stil der Pariser Bastille 1373 aus Profiten seiner Feldzüge und legte damit den Grundstein zu der Erkenntnis: *»An Englishman's home is his castle!«*

Auf halber Strecke nach Bath liegt etwas abseits der A 36 in der Ortschaft **Norton St. Philip** das **George Inn**, ein mächtiger über 600 Jahre alter Gasthof, dessen Besuch sich auch lohnt, wenn man nur mal für ein schnelles *half a pint* einen Blick hineinwerfen möchte. In Bath, der Stadt mit der höchsten Restaurantdichte des Landes, steht man automatisch vor der Qual der Lokalwahl. »Nehmen wir zum Beispiel an, Sie, der Sie im Mittelstande leben, essen für gewöhnlich Hammelfleisch, und zwar dienstags gebratenes, mittwochs kaltes, donnerstags Frikassee usw. Nun kommen Sie, der Sie über einen schmalen Geldbeutel verfügen, plötzlich darauf, ihn zu plündern«, schon gehören Sie zur »Klasse der dinierenden Snobs«, wie sie William Thackeray (1811–63) in seinem »Book of Snobs« literarisch aufgabelte. Treffpunkt postmoderner Snobs: das **Popjoy's** im ehemaligen Wohnhaus von Beau Nash (1674–1761), einst gefeierter Dandy, ist eine ausgewiesene Eßinstitution mit den manchmal damit einhergehenden Abnutzungserscheinungen. Preiswerter, aber nicht weniger stimmungsvoll läßt sich zweifelsfrei nebenan im Kellergewölbe des Royal Theatre, den **Vaults**, dinieren. Schärfer gewürzt wird dagegen im **Footlights**, einem mexikanischen Lokal, dessen Attraktion der Blick über die Stadt ist. Man sitzt nämlich unterm Glasdach des neuen postmodernen Einkaufszentrums **The Podium**, das auf demselben Level auch gleich noch chinesische Küche im **Just Duck** bietet. Dann heißt es austrinken und ab ins *nightlife!* ∎

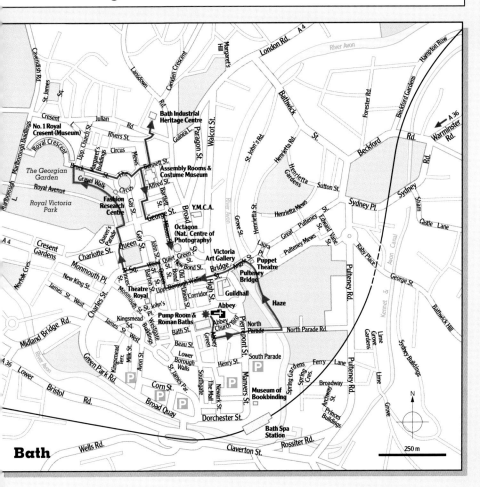

Bath

Vormittag — Roman Baths (Besichtigung) – Abbey Green – North Parade – River Avon – Pulteney Bridge – Schaufensterbummel – Lunch

Nachmittag — Queen Square – Royal Victoria Park – Royal Crescent – Circus – Assembly Rooms/Museum of Costume (Besichtigung) – National Centre of Photography – Shopping

Alternativen: Bath-Unbedarfte müssen wissen, ob sie eine Kulturtour durch Galerien und Museen machen (und auch die Abbey und das Industrial Heritage Centre sehen) oder ausgiebig ihrer Einkaufslust frönen wollen. Im ersteren Falle wäre der Vor- und Nachmittag ausgefüllt, im letzteren bliebe etwa ab 15 Uhr Zeit fürs Shopping. Dritte Möglichkeit: ausspannen und Tee trinken!

12. Route – Informationen

 Roman Baths Museum
Stall St.
✆ 461 111
März–Okt. tägl. 9–18, im Aug. auch 20–22, Nov.–Feb. 9–17 Uhr (So 10–17)
Die Badeanstalt, Teil eines kompletten Tempelbezirks, ist neben Hadrian's Wall das wohl am besten erhaltene römische Bauwerk in Britannien. Das Thermalwasser, das man auch trank, wurde damals in einem mit Blei ausgeschlagenen Reservoir gesammelt. Als die Legionen im Jahre 410 zurück nach Rom gerufen wurden, dauerte es kaum mehr als ein Jh., bis das großartige Bauwerk ruiniert war. Auf das zentrale Great Bath, 33 mal 20 Meter groß und damals durch ein imposantes Gewölbe aus *Bath stone* gedeckt, stieß man erst 1880. Die Ausgrabungen und Rekonstruktionen dauerten bis in die 60er Jahre unseres Jh.

  The Pump Room
Stall St.
✆ 444 477
Tägl. 10–17 Uhr, ab 11.30 Uhr muß man Essen bestellen
Dies ist die Halle (erbaut 1789–99), in die sich die feinen *Georgians* das leicht verbleite Wasser pumpten. Zu Speis und Trank spielt das wohltemperierte »Pump Room Trio« (Sommer Mo–Sa 10–12, tägl. 15–17 Uhr, im Winter nur So).

 Abbey
Abbey Church Yard

1499 begonnene Kirche des Bischofs von Wells (der auch für Bath zuständig ist) im späten *Perpendicular Style* mit prächtigem Fächergewölbe.

 Puppet Theatre
Pulteney Bridge
Aufführungen Sa, So und während der Schulferien tägl. 15.30 Uhr

 Victoria Art Gallery
Bridge St.
✆ 461 111
Mo–Fr 10–17.30, Sa 10–17 Uhr
Eintritt frei
Highlight: Thomas Maltons topographische Ansichten von Bath.

 The Canary
3 Queen St.
✆ 424 846
Last orders 19 Uhr
Allseits gelobtes und allzeit geöffnetes Teehaus mit vielseitiger Karte.

 The Georgian Garden
Mai–Okt. Mo–Fr 9–16.30 Uhr
Eingang vom Gravel Walk zwischen Queen Square und Royal Crescent.

 1 Royal Crescent
✆ 428 126
März–Okt. Di–So 11–17, Nov.–12. Dez. Di–So 11–16 Uhr
Die 1767–74 erbauten Kurvenreihenhäuser

von John Wood jun. haben über 100 Säulen an der Fassade. Haus Nr. 1 wurde in den Originalzustand zurückversetzt.

Circus

Meisterstück von John Wood sen., 1758 vier Jahre nach seinem Tod fertiggestellt. In der Nr. 4 arbeitet das 1974 gegründete *Fashion Research Centre*, das wissenschaftliche Team des Modemuseums, das auch Expertisen für historische Kleidungsstücke erstellt.

Museum of Costume

Bennet St.
∅ 461 111
März–Okt. Mo–Sa 9.30–18, So 10–18, Nov.–Feb. Mo–Sa 10–17, So 11–17 Uhr
1963 eröffnete die jüngst renovierte Sammlung adligen und bourgeoisen Schicks vom 17. Jh. bis heute. Da die teuren Stücke sehr lichtempfindlich sind, werden Nachtblinde beim Rundgang nicht viel mitbekommen. Das Museum ist im Keller der **Assembly Rooms** untergebracht, die 1771 für gesellschaftliche Anlässe wie Bälle, Konzerte und Kongresse gebaut wurden.

Bath Industrial Heritage Centre

Julian Road
© 318 348
Sommer tägl. 10–17, Winter Sa, So 10–17 Uhr, letzter Einlaß 16 Uhr
Mr. Bowler's konserviertes *business*, eine Werkstatt aus viktorianischer Zeit (*established* 1872).

RPS National Centre of Photography

The Octagon, Milsom St.
∅ 462 841
Tägl. 9.30–17.30 Uhr, letzter Einlaß 17 Uhr
In dem interessanten Achteck von 1767 wird moderne und historische Fotografie gezeigt. Eingang durch das Café.

Einkaufsstraßen liegen südlich der **New Bond Street** um die autolose Union Passage und um die **George St.**; zwischen Milsom St. und Broad St. ist die Passage **Shires Yard** eingeklemmt. Neue Shopping Centres sind **The Podium** (an der Pulteney Brigde) und **The Collonades** (hinter den Römischen Bädern).

John Croft Antiques

3 George St.
∅ 466 211
Möbel aus Baths guter alter Zeit.

The Dressing Room

13 George St.
∅ 330 563
Trikots und anderes mit den richtigen Etiketten.

Walcot Reclamation

Walcot St.
Sehenswürdigkeit! Echte Türklinken und Kamine en gros.

Tifters

3 Shires Yard
∅ 448 662
Nichts für Kopflose.

Perfect Setting

19 Shires Yard
© 442 525
Für Tafelfreunde und -freuden.

Great Western Antiques Centre

Bartlett St.
Antiquitäten-Supermarkt.

The China Doll

31 Walcot St.
∅ 465 849
Edelpuppen.

12. Route – Informationen

Shopping postmodern: The Podium in Bath

 Shoon
12 Upper Borough Walls
∅ 469 735
Schuhe mit Namen.

 Square
3–4 The Corridor
∅ 464 997
Große Mode beiderlei Geschlechts.

 Glass Designs Gallery
17 Barton St.
∅ 462 601
Art transparent.

 George Bayntun
Manvers St.
∅ 466 000

Das Antiquariat und ein *Museum of Book-binding.*

 Box House
Box (an der A 4)
℘ 744 447, Fax 743 971
Last order 14.30 und 22 Uhr. À la carte
vor der Stadt in einer ehemaligen Pfarrei.
£££

 Pack Horse
South Stock (am südl. Stadtrand, erreichbar
über A 367/B 3110)
Tägl. 11–23 Uhr (nachmittags geschl., wenn
keine Gäste kommen)
Das Erlebnis dieser Dorfkneipe, durch die
der Weg zur Kirche führt, kann Nostalgiker
aufrichten.

An der Quelle: Bummel durch Bath

Es war ein keltischer Fuß, der sich darin zuerst seine Zehen wärmte. Die etwa zwei Millionen Liter Wasser, die hier pro Tag mit konstant 47 Grad Celsius emporsprudeln, galten den britischen Ureinwohnern als heilige »Königsquelle«. Doch erst die römischen Eroberer brachten um das Jahr 70 den Badebetrieb in Schwung und bauten riesige, tonnengewölbte Thermen, deren Überreste zu den wichtigsten erhaltenen römischen Bauwerken zählen. Die Quelle selbst diente jedoch nicht der Reinlichkeit, sondern dem pekuniären

Zwiegespräch mit der Gottheit. Dabei scheint die Methode, sich durch Freigiebigkeit Wünsche erfüllen zu lassen, recht preiswert gewesen zu sein. Unter den über 10 000 Opfergaben fanden Archäologen ganze vier Goldstücke. Der Rest war Kleingeld. Dabei hatte, wer zur Quelle kam, zumeist ernste Anliegen. »Es werde impotent...!« begann eine der am Wasserrand gesprochenen Standardformeln, mit der man seine Mitmenschen bedachte.

Auch wer heute das **Roman Bath** betritt, mag manche Verwünschung ausstoßen an-

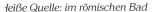
Heiße Quelle: im römischen Bad

Früh übt sich: Morris Dancer

Verbrechen begehen können: die Zeit totzu-schlagen«, bemerkte der Moralist Daniel Defoe (1661–1731). In Bath kurte, was Rang und Namen hatte. Einer der Schauplätze, an dem sich *ladies and gentlemen* sehen ließen und gesehen wurden, war der **Pump Room**, der immer noch einen festlichen Speise- und Konzertsaal abgibt. Durch seine Fenster schaut man auf den Vorplatz der **Abbey**, dessen Bänke Tausenden von rastlosen Touristen eine Verschnaufpause gewähren. Sie werden durch Straßenmusikanten, Clowns und *Morris Dancers*, Englands Äquivalent zum Schuhplattler, permanent in Stimmung gehalten. Von **Abbey Green**, einem Stück Alt Bath mit Kopfsteinpflaster, Taubenmist und Lindenlaub, betritt man die **North Parade Passage**. Diese enge Häuserschneise gab es als »Lilliput Lane« schon im mittelalterlichen Straßennetz, doch mündet sie in eine neue Ära.

Das Areal um die North Parade ist eines jener Spekulationsobjekte, die von John Wood dem Älteren (1704–54), in der ersten Hälfte des 18. Jahrhunderts systematisch für die neuen Kunden ausgebaut wurde. Würde man an jedem Haus, in dem mal ein *Duke*, *Lord* oder *Earl* gewohnt hat, ein Schild anschrauben, wäre manche der schönen Fassaden völlig zugepflastert. Architekt Wood wollte den Glanz römischer Zeiten wiederbeleben und vermied deshalb klein-karierte Lösungen. Schließlich sollten es die Herrschaften »so komfortabel wie im eigenen Haus« haben, wie ein Stadtführer anno 1778 versprach. Der Block zwischen North und South Parade, der eigentlich als Teil eines stadtplanübergreifenden Royal Forum gedacht war, zeigt in reiner Form Woods Stil, der zum Glücksfall für die Stadt wurde.

Hinter der Brücke führen Stufen hinab zum River Avon. Bei einem 300 Meter kurzen Uferspaziergang abseits des Trubels können Geduldige in einem begehbaren Labyrinth

gesichts der schweißtreibenden Überfüllung, die hier in den Sommermonaten zum Dauer-zustand wird.

Zum Besuchermagneten für Weitgereiste wurde der heiße Sprudel vor 300 Jahren. Um 1700, England war gerade auf dem Weg zur Weltmacht, gebrach es der neuen, steinreich gewordenen Elite an standesgemäßen Reisezielen auf der Insel. Ein gewisser Beau Nash, eine gescheiterte Existenz, zuvor bereits von der Universität geflogen und aus der Armee entlassen, machte in Bath sein Glück als Spieler und brachte es schließlich bis zum Zeremonienmeister der Königin. Das war 1704. Danach tanzte die ganze *high society* nach seinem Taktstock.

»Wir können sagen, daß es jetzt ein Ort für die Gesunden wie die Kranken ist, wo die Faulen und Bequemen das schlimmste aller

chulausflug: Lunch auf dem Abbey Yard

haze) die Nerven trainieren, in Bath ein tra-
itioneller Zeitvertreib für Sommerfrischler.
as große hoch über den Fluß ragende Ge-
äude gegenüber ist das ehemalige Imperial
otel, einst das größte der Stadt, mit dem
an seit Jahren nichts anzufangen weiß. Es
urde während des Zweiten Weltkriegs vom
riegsministerium requiriert, bis heute ein
ichtiger Arbeitgeber der Stadt. Am Aufstieg
ur **Pulteney Bridge** liegt das **Puppet Theatre**,
as so winzig ist wie seine Hauptdarsteller.
ie Brücke (1770), entworfen von dem gro-
en Architekten Robert Adam (1728–92),
at eine Ladenzeile auf jeder Seite. Die niedli-
hen Antiquitäten-, Postkarten- und Blumen-
eschäfte wären noch einladender, würde das
berqueren der Straße nicht Sprinterqualitä-
en erfordern.

Gegenüber der **Victoria Art Gallery**, dem
tädtischen Kunstmuseum, hat jüngst die
Shopping-Arkade **The Podium** eröffnet, hinter deren spiegelnden Einkaufsfronten sich
allerdings auch nach zwei Jahren noch einige
krisenbedingte Leerstellen auftun. Rechts und
links der Upper Borough Walls können Kauf-
hungrige sich sattsehen. Hier zahlt man große Mode mit der kleinen Plastikkarte. In der
ruhigen Queen Street, in der gelbe Doppel-
streifen die Autofahrer abschrecken, lädt **The
Canary** zu einem Exkurs in die linde Welt des
Tees ein.

Ecke Gay Street/**Queen Square** steht
John Woods Wohnhaus. Von hier aus hatte
der Baumeister freie Sicht auf seine Pioniertat
im Quadrat, den ersten *square* aus einem
klassizistischen Guß. Man achte auf die Ori-
ginal-Kerzenlöscher an der Wand, die aussehen wie Kindertrompeten. Heutzutage macht
manches der edlen Gebäude allerdings einen
eher lädierten Eindruck. So wurde das ehe-

mals renommierte Royal York Hotel, einst Absteige Queen Victorias, nach seinem Bankrott im Sommer 1991 zum Schauplatz wilder *Acid House Parties.*

Auf dem Weg durch den **Royal Victoria Park** dringt man weiter ein in die Woodschen Planungen und gewinnt dabei auch Einblicke in die offenbar ungemein aufgeräumte georgianische Lebenswelt. Am Gravel Walk steht das Tor des Hauses Nr. 4 zum **Georgian Garden** offen, der im Stil der Zeit um 1750 bepflanzt und geharkt ist. In der **Royal Crescent** gibt es in der Wohnung Nr. 1 von der Wanduhr bis zur Sherrykaraffe nur echte Requisiten. Als der Musiker Joseph Haydn (1732–1809) 1794 das sichelförmige Gebäude bei einer Stadtbesichtigung erblickte, fand er es »prächtiger als alles, was ich in London gesehen habe«. Mit ihrem strengen Fassaden-Schema, das repräsentativ, aber nicht protzig, diszipliniert, aber nicht langweilig ist,

wurden die Gebäude aus gelbem *Bath stone* damals tatsächlich zum architektonischen Vorbild für die Hauptstadt. Vor Jahren hat die UNESCO das einheitliche Stadtbild als »Welt kulturdenkmal« eingestuft.

Als baulicher Geniestreich gilt der **Circus**. Dieses Kolosseum der Neuzeit, dessen Innenraum ursprünglich gepflastert war, macht, auch wenn heutzutage die Begrünung den Rundblick verhindert, einen mächtigen Eindruck. Übrigens ist das Innenleben des Kreisels bei weitem nicht so einheitlich, wie man von außen meinen sollte. Was die einzelnen Besitzer hinter den neogriechischen Säulen anbauten, ging niemanden etwas an. Die Anlage wurde nach dem Tod des Vaters von John Wood junior (1728–81) vollendet, der auch für die **Assembly Rooms** (1769–71) verantwortlich zeichnete, Tee- und Tanzsäle, in denen sich die überspannte Gesellschaft vergnügte. Dort glänzten die letzten Samt-

---

Die Stadtanlage von Bath

Das nahezu vollständig bewahrt gebliebene georgianische Stadtbild von Bath prägten und gestalteten Vater und Sohn John Wood in der zweiten Hälfte des 18. Jahrhunderts. Unter dem Eindruck des 1715 erstmals in englischer Sprache erschienenen architekturtheoretischen Gesamtwerks von Andrea Palladio sollte eine Stadtarchitektur nach römischem Vorbild entstehen, die sich indessen heute als durch und durch englische Abwandlung kontinentaler Form- und Strukturelemente erweist. Die Hauptmotive **Square**, **Crescent** und **Circus** sind nicht etwa axial aufeinander bezogen und ins Monumentale gesteigert, sondern reihen sich wie beiläufig aneinander. Die geschlossene urbane Architektur rund um Rechteckplatz, Halbmond oder gar das Kreisrund des Circus weisen zwar der italienischen Renaissance entlehnte und an Inigo Jones geschulte Palastfassaden auf, werden aber durch die Tatsache relativiert, daß sich hinter dem vereinheitlichenden Outfit eine große Zahl individueller, wenn auch gleichförmiger Hausbesitztümer verbirgt: eine sehr britische Form des Bürgers als Edelmann. Auch im Klassizismus scheinen bestimmte, schon der englischen Gotik eignende Grundzüge fortzuwirken: Die Betonung der Horizontalen und die Reihung des Gleichartigen dienen der Relativierung sowohl des Formalen als auch des Inhaltlichen und bewirken einen harmonischen Ausgleich der Gegensätze, der möglicherweise das spezifisch Englische charakterisiert.

Dagmar von Naredi-Rainer

Klare Fronten: Wood's Circus

nd-Seiden-Kreationen der Damen mit dem
llerneusten Anzugschnitt der feinen Herren
m die Wette. Auch der Aufputz der *maca-
oni*, die damals übliche Bezeichnung für
Dandies, konnte nicht exzentrisch genug
ein.

Leider bleiben in dem im Keller unterge-
rachten **Museum of Costume** Modetorhei-
en eher die Ausnahme. Immerhin geben
tücke wie der Bademantel im Chinesenlook
on 1720 oder die monströse Krinoline von
875 eine Ahnung von der Macht der Klei-
erdiktatur, in der nichts schlimmer bestraft
vird, als von gestern zu sein. Liebhaber
xquisiter Stoffe und Accessoires kommen
ier voll auf ihre Kosten. Die Kollektion, die
igens von einem *Fashion Research Institute*
etreut wird, reicht bis in die jüngste stilvolle
iegenwart. Sicher war auch die Trägerin der
lastikkombination aus weißem Minikleid,
ansparenter Plexijacke und schockrotem

Astronautenhelm von 1967 ganz auf der
Höhe der Saison.

Bath war einmal eine Stadt, in der nicht
nur Kleider Leute, sondern auch Leute deren
Kleider machten. Das mit Abstand größte
Gewerbe im Jahre 1882 war die Hutmache-
rei. Fast 2 000 Frauen – und 17 Männer –
sorgten dafür, daß die feinen Ladies immer
bedeckt blieben. Bath, damals eine Mittel-
stadt mit 50 000 Einwohnern und lange über
den Zenit ihres Glanzes hinaus, lebte vom
Luxus der Fremden, und das nicht schlecht.
Die Schriftstellerin Jane Austen, die Anfang
des letzten Jahrhunderts eine Weile in diesem
Miniaturlondon wohnte, schimpfte in einem
ihrer Romane über »die Hetze der Kutschen,
das laute Rumpeln der Lieferwagen und
Schubkarren, das Blöken der Zeitungsjun-
gen, Muffin-Verkäufer und Milchmänner, sowie das unaufhörliche Klappern der Stelzen-
schuhe«.

Historisches Handwerk: Industrial Heritage Museum

Wer einen Eindruck von diesem anderen, geschäftigen und geschäftlichen Bath bekommen möchte, sollte sich auf den Weg ins **Industrial Heritage Centre** machen. In dem kleinen Privatmuseum, einen Drei-Minuten-Gehweg entfernt von den Assembly Rooms, gibt es nur einen einzigen Ausstellungsgegenstand. Der hat es jedoch in sich. Ein viktorianischer Handwerksbetrieb ist hier konserviert worden, minutiös und vollständig vom Tresen bis zum Schraubenzieher. Und weil Inhaber J. B. Bowler offenbar ein Allround-Talent war, wurde in seiner Firma alles hergestellt, was der zahlungskräftigen Kundschaft beliebte, Mineralwasser, Zigaretten mit Kirschgeschmack oder die Gasbeleuchtung für den Geburtstag der Königin.

In den Einkaufsstraßen südlich der Assembly Rooms folgen gut sortierte Fachgeschäfte unsortiert aufeinander. Auch heute ist es durchaus schick, in Bath zu wohnen, das man von London aus im Stundentakt erreicht. Und die Schickeria – in der Stadt gibt es beispielsweise einige Musikstudios – will ihr Geld loswerden. So ist das Angebot: in der George Street der flotte **Dressing Room**, ein Yuppie-Shop für zeitgemäße Trikotagen. Zwei Hausnummern weiter hält der rührige Nick Woodbridge Gute-alte-Zeit-Bilder für alle bereit, die noch einen freien Platz überm Kamin haben. Als der Konsum in den Mittachtzigern boomte, haben sich viele *newcomer* in vermeintliche Marktnischen zwischen den traditionellen Mode- und Antikläden geschoben. Die Rezession der Endachtziger war dann für manch einen bereits wieder das Aus und machte selbst vor nationalen Institutionen nicht halt. Sogar Laura Ashley, Monopolistin für Geblümtes, mußte landesweit 100 Filialen schließen.

In der Milsom Street gibt es noch genügend allseits bekannte *brand names*. Allerdings sind die »Sales«-Schilder an den Scheiben zur Freude der Schnäppchenjäger fast schon zu einer Dauereinrichtung geworden. In **Shires Yard**, einer Kaufenklave im Innenhof, gibt es das, was es so nur in England gibt: zum Beispiel alles fürs gediegene Tafeln im **Perfect Setting** und endlich den richtigen Hut zu jeder Gelegenheit bei **Tifters** nicht nur für Sie, sondern auch für Ihn. Ebenfalls versteckt liegen die Räume des **National Centre of Photography**. Der Eingang des Hauses Nr. 46 verrät nichts von den Aktivitäten im Hintergrund. Hier finden in einer ehemaligen Privatkirche, dem sogenannten »Oktagon«, regelmäßig Ausstellungen bedeutender Fotografen statt. Auf der Balustrade wird die Fotogeschichte dokumentiert die im Dorf Lacock, nicht weit von Bath, ihren unspektakulären Anfang nahm. Der Restnachmittag bleibt frei für Ladeninspektionen. ∎

Zusatzroute: Mendip Hills – Bristol

ie Route ist in der Karte auf S. 146 mit einer gestrichelten roten Linie markiert.

Zusatzroute – Informationen

 Chewton Cheese Dairy Priory Farm
Chewton Mendip, Somerset
℡ (01761) 241 666
Jan.–März Mo–Sa 8.30–16, April–Dez.
Mo–Sa 8.30–17 Uhr
Käsefarm mit Käseladen.

Wells, Somerset; ℡ Vorwahl 01749

 Tourist Information Centre
Town Hall, Market Place
℡ 672 552

 Wells Cathedral
Sommer tägl. 7.15–20.30, Winter 7.15–18 Uhr
Englands erste gotische Kathedrale
(12./13. Jh.).

 Vicar's Close
Eine der ältesten mittelalterlichen Straßen
Europas, erbaut 1348 für den Klerus.

Bishop's Palace Grounds
Sommer Do, So
Erbaut im 13. Jh. und immer noch Residenz
des Bischofs von Bath und Wells.

Somerset: Cheddar-Herstellung

Wells: achteckiger Kapitelsaal

 Cloister
Cathedral
© 674 483
Mo–Sa 10–17, So 14–17 Uhr

Bristol, Avon; *©* Vorwahl 0117

 Tourist Information Centre
14 Narrow Quay
© 926 0767

 Arnolfini
16 Narrow Quay
© 929 9191
Mo–Sa 10–19.30, So 12–19 Uhr
Moderne Kunst, Film, Theater und Bar.

 Watershed Media Centre
1 Cannons Road
© 927 6444

 Tägl. 12–20 Uhr
Das Ausstellungszentrum (mit geräumigem Café-Treffpunkt) ist in einem alten Speicher untergebracht.

 Alistair Gill
4 Christmas Steps
© 922 1204
Mo–Sa 9.30–17 Uhr
Aktuelles Design.

 Maritime Heritage Centre
Wapping Warf
© 926 0680
Sommer tägl. 10–18, Winter 10–17 Uhr
Bristols Hafen- und Werftvergangenheit.
Nebenan:

 SS Great Britain
Great Western Dock, Gas Ferry Road
© 926 0680
Erstes für den Ozean gebautes Eisenschiff mit Schiffsschraube. Ingenieur war der geniale Brunel.

 Marwicks
43 Corn St.
© 926 2658
Mo–Fr 12–14 und 19–22.30 Uhr
Kellerrestaurant in Bristols »Wall Street«.
£££

 Glass Boot
Welsh Back
© 929 0704
Tägl. 12–14.30 und 19–23 Uhr
Dinner mit Seegang.
££

 Cherries
122 St. Michael's Hill/Kingsdown
© 929 3675
Mo–Sa 19–22.30 Uhr
Studentenbistro. £

Käse und Kunst
Durch die Mendip Hills nach Bristol

Zusatzroute

Eine Viertelfahrstunde südlich von Bath beginnen die **Mendip Hills**. Die Gegend ist nicht zuletzt dafür bekannt, daß die Kühe aus der Ebene hier die Milch für den **Cheddar** liefern, einen Hartkäse mit nußartigem Geschmack. Hinter **Chewton Mendip** können Stadtmenschen den Landarbeitern in einer *dairy* (Molkerei) bei der Arbeit zuschauen. Von hier aus fährt man hinunter nach **Wells**, einem schmucken Städtchen mit engem Marktplatz und einer klotzig wirkenden, weil kurztürmi-

gen **Kathedrale** im *Early English Style* des 13. Jahrhunderts.

Von einem weiten Vorplatz, auf dem sich Schüler fletzen, schaut man auf die mit ursprünglich vierhundert Figuren ausgesprochen verschwenderisch gestaltete Westfassade. Äußerst ungewöhnlich ist auch das Riesen-X der Vierungspfeiler, die so wuchtig ausfielen, weil der Turm darüber die Fundamente einzudrücken drohte. Im nördlichen Querschiff steht eine astronomische Uhr. Von hier

Vicar's Close: mittelalterliches Wells

führen genial ungleichmäßige Stufen zum **Chapter House** (Kapitelsaal). Das geschickt gearbeitete Rippengewölbe des achteckigen Raumes ist eine englische Erfindung.

Nördlich des Gotteshauses in **Vicar's Close** stehen die ältesten Reihenhäuser der Welt (1848), südlich davon werden die Reste von **Bishop's Palace** – zugänglich durch Bishop's Eye, eines der drei erhaltenen Wachhäuser – romantisch von einem breiten Wassergraben eingerahmt. Im **Cloister-Café** kann man sich stimmungsvoll stärken. Auf dem Weg nach Cheddar (auf der A 371) öffnen sich weite Ausblicke aufs flache Somerset. Am Straßenrand werden schon im Mai auf großen Schildern hiesige Erdbeeren angeboten. Bei **Cheddar** weisen alle Wegweiser in die **Gorge**, eine lange schroffe Felsschlucht, die nur auf dem ersten Kilometer mit Souvenirshops, Eiskrembuden und Parkwächtern verstellt ist. Die berühmte Höhle hat der Trust

der Madame Tussaud gekauft und darin eine Geldquelle zum Sprudeln gebracht.

Bristol, eine nicht eben schöne, aber quirlige Großstadt, versucht mit Macht, ihr Aschenputtel-Image abzuschütteln, indem sie gegenüber der ungleichen Schwester Bath als Kulturbuhlerin auftritt. Um das alte zentrale Hafenbecken herum sind eine Reihe interessanter Projekte entstanden. Dazu gehört auf der einen Seite das **Watershed**, ein *Media Centre* mit Kino, Theater- und Tanzaufführung sowie interessanten Fotoausstellungen und auf der anderen Seite des Kais die **Arnolfini Gallery** für moderne Kunst. Beide verfügen über angenehme und geräumige Café-Bars. Eine andere Welt, die längst aus Platzgründen Richtung Channel nach Avonmouth verzogen ist, zeigt das **Maritime Heritage Centre**: Bristol als Hafenstadt, von der aus Sklavenschiffe und Luxusdampfer auf große Fahrt gingen. ■

Bitter oder Lager: Bar in Bristol

13. Route: Bath – Lacock – Avebury – Oxford (135 km)

Vormittag

Von Bath auf A 36 und B 3108 nach **Bradford-on-Avon**: Bummel (30 Min.). Weiter auf B 3107 durch Melksham, dann auf A 350 Richtung Chippenham. Nach 5 km geht es rechts ab nach **Lacock**: Abbey-Besichtigung, Museumsbesuch und Dorfspaziergang (2 Std.). Vorbei an der Abbey über Bewley Common bis Sandy Lane, hier rechts ab Richtung Devizes. In Rowde links und nach dem zweiten Gasthaus rechts; parallel zur A 361 verläuft die **Caen-Hill-Schleuse** (20 Min.): Von **Devizes** führt A 361 nach Norden Richtung Marlborough. Nach 10 km ein Kreisverkehr mit Wegweiser nach Avebury.

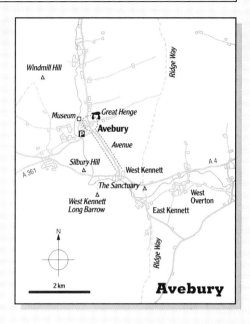

Nachmittag

Avebury: Lunch, Besichtigung der verschiedenen Monumente und Museumsbesuch (2 Std.). Auf der A 4 Richtung **Marlborough**: *teatime*. Erst auf A 345/A 419 Richtung Swindon. Von dort nimmt A 420 Kurs auf **Oxford**.

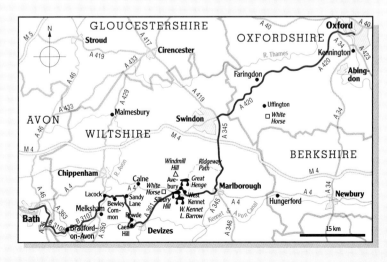

171

Variante: Zwischenaufenthalt im Kanalmuseum in Devizes.

13. Route – Informationen

 Bridge Tea Rooms
24 Bridge St.
Bradford-on-Avon, Wiltshire
℡ (012216) 553 7
Mo–Sa 9.30–18, So 10.30–18 Uhr

 Lacock Abbey, NT
Lacock, Wiltshire; ℡ (01249) 730 227
1. April–31. Okt. Haus: Mi–Mo 13–17.30,
Kloster und Garten: 12–17.30 Uhr, letzter
Einlaß 17 Uhr

Fox Talbots erstes Fotomotiv

Erbaut 1229 für Augustinerinnen. William
Henry Fox Talbot (1800–77), der in Cambridge Astronomie studiert hatte, zog sich
ab 1860 nach dem großen Ärger mit den
Rechten seiner Erfindung – dem Negativ-
Positiv-Verfahren der Fotografie – hier völlig
von der Öffentlichkeit zurück.

 Fox Talbot Museum
Lacock, Wiltshire
℡ (01249) 730 459
März–3. Nov. tägl. 11–17.30 Uhr, letzter Einlaß 17 Uhr

 Rising Sun
Bewley Common, Wiltshire (3 km östl.
Lacock)
Di–So 12–14.30 und 19–23 Uhr
Einfaches einsames Pub. Tip: Ein Schoppen
Long Ashton Cider, mit dem man angeblich
nicht nur die Kehle, sondern auch den
Kupferbecher gut putzen kann.

 Caen Hill
 Teil eines Schleusensystems, bei dem durch
29 hintereinander geschaltete Becken auf
3 km Länge ein Höhensprung von 72 m gelang. Im Sommer 1991 wurde das System
wieder in Betrieb genommen. Wer die Ge-
mächlichkeit selbst auf einem Boottrip erleben will (das Passieren der gesamten
Schleuse kann bis zu vier Stunden dauern,
ist also ideal für den Urlaubstrott), kann mit-
fahren oder selbst ein Boot mieten. Informationen beim Kennet & Avon Canal Trust,
der auch das Kennet Valley Canal Centre
betreibt.

13. Route – Informationen

 Kennet & Avon Canal Trust
Couch Lane, Devizes, Wiltshire
℃ (01380) 721 279
Febr.–Weihnachten tägl. 10–17 Uhr
Dokumentation über die Entstehung des
Wasserwegs zwischen London und Bristol
(fertiggestellt 1810) im Zuge der industriellen Revolution, die sich jedoch bald auf der
Schiene selbst überholte. Daß sie so früh
gebaut und schon so früh wieder ausran-
giert wurden, dieser Tatsache verdanken
die englischen Kanäle ihre Romantik.

 Avebury, EH
Die ersten Siedlungsfunde stammen vom
Windmill Hill (3 000 – 2 500 v. Chr.) nord-
westlich des Ortes. Der große Steinkreis
Great Henge besteht, im Unterschied zu
Stonehenge, aus unbehauenen Steinen der
Umgebung. Das waren immerhin an die 250
Findlinge. Knapp 100 (50 Paare) gehörten
zur westlichen Avenue, die auch als Grab-
stätte diente. Silbury Hill enthält 300 000
Kubikmeter bewegte Erde und wurde ab
2 500 v. Chr. in vier kurz aufeinanderfol-
genden Phasen aufgeschichtet, wobei je-
weils der Bauplan geändert wurde. Alle
Monumente sind von Avebury zu Fuß
erreichbar.

 Avebury Museum
100 m vom Restaurant, nicht zu verwechseln
mit dem Bauernmuseum in der alten
Scheune (Old Barn)
℃ (016723) 250

 Stones
neben der alten Scheune/Old Barn
℃ (016723) 514
Tägl. 10–18 Uhr
Vegetarische SB-Kost. £

 The Polly Tea Rooms
115 High St.

Marlborough, Wiltshire
℃ (01672) 512 853
Tägl. 9–20 Uhr
Es gibt auch Torten zum Tee.

Oxford, Oxfordshire; ℃ Vorwahl 01865

 Eastgate Hotel
23 Merton St.
℃ 248 244, Fax 791 681
Komfortables Haus mitten im Uni-Bezirk. £££

 The Randolph
Beaumont St.
℃ 247 481, Fax 791 678
Cityhotel aus dem 19. Jh. £££

 Weston Manor Hotel
Weston-on-the-Green, Oxfordshire
nördl. Oxford an der A 34
℃ (01869) 506 21, Fax 509 01
Einst Sitz der Earls of Abingdon und Berkshire. Beheiztes Freibad und Croquet-
Rasen. £££

 Bath Place
4 Bath Place (zwischen Holywell St. und New
 College Lane)
℃ 791 812
Di–So Lunch und Dinner, *last orders* 14 und
22.15 Uhr
Das sehr sensibel restaurierte Hotelrestau-
rant liegt in einer kopfsteingepflasterten
Nebengasse. Traditionell-französische
Karte. ££

 The Old Black Horse Hotel
102 St. Clements
℃ 244 691, Fax 242 771
Früherer Kutscherhof, beherbergt heute
feinere Gäste. ££

 Royal Oxford
Park End St.

∅ 248 432
Kleines Haus in Bahnhofsnähe. ££

Hansa Guest House
191 Iffley Road
∅ 249 757
Winzige Pension. £

The Isis Guest House
45–53 Iffley Road
∅ 248 894, 242 466
Juli–Sept.
Mit Waschautomaten. £

Youth Hostel
Jack Straw's Lane, Marston Road
ca. 4 km östl. vom Zentrum
∅ 629 97, Fax 694 02
£

Munchy Munchy
6 Park End St.
∅ 245 710
Di–Sa 12–14 und 17.30–22 Uhr
Geräumiges *Blackboard*-Café mit indonesi-
schen und malaiischen Köstlichkeiten. Wein
muß man mitbringen. ££

Cherwell Boathouse
Bardwell Road
∅ 527 46
Di–So 12–14 und 19–22
Einfach in der Aufmachung und im Angebot
auf der Karte (maximal 3 Gerichte). ££

Al Shami
25 Walton Crescent
∅ 310 066
Tägl. 12–24 Uhr
Libanesische Spazialitäten (auch Wein!) auf
weiß gedeckten Tischen. £

Brown's
5–9 Woodstock Road (Verlängerung

von St. Giles)
∅ 511 995
Tägl. 11–23.30 Uhr
Gemischtes Publikum, große Portionen. £

Burton-Taylor Theatre
Gloucester St.
∅ 793 797
Höhere studentische Schauspielkunst.

Apollo Theatre
George St.
∅ 244 544
Große Unterhaltung: Pop, Ballett, Musical,
Show.

Old Fire Station
George St.
∅ 794 494
Studio-Theater.

The Playhouse Oxford
11-12 Beaumont St.
∅ 247 134
Klassisch: von Shakespeare bis Shaw.

Kartenbestellungen u.a. über
Blackwells Musicshop
Holywell St.
∅ 792 792

Gloucester Arms
hinter dem Playhouse, s.o.
Laute, nischenreiche Kneipe mit theatrali-
schen Souvenirs.

Turf Tavern
Bath Place
Eines der ältesten, dunkelsten und überfüll-
testen Gebäude der Stadt.

The Bear
Bear Lane (über Blue Boar St. von der Town
Hall aus erreichbar)

Kathedrale der Steinzeit
Lacock, Avebury und Oxford

Im tiefeingeschnittenen Tal des River Avon folgt man nicht nur den Windungen des Flusses, sondern auch einem alten Industriekanal, dem **Kennet & Avon Canal**, der sich von Bath aus von Städtchen zu Städtchen schlängelt. Nächster Anlaufpunkt ist **Bradford-on-Avon**, vormals ein Zentrum der Wollindustrie, dessen kompakter Silhouette aus heimatlichem Sandstein man die wohlhabende Vergangenheit durchaus noch ansieht. Schon seit dem 14. Jahrhundert spannt sich hier eine Steinbrücke übers Wasser, in die man ganz im Sinne handwerklicher Sparsamkeit noch eine Arme-Sünder-Zelle einbaute.

Gotische Halle: Lacock Abbey

Fotografie-Revolutionär: Fox Talbot

Es folgt ein Ausflug in die Vorgeschichte unseres modernen Lebens. Drei Meilen vor Chippenham liegt **Lacock Abbey**. Der Viereckbau an den Auen des Avon mit seinen gezwirbelten Schornsteinen wäre schon für sich besuchenswert. Seine Aura erhält das ehemalige Nonnenkloster, das nach der Reformation in einen Herrensitz umgebaut wurde, aber vor allem dadurch, daß eine der wichtigen Erfindungen des technischen Zeitalters von hier aus auf den Weg gebracht wurde.

Im dunkelsten Teil der Abtei experimentierte Hausherr William Henry Fox Talbot jahrelang mit dem *pencil of nature*, wie er das von ihm entwickelte Negativ-Positiv-Fotoverfahren treffend umschrieb. Das erste brauchbare Ergebnis von 1835 zeigt den Schattenriß des mittleren Fensters an der Südfront der Abbey. »Die 200 Scheiben kann man mit einer Linse zählen«, vermerkte stolz der Erfinder. Als Talbot seinem deutschen Kollegen Alexander von Humboldt (1769–1859) ein paar seiner frühen Fotos nach Berlin schick-

Tor 15: Schleuse Caen Hill

te, lehnte der die »armseligen Chlorsilberbilder« ab. Die sähen aus wie »alte Drucke, über die man mit dem Ellbogen gefahren ist«. Der große Naturforscher irrte. Den »Talbottypien« gebrach es zwar an Brillanz, aber in den Papierabzügen steckte die Zukunft.

Die Scheune am Gartentor der Abbey ist zur Galerie umfunktioniert. Unter Eichenbalken hat dort, neben Talbots Pionierarbeiten und einigen Kameraveteranen, auch zeitgenössische Fotokunst ihren Platz. Der Ort selbst, dessen Hauptstraßen sich wie ein Hufeisen krümmen, gehörte erst dem Kloster, dann der Herrschaft und gehört heute dem National Trust. Sonst hat sich nicht viel geändert. In Lacock hat die Zeit keine Eile.

Gemächlich geht es auch auf dem Kanal zu, den wir eine Meile vor Devizes wieder einholen. Hier reihen sich, parallel zur A 361, 16 Stufen der **Caen-Hill-Schleuse** hintereinander. Das imposante Bauwerk der Frühindustrialisierung, dessen Holztore noch im Handbetrieb betätigt werden, ist seit kurzem wieder passierbar. Der Ausflug im *narrowboat*, wie die knallbunten Kähne vielsagend heißen, ist in England ein beliebter Freizeitspaß. Für passionierte Schipper bringt das direkt am Kai gelegene **Canal Centre** in **Devizes** Hintergrundinformationen über Entstehung, Verfall und Neubelebung der englischen Wasserwege.

Wer nach **Avebury** kommt, wird sich anfangs schwertun. Jeder fünfte Ankömmling findet die heiligen Steine überhaupt nicht, wie jüngst bei einer Befragung herauskam. Für die anderen wird es angesichts der lieblichen Landschaft rundum, dem Vogelgezwitscher und der Schafe, die sich auf englischen Wiesen friedlich zwischen den Riesensteinen anblöken, auch kaum vorstellbar sein, welche magische Kraft diesem Platz einst innewohnte. Wahrscheinlich wäre es am besten, es würde blitzen und donnern oder der Vollmond hinge bleich am Himmel. Oder vielleicht sollte man beim ersten Hahenenschrei kommen, wenn die Steine wie Wachtmänner einer versunkenen Macht aus dem naßschweren Morgennebel auftauchen.

Es ist *high noon*. Gelegenheit, sich erst einmal am Tresen der **Stones**-Kantine ein paar Leckerbissen auszusuchen. Bei freundlicher Wetterlage ziehen es die meisten Besucher vor, den vegetarischen Imbiß vor dem Haus einzunehmen. Danach kann man sich denen anschließen, die etwas verloren durch den großen Steinkreis irren. **The Great Henge**, der etwa einen halben Kilometer Durchmesser hat und noch zwei kleinere Kreise einschließt, ist das Herz der Anlage. Er wird umgeben von einem **Wall**, der zwar schon lange nicht mehr 20 Meter hoch ist, aber immer noch ein guter Aussichtspunkt. Seit dem Mittelalter wuchs das Dorf Avebury

in das kultische Rund hinein. So kommt es, daß man heute direkt neben den Megalithen auf der Post die Briefmarken kaufen kann. Das benachbarte Stonehenge sei eine Dorfkirche verglichen mit dieser prähistorischen Kathedrale, meinte einer der frühen Ausgräber.

Die Geschichte Aveburys begann vor fünf Jahrtausenden, als sich die ersten Siedler hier in den Wessex Downs niederließen. Die mythischen Ringe, die sie aus der Umgebung hierher wuchteten und deren Bedeutung bis heute niemand kennt, bestanden einmal aus über 200 großflächig aufgestellten Felsblöcken. Sämtlich unbehauene, doch zweifellos sehr sorgfältig ausgewählte Kolosse. Die dicksten Brocken wiegen so viel wie ein schwerer Lastwagen. Bizarre, scharfkantige Fingerzeige einer fernen Verwandschaft.

Geburt, Trauung, Tod, Sonnenwende oder Krönung. Avebury war das Zentrum der Riten, eine neolithisches Mekka, dessen Einfluß bis auf den Kontinent ausstrahlte. Steckte in dem abgezirkelten Tempelbereich das Geheimwissen einer prädruidischen Priesterklasse? Schamanen, die auch Richter spielten, Krankheiten heilten und nach den Sternen weissagten? Nicht wenige Menschen glauben fest daran, daß der Einfluß der alten Götter in dieser Tempelruine, obwohl seit mehr als 3 000 Jahren außer Betrieb, weiter wirksam ist.

Auch die ersten Bewohner des Dorfes Avebury müssen noch Verbindung zu ihnen gehabt haben. Sonst hätte der Klerus nicht so hysterisch gegen die heidnischen Monumente gepredigt, die nun Namen trugen wie »Stuhl des Teufels« (*devil's chair*), »Brandeisen des Teufels« (*devil's brandiron*) usw. In missionarischem Eifer wurden damals viele Steine umgestürzt und verschüttet. Später im 18. Jahrhundert, nun herrschte der profane Geist der Aufklärung, hat man sie über riesigen Scheiterhaufen gespalten und die Einzelstücke zum Hausbau verwendet. In unserer

Straße in die Vergangenheit: Aveburys »Avenue«

durchrationalisierten Gegenwart entsteht dagegen wieder das Bedürfnis nach der Begegnung mit der vorchristlichen Zeit, einer Welt, in der das Band zur Natur noch nicht entzwei war.

Avebury liefert Anschauungsmaterial. Rund um den zentralen Steinkreis erstreckt sich eine einzigartige rituelle Landschaft, ein weites Panorama des Rätselhaften. Allein ein halbes Dutzend **Weiße Pferde**, überdimensionale Kreidefiguren, die ins grüne Gras geschnitten wurden und deren exakte Rückdatierung kaum möglich ist, bevölkern die Hügel der Umgebung. Die wichtigsten prähistorischen Stätten liegen leicht erreichbar in Zweimeilensichtweite und dennoch weit abseits vom Touristenstrudel. War Avebury eine Metropolis der Frühgeschichte? Zumindest gibt es die dazugehörigen Avenues, die das Zentrum mit den äußeren Bezirken verbinden. Eine dieser **Menhir-Alleen**, sie führt vom

Henge aus in Richtung Süden (heute entlang der B 4003), ist noch gut sichtbar. Sie stößt schließlich auf das **Sanctuary**, ein weiteres Heiligtum, das, weil vollständig dem Boden gleich, am meisten Vorstellungskraft verlangt.

Der Weg, der daran vorbeiführt, ist alles andere als ein ordinärer Trampelpfad. Es ist der **Ridgeway**, Englands älteste Straße, die an dieser Stelle Avebury streift. »6000 Jahre nach Kreta« wäre wohl ein passender Wegweiser. Denn die Urstraße gilt manchem als mediterrane Verbindung, die jene Eindringlinge knüpften, die es nach der letzten Eiszeit aus dem Mittelmeerraum ins kühle Britannien verschlagen hatte. Es wären dann nicht nur die ersten Bauern auf der Insel gewesen, sondern auch die ersten Briten mit regelmäßigen Mahlzeiten. Zwischendurch nahmen sie sich offenbar die Zeit, Avebury zu bauen.

Eines ihrer frühesten Zeugnisse findet man nur ein paar hundert Meter weiter direkt ne-

179

ben der A 4: **West Kennet Long Barrow**, mit etwa 100 Metern Länge das größte unter den vielen Steingräbern der Umgebung, liegt hier wie ein hingestrecktes Urtier. Der Eingang ist mit flachen Fassadensteinen verstellt. Während der anderthalb Jahrtausende, die das Langgrab dem Totenkult diente, wurden insgesamt nur 46 Personen in fünf verschiedenen Grabkammern bestattet. Das macht drei in jedem Jahrhundert. Welche Bedeutung muß da jede einzelne Zeremonie im grauen Steinzeitalltag gehabt haben.

Allein um die 400 Jahre war man schätzungsweise voll damit beschäftigt, einen Hügel aufzuschichten, der etwa so aussieht wie jene Sandhäufchen, die heutzutage Kinder am Strand mit ihren Eimerchen produzieren. **Silbury Hill**, eine Erhebung zwischen Avebury und dem großen Hügelgrab, ist der größte von Menschhand geschaffene Berg in Europa. Ein monumentales Bauwerk, das in

seinem Urzustand eine eindrucksvolle Markierung in der ansonsten noch weitgehend unberührten Natur war: nicht abgerundet und mit Grasfrisur wie jetzt, sondern als ein weißes, in großen Stufen ansteigendes Massiv, dessen Kalkstein hell vom grünen Urwald abstach.

An Versuchen, auf dem stummen 40 Meter hohen Buckel per Schaufel und Spitzhacke in seine Geheimnisse vorzustoßen, hat es seit dem 18. Jahrhundert nicht gemangelt. Allein, bis heute weiß man nicht einmal, ob er überhaupt eines hat. Ist er etwa Teil einer großen Kraftlinie, die auch andere Stätten wie Aveburys Steinkreise und das nur 30 Kilometer entfernte Stonehenge einschließt? Oder war es nur eine Arbeitsbeschaffungsmaßnahme für ein Volk, das mitten im Umbruch einer agrarischen Revolution nicht auf dumme Gedanken kommen sollte? Ist es die primitive Kopie einer ägyptischen Pyramide, oder war

Archaisches Zeichen: The Giant

In den Kalk geritzt: White Horse in Wiltshire

Silbury Hill ein gigantischer Steinzeitflop? Vielleicht war die flache Kuppe für einen weiteren Steinkreis reserviert und man hat die Menhire einfach nicht hinaufhieven können.

Der Zutritt zu allen Monumenten ist frei. Es lohnt aber auch, Eintritt für das **Museum** der English Heritage zu zahlen, das die Geschichte Aveburys und seiner Ausgrabungen auf engem Raum anschaulich zusammenfaßt.

Marlboroughs High Street wurde, nachdem die Stadt im 17. Jahrhundert dreimal hintereinander niederbrannte, als großzügiger Platz wiederaufgebaut. Hier finden sich noch eine Ladenfenster aus kleinen gebogenen Scheiben, wie wir sie aus den englischen Kinderkrimis der fünfziger Jahre kennen. Wer fühlt, daß nun die *teatime* geschlagen hat, kann solch ein butziges Fenster in **The Polly** von innen betrachten. Hier sitzen immer ein paar Schüler aus dem College, das im Land

bekannt ist, auch für einen gewissen Snobismus, wodurch man wiederum für **Oxford** vorgewärmt wäre.

Vorschläge für die dortige Abendgestaltung sehen folgendermaßen aus: durchaus passend zur Stadt, die das *Oxford English* als allgemeinen Standard setzte, wäre ein Theaterbesuch. Anstatt oder danach können ein paar akademische *haunts* inspiziert werden. Etwa die **Gloucester Arms**, eine Theaterkneipe gleich hinter dem **Playhouse**, oder die **Turf Tavern**, das wohl belebteste Pub der Stadt, eine Fachwerkhöhle in einem der ältesten Gebäude, an das sich ein Rest der Stadtmauer lehnt. Noch älter und noch enger ist der **Bear** in der Bear Lane, wo die College-Krawatten als Wand-Trophäen dienen. Als beste Weinbar der Stadt gilt das einfach eingerichtete **Cherwell Boathouse**. Das *Riverside*-Restaurant ist ein Lieblingsanlegeplatz für Akademikerabende. ■

14. Route – Programm: Oxford – Themse

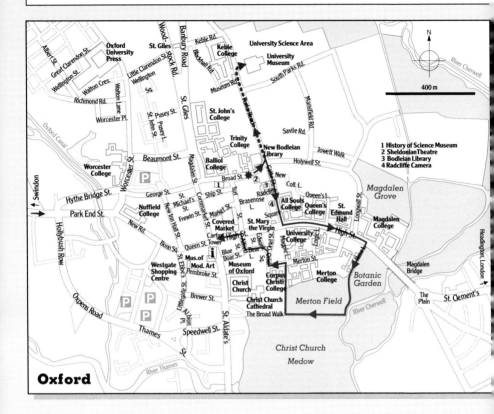

Oxford

Vormittag	Universitätsbezirk (Sheldonian Theatre, University Museum, High Street) – Colleges – River Cherwell – Merton Field – Christ Church College
Nachmittag	Covered Market – Shopping – Themse

Die Fahrtroute Oxford – London ist in der Karte in der hinteren Umschlagklappe eingezeichnet.

> **Varianten:** Wem nicht nach verstaubten Büchern zumute ist, kann statt dessen frische Luft an
> Oxfords Flußauen tanken (z.B. von South Parks Road am University Museum am Cherwell
> River entlang zurück zur Holywell Street) oder sich, je nach Präferenz, in einem der Museen
> schlau machen.
>
> Vom Ausflug an die Themse kann man entweder nach Oxford zurückkehren, in London
> Zwischenstation machen (der Oxford-Besuch ist ja auch als Tagesausflug denkbar: Oxford –
> London 92 km) oder zur Fähre nach Dover durchfahren (Oxford – Dover 233 km).

14. Route – Informationen

Oxford, Oxfordshire; ✆ Vorwahl 01865

ℹ Tourist Information Centre
St. Aldates
✆ 726 871

👁 Sheldonian Theatre
Broad St.
✆ 277 299
März–Okt. Mo–Sa 10–12.45 und 14–16.45,
Nov.–Febr. Mo–Sa 10.12.45 und 14–15.45 Uhr

🏛 University Museum
Parks Road
✆ 272 950
Mo–Sa 12–17 Uhr
Architekt Ruskin glaubte an *Italian Gothic*. In
dem 1860 fertiggewordenen Bau ist heute
eine krude Kollektion aus Fossilien, Edel-
steinen und *Alice's Dodo*. Dazu passend: die
»Arche der Kuriositäten«, das ethnologische
Pitt Rivers Museum im Nebentrakt.

👁 Bodleian Library
Broad St.
✆ 277 165
Divinity School and Exhibition Room:
Mo–Fr 9–17, Sa 9–12.30 Uhr, Führungen
(Divinity School, Convocation House und
Duke Humfrey's Library): April–Dez.
Mo–Fr 9–17, Sa 9–12.30 Uhr

👁 Radcliffe Camera
Gebaut 1737–49 von der Hinterlassenschaft
des Arztes Dr. John Radcliffe. Lesesaal.

👁 St. Mary-the-Virgin
University College, High St.
Mo–Sa 9–19, So 12–17.30 Uhr

👁 University College
High St.
Legendärer Gründer: King Alfred;
Studenten: Shelley und Premier Attlee.

👁 All Souls College
High St.
Das Eingangstor von 1386 hat noch die ech-
ten Eichenflügel.

Saurier unter Glas: University Museum

14. Route – Informationen

Queen's College
High St.
Tägl. 14–17 Uhr
Für Studenten aus dem Norden. Neujahr
bekommt jeder Gast Nadel und Faden als
Geschenk und den Spruch »Nimm dies und
sei sparsam« mit auf den Weg.

St. Edmund Hall
High St./Queen's Lane
Tagsüber geöffnet
College erst seit 1957. Die mittelalterliche
Halle, in der Studenten eine Bleibe fanden,
ist ein Überbleibsel aus einer unreglemen-
tierten Zeit.

Magdalen College
High St., tägl. 14–18.15 Uhr
Bell Tower nicht zu übersehen. Groteske
Figuren im Cloister(1509) schwer zu finden.

Nuffield College
New Road
Tägl. 9–17 Uhr
1948 fertiggestellt; sehr englisch in seiner
traditionellen Architektur.

Merton College
Merton St.
April–Febr. Mo–Fr 14–17, Sa, So 10–17,
Okt.–März Mo–Fr 14–16, Sa, So 10–16 Uhr
Ältester Hof und älteste Bibliothek (1379).

Botanischer Garten
High St.
Garten: tägl. 9–17, Treibhäuser: 14–16 Uhr

Christ Church College
St. Aldates
Okt.–12. April Mo–Fr 9.30–16.30, Sa, So
12.45–16.30, 13. April–Sept. Mo–Fr 9.30–18,
So 12.45–17.30 Uhr
Tom Tower, Tom Quad und der größte
Collegehof.

The Covered Market
Eingänge Market St. und High St.
Mo–Sa 8–17.30 Uhr
Blumen, *shortbread*, Hüte und ein Café
unterm Dach.

Carfax Tower
Ende März–Ende Okt. Mo–Sa 10–18, So
14–18 Uhr

The Randolph
Beaumont St.
Tägl. 15–17.30 Uhr
Cream tea £ 5, *full afternoon tea* £ 6.50
Stilloser Snack: der grandiose *Gothic*-Kitsch
aus viktorianischer Zeit wurde opulent
restauriert.

St. Aldates Coffee House
94 St. Aldates
Ø 245 952
Mo–Fr 10–16.30, Sa 10–17.30 Uhr
Christliche Kaffestube.

Wykeham Coffee Shop
15 Holywell St.
Ø 246 916
Mo–Sa 10.30–17.30, So 12–17.30 Uhr
Simples Mahl auf engem Raum. Nachmit-
tags frische *scones*.

Ashmolean Museum
Beaumont St.
Ø 278 000
Di–Sa 10–16, So 14–16 Uhr
Erstes öffentliches Museum des Landes
(1683): Kunst, Silber, Keramik, Münzen *et
cetera, et cetera*.

History of Science Museum
Broad St.
Ø 277 280
Mo–Fr 10.30–13 und 14–16 Uhr
Wissenschaftsgeschichte.

14. Route – Informationen

 Museum of Modern Art (MOMA)
30 Pembroke St.; ✆ 722 733
Di–Sa 10–18, Do 10–21, So 14–18 Uhr
Darin das:

 Café MOMA
Di–Sa 10–17.30, So 14–21.30 Uhr
Die Kunst geht durch den Magen, und zwar
fleischlos.

 Museum of Oxford
St. Aldates
✆ 815 559
Di–Sa 10–17 Uhr
Geschichte der Stadt und der Universität.

 The Heritage Motor Centre
Banbury Road, Gaydon, Warwick (nord-
westlich von Oxford)
✆ (01926) 641 188
Ein Ausflug wert: Englands glorreiche Autogeschichte in einem neuen *Oldtimer temple*.

Antiquariate

 Ars Artis
31 Abberbury Road
✆ 770 714
Privatkunden willkommen, aber nur *by
appointment*. Alles über Kunst und Architektur.

 B. H. Blackwell
48–51 Broad St.
✆ 792 792
Oxfords Größtes.

 The Classics Bookshop
3 Turl St.
✆ 726 466
Reise, Archäologie und alte Geschichte.

 The Little Bookshop
Covered Market

✆ 591 76
Quer Beet.

 Niner & Hill – Rare Books
43 High St.
✆ 726 105
Experte für bibliophile Gefühle.

 Oxfam Bookshop
56 St. Giles
✆ 310 145
Bücher für gute Zwecke.

 A. Rosenthal Ltd.
9/10 Broad St.
✆ 243 093
Mo–Fr 10–17.15 Uhr, Sa *by appointment only*
Literatur vom Kontinent und Judaica.

 Steven Tuohy
86 Hurst St.
✆ 723 566
Druckgeschichte, Typographie und Design.

 The Waterside Inn
Ferry Road, Bray-on-Thames, Berkshire
✆ (01628) 206 91
Doppelter Genuß: preisgekrönte französische Küche und eine Idylle am Fluß. £££

 Ye Olde Bell Hotel
High St., Hurley, Berkshire
✆ (0162882) 588 1
Last orders 21.30 Uhr
Beliebter Haltepunkt seit dem 12. Jh. £££

 Dew Drop
Hurley, Berkshire
westl. des Ortes in die Honey Lane, nach
einem roten Briefkasten rechts, bei den
ersten Häusern wieder rechts
Tägl. 11.30–14.30 und 18–23 Uhr
Einfaches Gasthaus mit einem golfverrück-
ten Wirt. £

Auf Buch und Blech gebaut
Oxford an der Themse

»Allmächtiger Gott! Wenn wir uns schon nicht für diese schmutzigen Sachen schämen, sollten wir zumindest bedauern, was wir dafür ausgegeben haben«, klagte ein Priester im Jahre 1125 über die grotesken Szenen, die sich schon damals an Oxfords Fassaden abspielten. Feixende Wasserspeier, doppelköpfige Teufel, nasebohrende Scharlatane. Wer die wilden Gesellen zu Gesicht bekommen will, die hier zu Hunderten an den Häuserfronten hängen, kann sich dabei leicht einen steifen Nacken holen. Die kostenlose Belustigung für Spaziergänger, die so gar nicht zum ehrwürdigen Image der Universität zu passen scheint, ist ein deutlicher Hinweis auf deren kirchlichen Ursprung.

Die Klosterbrüder haben, als sie die ersten Colleges gründeten, ihre ausgeprägte Lust am Persiflieren einfach auf die neue Institution übertragen. Das blieb in Oxford gute Sitte. Als der Mathematikprofessor und spätere Staatsarchitekt Christopher Wren (1632–1723) 1662 den Auftrag bekam, Oxfords erste weltliche Versammlungshalle zu bauen, stellte er als ideelle Wachen vierzehn »Philosophen« vor das Portal von **Sheldonian Theatre**. Ihre Identität ist unbekannt. Sie sollen jedoch, so erzählt man, den derben Gesichtern der Arbeiter nachgemeißelt worden sein, die damals an diesem Bau beschäftigt waren. Im Saal mit seinen falschen Marmorsäulen führen derweil jene hochgelehrten Herren regelmäßig ihr akademisches Zepter, unter deren pelzbesetzten Talaren sich der Muff von acht Jahrhunderten anstaut.

Über 600 historische Gebäude sind *registered*, d.h. stehen auf der Denkmalschutzliste. Das ist, London einmal ausgenommen, Rekord auf der Insel. Deshalb ist Oxford nicht nur eine Top-Studienadresse, sondern auch ein ergiebiges Reiseziel. Insbesondere Japaner und Amerikaner trifft man hier selten ohne schußbereite Kamera. Was man sich in Tagesfrist tatsächlich erlaufen kann, ist eine erste Ahnung von diesem Gebilde, das sich Universität nennt, doch mit dem, was man bei uns darunter versteht, wenig Ähnlichkeit hat.

Ein Viereinhalbminutenspaziergang auf Parks Road bringt den Besucher, obwohl etwas abwegig, diesem Ziel ein wenig näher. Nach kurzem Seitenblick auf den schönen Garten von St. John's College zur Linken, erreicht man das **University Museum**. Der neogotische Bau von 1855, unter dessen lichtem Glaseisendach Saurierskelette neben Forschern wie Hippokrates oder Leibniz stehen, markiert den späten Aufschwung der Naturwissenschaften in Oxford. Übrigens wurde der irische Künstler O'Shea, als er beim Bau des Museums Katzen und Affen bildhauerte und schließlich begann, seine Auftraggeber zu karikieren, kurzerhand entlassen, weshalb ein paar Fenster schmucklos blieben.

Zurück zum Wrenschen Theater. Vom Dachturm des Erstlingswerkes, das er ins Herz der Wissenschaftsstadt setzte, sieht man in Richtung Süden die Spitzen vieler prominenter Gebäude. Das nächstliegende, die **Bodleian Library**, ist 1602 mit 2 000 Büchern

Oxford City: High Street

röffnet worden. Bereits im 18. Jahrhundert
wurde der Platz in der mittlerweile zweitgröß-
en Bibliothek des Landes derart knapp, daß
man auch **Radcliffe Camera** mit bedrucktem
Papier vollstopfte, eines der vollendetsten

Kuppelgebäude des Landes, in dem die Be-
nutzer ihren Lesestoff über eiserne Wendel-
treppen erreichen.

Hinter der Kirche **St. Mary-the-Virgin** mit
ihrem massiven Turm aus dem 13. Jahrhun-

dert (und einer ganzen Reihe allerdings vom Säureregen recht mitgenommener Grotesken, wie eine die Sünden dieser Welt beweinenden Nonne) rollt der Verkehr über die High Street. Hier sieht man gleich in die Eingangspforten einer ganzen Kette der renommiertesten Colleges, darunter eines ältesten, des 1249 gegründeten University College, hier kurz »Univ« genannt. Gegenüber dann in einer Reihe die Doppeltürme des **All Souls**, das klassische **Queens** und das **St. Edmund**, zu dem die einzige erhaltene *hall* gehört, die Vorgängerinstitution der Colleges. Schließlich vor der Brücke das monumentale **Magdalen**, bzw. »*Maudlen*«, in dem auch der irische Dichter und Ästhet Oscar Wilde (1854–1900) seine Lektionen erhielt.

Lang ist die Liste der großen Namen, die in den Gelehrtenhochburgen geistigen Ruhm erwarben oder auch an ihnen scheiterten, wie der große Reformator John Wycliffe (ca. 1320–87), der 1381 aus dem Ballion College entfernt wurde, wie John Locke (1632–1704), Wegbereiter der empirischen Wissenschaften, der 1684 vom Christ Church College flog, wie Englands Allroundliterat Samuel Johnson (1709–84), der später »Die Eitelkeit der menschlichen Bedürfnisse« (*The Vanity of Human Wishes*) offenlegte und 1729 schon nach 14 Monaten wegen chronischen Geldmangels abging, oder wie der Essayist Thomas De Quincey (1785–1859), Autor der »Bekenntnisse eines englischen Opiumessers«, der 1808 nach ausgiebigem Rauschgiftgenuß das Worcester College überstürzt verlassen mußte.

Unvergessen bleibt jener Coup, den Oxfordintellektuelle während des Zweiten Weltkriegs landeten. Die Gruppe spionierte erfolgreich für das rote Rußland und war, weil sie sich in allerhöchsten Kreisen bewegte, selbst für den *Secret Service* kaum zu fassen.

Doch auch in Lehre und Forschung sind durchaus Erfolge zu melden. So bekam Thomas More, später geköpfter Lordkanzler

und weitsichtiger Autor der »Utopia«, hier sein geistiges Rüstzeug. Auch andere wichtige Vertreter der schreibenden Zunft haben hier gebüffelt, so John R. R. Tolkien (1892–1973) der hier den »Herrn der Ringe« erfand, der in Amerika geborene Lyriker T. S. Eliot (1888–1965) und der Gesellschaftskritiker Aldous Huxley (1894–1963), der uns den Spiegel einer zukünftigen »Brave New World« vorhielt.

Die exklusiven Colleges haben zwar in der Universität das Sagen und reden auch im Stadtrat mit, sind aber keine öffentlichen Einrichtungen, sondern rein private Enklaven. Ihr Innenleben mit Kapellen, historischen Bibliotheken und prunkvollen Mensen, die jeder Stadt als Festsaal gut anstehen würde, bleibt dem Außenstehenden deshalb größtenteils verschlossen. Zugänglich (zu den meist am Tor angeschlagenen Zeiten) sind dagegen die zentralen *quads*, viereckige Innenhöfe, die von den letzten bowlertragenden Engländern, den sogenannten *bulldogs*, bewacht werden. Die Quadrate mit den perfekten Rasenflächen haben ihren Ursprung im klösterlichen Kreuzgang. Sie bilden, wie jeder aus der Flugzeugperspektive erkennen würde, das Skelett der alten Stadt.

Hinter ihren Mauern spielt sich das gesellschaftliche Leben ab. Um die 250 Clubs garantieren, daß keiner und keine (inzwischen ist jeder dritte *undergraduate* eine Sie) die Freizeit totschlagen muß. Man trifft sich etwa in der »Oxford Union Society«, um dem freien Wort seinen Lauf zu lassen. Diskutiert werden nationale Überlebensfragen, und zwar auf Bankreihen, die denen Westminsters nachgebaut sind. So kam man im Herbst 1991 in dieser Kinderstube des Parlaments (Ausstoß in diesem Jahrhundert 33 Minister und fünf Premierminister) zu dem Schluß: »Dieses Haus glaubt, daß die beabsichtigte Europäische Union für das Vereinigte Königreich von geringem Wert ist.« Stimmenverhältnis 360 zu 311.

Oxford hat jedes College seinen eigenen Elfenbeinturm. Schon die einfache Tatsache, daß nur jeder zwanzigste britische Student überhaupt die Chance hat, sich hier einzuschreiben, zeigt den Mechanismus der Eliteschmiede. Die hat ihre Erkennungszeichen: das dunkle *Oxford Blue*, das der akademische Sportsmann trägt, und das *Oxford English*, ein Bildungsbürgerakzent, der zum Wirtschaftsfaktor wurde. Immerhin hat sich die **University Press** das Monopol auf die Weltsprache Nummer eins gesichert. »*The Press*« war lange Zeit der Hauptarbeitgeber der Stadt. Das elitäre Unternehmen brachte paradoxerweise die ersten Arbeiter in die Stadt, die allerdings mittlerweile längst in der Mehrzahl sind.

Es war der Fahrradhändler Mr. William Morris, der den Umschwung einleitete, als er 1913 in der Gasse Longwall auf die Idee kam, ein Automobil zusammenzubasteln. Der Beginn einer Erfolgsstory, die das Gesicht Oxfords veränderte. »Morris Motor Ltd.«, bald die größte Autofabrik Europas und mittlerweile längst in der krankgeschrumpften englischen PKW-Industrie aufgegangenen, schrieb Autogeschichte. Natürlich mit dem »Morris Oxford« und mit den Sportflitzern der Marke »MG« (*Morris Garages*). Nach dem zweiten Weltkrieg baute man den »Minor« (1949–61), Englands Volkswagen, und gab 1959 mit dem von Chefdesigner Alec Issigonis entworfenen »Mini« dem Rest der Welt eine Bauanleitung für Kleinwagen, die bis zum heutigen Tage akut ist.

Morris war bereits vor dem Krieg in die Randgemeinde Cowley verzogen, baute vor der Stadt Europas erste Fließbandfabrik der Welt. Auf dem Höhepunkt Mitte der siebziger Jahre waren dort 25 000 in Arbeit (gegenüber 7 000 Studierenden), darunter die Speerspitze der britischen Arbeitermilitanz, jener »Rank-and-File«-Bewegung, die streikte, ohne vorher lang die Gewerkschaftsbosse zu fragen.

In Oxford leben knapp 120 000 Einwohner. Das macht, bezogen auf die Vorkriegs-

Charakterköpfe: Sheldonian Theatre

zeit, einen Zuwachs von 50 Prozent. Er bescherte dem Council neben *suburbs*, *carparks* und *shopping centres* auch ein volles Stadtsäckel. Oxford, das heute als eine der reichsten Gemeinden im Lande gilt, ist durch sein akademisch-proletarisches Doppelgesicht auch zu einer Art Mikrokosmos der englischen Gesellschaft geworden, auch, weil hier, wo sich die Klassen gegenseitig auf die Füße treten, die Kluft zwischen *egghead* und *Andy Capp* um so krasser aufbricht.

Als 1937 die Einweihungsfeier für das **Nuffield College** anstand, war auch dies ein Baby des Autobooms. Denn Lord Nuffield war kein geringerer als der geadelte William Morris, der die Neugründung mit einem Scheck über gut eine Million Pfund aus der Betriebskasse finanzierte. Schwerpunkt des Colleges sind die Sozialwissenschaften, eine

Disziplin, deren Themen mehr denn je vor der Haustür liegen. Als im Herbst 1991 das *joyriding* als neuer Jugendfreizeitspaß durch die Presse ging, war Cowley der Hauptbrennpunkt. Dort sind die *hotters* zu Hause, wie sich die Jugendlichen selbst nennen, die schnelle Autos klauen, um sie möglichst zu Schrott zu fahren.

Randale hat in Oxford Tradition. Kleine Feuer zu legen, Polizisten mit Wasserschläuchen zu traktieren oder nachts die Stadt scharlachrot anzustreichen, das sind alte Privilegien der Noch-nicht-Promovierten. Im Normalfall reagieren sie sich allerdings auf dem Sportplatz ab, beim Rugby, Cricket oder aber auch im Ruderboot. Dagegen ist das *punting* eher ein Ritual der Studiosi, bei dem die jungen Kerle den Gondolieri nacheifern und dazu mehr Geschick brauchen als mancher glaubt. Vis-à-vis von Magdalen führt ein Fußweg zwischen **Merton College** und **Botanischem Garten** mitten in die Flußauenlandschaft, in die Oxford eingebettet ist.

Über den staubigen **Broad Walk**, dann entlang der Gartenmauer von **Christ Church College**, der wohl prächtigsten Lehr- und Lernanstalt, die sogar über eine eigene Kathedrale und eine Kunstgalerie verfügt, gelangt man schließlich durch drei versetzte Gäßchen zurück ins Zentrum. Wo die Alfred Street auf die High Street trifft, liegen auf der anderen Straßenseite die unscheinbaren Eingänge des **Covered Market**, einer Oase für die, die sich gerne von ihrer Nase herumführen lassen. In dieser kleinen unübersichtlichen Ladenstadt aus dem 18. Jahrhundert liegen lauter angenehme Gerüche in der Luft, die den Bonbon-, Leder- und Kaffeegeschäften entströmen.

Neben Historie *en gros* gibt es rund um den **Carfax Tower** noch manches andere interessante Angebot: Kunsthandwerk aus der Dritten Welt bei **Oxfam** oder **Alice's Shop** in St. Aldates, das wahre Wunderland für Lewis Carolls Erfolgsfigur, deren lebendes Vorbild

Der schönste Lesesaal der Welt: Radcliffe Came⟨

hier Barley-Lutschzucker kaufte. Ein bißche⟨ Muße brauchen Bücherwürmer, die sich durch Oxfords drei Dutzend Antiquariate wühlen wollen. Glücklich, wer ein Fundstück günstig ersteht, mit dem er die Geschichte Schwarz auf Weiß nach Hause tragen kann.

Als krönender Abschluß das Tages oder gar der vierzehntägigen Reise kommt dann eigentlich nur eines in Frage: ein Festessen an der **Themse**, jedoch nicht in Oxford selb⟨ sondern *country*-seits. Wenn der Strom, der

e Universitätsstadt mit der Hauptstadt ver-
ndet, bei **Henley-on-Thames** Londons Stadt-
enze schon sehr nahe ist, fließt er in unruhi-
en Kurven immer noch durch Parks und Wie-
en. Ein kleines Paradies, nicht mehr in Atem-
eite zur Metropolis, eine moderate Land-
:haft, wie sie englischer nicht sein könnte.
'er dann noch ein feines »Waterside Inn« fin-
et, dem kommen vielleicht die Zeilen des
ünstlerpoeten William Morris (1834–96) in
en Sinn:

*»Forget the snorting steam and piston stroke,
And dream of London, small and white and
clean,
The clear Thames bordered by its gardens
green.«*
(Vergiß den schnaubenden Dampf und
Kolbenhub,
Und träum von London, klein und weiß und
sauber,
Die klare Themse umsäumt von seinen
grünen Gärten.) ■

III Cricket – die weiße Welt

Wer montags eine der großen englischen Tageszeitungen durchblättert, bemerkt gegen Ende, da er eine Extra-Sportzeitung mitgeliefert bekam. Für die Nation, die die modernen Sportarten, de *sportsman* an sich und dessen moralische Ausrüstung erfand, steht der Kampf um Punkte, Tor und Bestzeiten nur in den Tageszeitungen hintenan.

Dabei ist das Inselsportfeld grundsätzlich anders abgesteckt als das hiesige. Einige Sportarten (etwa den Handball) kennt man so gut wie gar nicht, andere dagegen, die bei uns kaum eine Rolle spielen (z.B. Rugby), sind nationale Herzenssache. Dies gilt insbesondere für eine Sportart, die wie keine andere für den Betrachter vom kontinentalen Jenseits einen so durch und durch englischen Eindruck macht: Cricket.

Sportunterricht englisch: Schüler beim Cricket

Je elf blendendweiß gekleidete Gentlemen stehen, die meiste Zeit scheinbar gelangweilt, auf grünem Rasenteppich herum, werfen und schlagen eine harte tennisballgroße Lederkugel, setzen zwischendurch zu Sprints an und brechen unversehens in hellen Jubel aus. Das Spiel kann viele Stunden, Turniere (die häufig stattfinden) mehrere Tage dauern. Ungezählte Ehen sind daran schon zerbrochen.

Cricket, zweifellos ein Nationalsport, wird an den Schulen ausgiebig unterrichtet. Jungens, die das komplizierte Spiel in ihrer Freizeit im Park üben, geben sich den Namen des besten *bowler* (Werfer) oder *batsman* (Schlagmann), wie sie sich hierzulande nach Boris nennen. Die ersten *gloves* (Fanghandschuhe) sind wichtiger als die Konfirmation. Cricket ist eine Kultur für sich und Be-

standteil der wohl reichsten Sportkultur der Welt. Der Name ist abgeleitet von der Krücke (angelsäch-
sisch *cricce*), mit der man schlägt. Im Gegensatz zu allen anderen Feldspielen geht es darum, den
Ball möglichst ins Aus zu befördern (und wer will, kann auch diese Exzentrizität für typisch englisch halten). Jeder Spieler träumt davon, dies einmal auf einem der berühmten Londoner Cricket-
Plätze (wie dem Oval in Kennington oder dem Lord's Ground am Regent's Park) zu tun.

Der weiße Männersport ist auch ein starkes Bindemittel des Commonwealth. Südafrikas endgül-
tige Abkehr von der Apartheid, behaupten Eingeweihte, sei letztlich auf den Sportboykott zurückzu-
führen. Die weiße Minderheit wollte endlich wieder am Cricket-Circus teilnehmen, bei dem im übrigen auch gut Geld verdient wird. Cricket ist zwar ein »weißer Sport«, aber dies gilt nur für Hemd
und Hose. Längst machen Mannschaften aus den Ex-Kolonien, etwa aus der Karibik oder Pakistan,
England Konkurrenz, und als 1992 im WM-Endkampf ein Sieg gegen Pakistan gelang, war das
schon eine Sensation. Aber auch Niederlagen werden bis zum letzten Schlag verfolgt. Zum Sportgeist
gehört auch die Tasse Tee, die in der Pause gegnerischen wie heimischen Spielern gereicht wird.

IV Land in Sicht: Englands Countryside

Als eine große deutsche Autofirma 1994 die Marke Rover kaufte, ging ein Raunen über die Insel. Denn durch den Deal war auch der Range-Rover, der Rolls-Royce der Country-Generation, teutonisiert worden, ein Sakrileg für jeden aufrechten Briten. Englands Landleben gilt als Inbegriff dessen, was sich zermürbte Stadtgesichter als ideale Alternative zu ihrem Leben in Streß und Abgas erträumen. Accessoires wie das grüne, wasserabstoßende *barbour jacket* und die grünen Gummistiefel des Landmannes werden da zu Kultobjekten der »Country Life« lesenden und Tweed tragenden Klasse.

England, das der Welt die industrielle Revolution bescherte, schuf gleich auch die Gegenwelt. Kaum eine andere Nation hat ihre ländliche Seite so zum Mythos werden lassen. Kein Zufall, daß

Idyllische Countryside: Avon-Ufer

das Angeln und das *birdwatching* zum Volkssport wurden und die Fuchsjagd hoch zu Roß weiterhin zu den Standesritualen der herrischen Klasse gehört.

Es gibt eigens eine wissenschaftliche Sparte der Archäologie, die die Hecken im Lande erforscht, worin im übrigen »Heckenschweine« (*hedgehog* – Igel) leben. Die allgegenwärtigen Flurbegrenzungen, darunter manche mit einer bis zu tausendjährigen Struktur, prägen die kleinkarierte südenglische Landschaft, ein Flausch, der akute Probleme oft nur überdeckt; etwa das der dürstenden Flüsse, denen von privatisierten Wasserwerken die Quellen abgegraben wurden.

Schon im 18. Jahrhundert war die Landschaft im Zuge der Agrarrevolution gründlich umgekrempelt worden. Der radikale Wandel provozierte den verklärten Blick zurück: man wurde zum Vorreiter der Romantik und entwickelte

Typisch: Heckenlandschaft in Somerset

eine ausgeprägte Passion fürs Pittoreske, die sich allerdings, ganz im Sinne englischen Pragmatismus, weniger in philosophischen Traktaten als in der Gärtnerei ausdrückte.

Blut- und Geldadel, durch Kolonien und Fabriken reich geworden, schmückten ihre Landsitze mit illusionistischen Parkanlagen: eine aufgelockerte Quasi-Natur aus Pflanzen, Wegen und Gewässern, die zusätzlich mit romantischen Requisiten angefüllt wurde, etwa jenen *ornamental hermits*, die als angestellte dekorative Einsiedler in hutzeligen, freilich neu erbauten Eremitagen wohnten und sich weder Haare, Bart noch Fingernägel schneiden durften. Auch ganze Dörfer (wie in Stourhead) wurden in das dreidimensionale Gemälde einbezogen.

Südenglands Dörfer wirken im Gegensatz zu Deutschland still und unberührt. Das liegt unter anderem daran, daß überhaupt nur ungefähr 200 000 Menschen Landwirtschaft betreiben, ein Bevölkerungsanteil, der sich fast besser in Promille als in Prozenten ausdrücken läßt. Dabei wohnen die Bauern meist inmitten ihrer Felder auf ausgelagerten Höfen, die oft Dimensionen von Farmfabriken annehmen. Die Dörfer wurden derweil von Pendlern, Wochenenddörflern und Pensionären okkupiert, die jedoch mit den alten, oftmals riedgedeckten Häusern durchweg sensibler umgehen als bei uns üblich. Glotzende Plastikfenster und kitschige Wagenräder sind tabu.

Meist steht die massige Kirche noch im Dorf und der Pub ist sicher auch nicht allzu weit davon entfernt. Der englische Landgasthof, jahrhundertelang ein Schnittpunkt des sozialen Lebens, hat viel von seinem Charme bewahrt. Sei es ein einsames Wirtshaus, wo noch aus dem Holzfaß gezapft wird, oder eine jener ehemaligen Kutscherschenken, die in kleine, aber feine Hotels verwandelt wurden. Vielfalt und Schönheit der historischen Wirtshäuser – einige der schönsten liegen auf der Route – sind überraschend und erfreulich, bieten sie doch auf dem Lande dem Reisenden oft die einzige Erholungsmöglichkeit.

V Black Britain: Der kulturelle Ethnomix

Daß in Londons Vielvölkerküche ein überquellendes Angebot kultureller und leiblicher Genüsse serviert wird, hat sich herumgesprochen. Die britische Hauptstadt gilt nicht zuletzt deshalb als Trendzentrale, weil Menschen aller Kontinente sich hier über den Weg laufen. Längst geben Künstler aus den ehemaligen Kolonien nicht nur Impulse auf dem Tanzboden (wird schwarzer Pop eines Jazzie B. sogar in die USA exportiert), sondern auch in Film, Theater und in der Literatur knackt man den ethnozentrischen Käfig.

Stadtschreiber, wie der Indo-Brite Hanif Kureishi, der in seinem Roman »The Buddha of Suburbia« Probleme und Chancen der multikulturellen Metropole aus biographischer Sicht beschrieben hat, erreichen Millionenauflagen. Regisseure, wie der Schwarze Isaak Julian, der 1991 mit »Young Soul Rebels«, einem Film über Freud und Leid beim Betreiben eines Piratensenders, direkt ins Herz der Kids und Kritiker traf, prägen das »Neue Englische Kino« entscheidend mit.

Exotischer Stoff: Brixton Market

Soca von der Quelle: Plattenladen in Brixton

War es lange Zeit »The Art Britain Ignores« (»Die Kunst, die Britannien mißachtet«, Titel eines Berichts der staatlichen Kommission für Rassengleichheit von 1976), ist die Farbe, die die Neubriten aus den Ex-Kolonien in die eintönige englische Monokultur brachten, nun nicht mehr zu übersehen. In Vierteln wie Brixton, in dem jeder zweite schwarz ist, liegt die städtische Bohèmiendichte am höchsten, drängeln sich die Ateliers, Szenepubs und -clubs. Es vollzieht sich eine Art kulturelle Revolution, seit die zweite in England geborene Generation ihren Anspruch auf Gleichberechtigung praktisch umsetzt.

Englands Ureinwohner, die nicht mehr, aber auch nicht weniger Schwierigkeiten mit ihrem rassistischen Erbe haben als die übrigen vermeintlichen Herrenvölker Europas, haben, seit die ersten Schwarzen vor 40 Jahren als Maschinenfutter ins Land kamen, einen Gewöhnungsprozeß durchgemacht, wie er den Deutschen erst noch bevorsteht. Hilfreich war dabei die Tatsache, daß den Neubürgern – im Gegensatz zur Bundesrepublik – volle Bürgerrechte und auch das Wahlrecht zustehen, weshalb Politiker sie nicht ignorieren können und »Raus aus«-Parolen der Vergangenheit angehören.

Jeder zwanzigste Engländer hat schwarze Haut. Zwar konzentriert sich die *black community* in London und im nordenglischen Industriegebiet, aber auch Städte wie Plymouth und Bristol (wo Anfang der achtziger Jahre die Rassenunruhen begannen), Bath und Oxford haben einen sichtbaren schwarzen Bevölkerungsanteil. Die Vorteile für den Reisenden liegen nicht nur in der großen Auswahl zwischen indischen, chinesischen und afrikanischen Speisekarten, sondern auch im frischen Wind von Internationalität und Weltoffenheit. Er läßt den deutschen Provinzmief dem Wiederheimgekehrten um so schärfer in die Nase stechen.

VI Die englische Gotik

von Dagmar von Naredi-Rainer

Die großen mittelalterlichen Kathedralbauten Englands entstanden seit der Eroberung der Insel durch die Normannen unter Führung William the Conquerors in der Schlacht von Hastings 1066 und hörten erst auf, vornehmliche Bauaufgabe zu sein, als Henry VIII. sich per Dekret zum Oberhaupt der anglikanischen Staatskirche ernannte und damit eine Reihe reformatorischer und bürgerkriegsähnlicher Kämpfe heraufbeschwor, die wie jede kriegerische Auseinandersetzung die Fortentwicklung der Architektur lähmte.

Die englische Gotik zeichnet sich durch die Ausprägung ebenso eigenständiger wie eigenwilliger Sonderformen und -strukturen aus, die aber immer wieder wesentliche Impulse von den Stilströmungen vornehmlich in den benachbarten französischen Regionen des Kontinents empfing.

Kathedrale von Wells: Vierung

Das insulare Erbe angelsächsischer Kirchen wurde schnell durch wesentlich großformatigere Projekte der neuen Herren überbaut und vernichtet. Sehr anschaulich wird die Divergenz der Dimensionen beim Vergleich der Kathedrale von **Winchester**, deren heutige Ausdehnung von 170 Metern nicht einmal mehr die des normannischen Vorgängerbaus erreicht – mit den daneben liegenden Fundamenten der einstigen angelsächsschen Königskirche. Die Architektur der Normandie mit ihren Emporenbasiliken, die den zunächst ausgeprägten Stützenwechsel langsam zurücknahm, hatte die Einwölbung mit Kreuzrippengewölben in die Wege geleitet. In England hingegen bildeten die

Normannen eine Vorliebe für langgestreckte, durch Reihung einzelner Motive noch gedehntere und in der Höhenentwicklung deutlich reduzierte Kirchenräume aus, deren doppelschalige, starke Wände von großen Fensterflächen gleichmäßig durchleuchtet wurden. Den Außenbau kennzeichnen Zweiturmfronten und mächtige Vierungstürme. In **Exeter** erfuhr dieses Prinzip eine Variation, indem man je einen Turm über den Flanken der Hauptquerschiffe errichtete. Die schon in der Anlage von Langschiffen beobachtete Addierung gleichrangiger und gleichförmiger Motive findet ihre Fortsetzung in der Zufügung von zusätzlichen Schiffs- und Chorjochen, die zu der enormen Längenausdehnung englischer Kathedralen beitragen (Schiff von **Chichester** und Querhäuser von **Winchester**).

Während die normannischen Bauformen stets den Anspruch des feudalen Gesellschaftssystems reflektieren, kann man die Aneignung und Übernahme französischer Motive als Auseinandersetzung mit der internationalen höfischen Kunst verstehen. Die direkte Adaption frühgotischer Formen findet erstmals beim Neubau des Chors von **Canterbury** statt, der unter Leitung des französischen Baumeisters Wilhelm von Sens erfolgte. So stilbildend und vorbildlich Canterbury auch wirkte, wurden dennoch während der bis zur Mitte des 13. Jahrhunderts andauernden Phase des *Early English* die kontinentalen Impulse umgedeutet: Nie erreicht das System der Strebebögen jenen gelenkhaft-spannungsgeladenen Charakter wie in Frankreich. Die Raumhöhe versteigt sich nie zu Himmelanstrebendem, dagegen wird die horizontale Ausdehnung unterstrichen. Der Tektonik französischer Kathedralfassaden wird die englische Schirmfassade entgegengestellt, die auf Türme verzichtet, in ihrer Flächenhaftigkeit aber einem reichhaltigeren Skulpturenprogramm Platz einräumt, das sich freier entfalten kann, weil es weniger im Dienst der Architektur steht. Strebt die französische Gotik der Raumvereinheitlichung und der Steigerung des Raumes von Osten zum Chor hin zu, setzt die englische Kathedralarchitektur auf Entwertung rhythmisierender Elemente: Beispielsweise verunklären eine Fülle von Rippen, die von den Kapitellen aufsteigen und in vielteiligen Gewölben in sich selbst zurücklaufen, die Jocheinteilung.

Die bis zur Mitte des 14. Jahrhunderts während

Winchester: Langhaus und Chor

Westfassade der Kathedrale von Exeter

Phase des *Decorated Style* wird nach ihren unterschiedlichen Maßwerkformen in *geometric* (geometrische Formen) und *curvilinear* (mehr geschwungene Formen) unterteilt. Letzteren verdankt der französische Flamboyantstil viel. In dieser Zeit verdichtet sich das Gewölbe zu einem schirmartigen Netzwerk, in das oft Sternenformen eingehen. Der Wandaufbau reduziert sich auf zwei Zonen und vergrößert so die Lichtzufuhr durch den Obergaden. Die Horizontalausdehnung erfährt durch den geläufigen Anbau rechteckiger Marienkapellen (Lady Chapel) an den Chor eine neuerliche Dehnung, wobei der gerade Abschluß der Lady Chapel gleichsam auf die gerade Fassade antwortet.

Die etwa um 1350 einsetzende Reduktion des Maßwerks – lotrechte Linien dominieren nun ein gitternetzartiges Gefüge – gab dem *Perpendicular Style* seinen Namen. Die Westfassade von **Exeter** und die Schiffe von **Winchester** und **Canterbury** geben einen Eindruck vom Stilwillen dieser Epoche.

Insgesamt läßt sich sagen, daß die englischen gotischen Kathedralen das Himmelanstrebende des französischen Stils auf die Erde zurückholen. Normannisches Erbe, die Umdeutung kontinentaler Formen und nicht zuletzt aus spezifischen Voraussetzungen erwachsene Bedürfnisse ergeben ein additiv gereihtes, deutlich voneinander geschiedenes System rechteckiger Raumkompartimente.

Die für England zeitweilig geläufige Kombination von Bischofskirche und Klosterkirche stellte die Baumeister vor die Aufgabe, beide Funktionen zu verknüpfen: Gemeinderaum mußte geschaffen werden, dazu ein gesonderter Raum für das Chorgebet der Mönche. Zudem brauchten die meist priesterlichen Mönche viele geostete Altäre zur persönlichen Darbringung des Meßopfers – sie fanden beispielsweise in den oft verdoppelten Querhäusern Platz. Der Verzicht auf Gruppierung einzelner architektonischer Elemente und das Überspielen von tektonischen Gelenkpunkten verhindern eine Akzentuierung des Raumes und hebt das Gerichtetsein und Strebende der französischen Stilvorlage auf. Mit dem Splitting der Altaranordnung in den Kloster-Kathedralen verliert schließlich der Ostchor seine absolute liturgische Dominanz als Ort des Mysteriums und demzufolge auch die damit verbundene architektonische Hervorhebung.

VII SERVICETEIL

Reiseplanung

Anreise

Wer mit dem eigenen **Auto** kommt, hat die Wahl zwischen verschiedenen Fährhäfen: Harwich (z.B. von Hamburg, Bremerhaven, Hoek van Holland, Zeebrugge), Dover (von Oostende, Zeebrugge, Dunkerque, Calais), Portsmouth (von Le Havre, Cherbourg), Plymouth (von St. Malo). Die schnellste Verbindung (35 Min.) ist der neue **Eurotunnel** (von Coquelles bei Calais nach Folkestone, von dort auf der M 20 oder mit dem Zug nach London). Verkehrsexperten befürchten allerdings ein Chaos, da es die britische Regierung bislang nicht fertigbrachte, das Jahrhundertbauwerk durch entsprechende Straßen- und Schienenanschlüsse zu ergänzen. Die Fährgesellschaften konkurrieren mit neuen großen Schiffen. **P&O European Ferries** etwa (Calais–Dover 70 Min.; Zeebrugge–Felixstowe; Le Havre/Cherbourg–Portsmouth). **Hoverspeed** setzt seit 1991 komfortable Großkatamarane ein, die sogenannten »Seacats« (Boulogne–Dover 45 Min.).

Die Umstellung auf **Linksverkehr** klappt in der Regel innerhalb von ein bis zwei Tagen. Tip: immer an der Kante lang, bis sich die Seitenverkehrung eingeschliffen hat. Auch wer sich an die verkehrte Welt gewöhnt hat (*»The right side is the wrong side. The left side is the right side.«*), sollte keinesfalls übermütig werden. **Geschwindigkeitskontrollen** sind häufig und können schneller als man denkt zur prophylaktischen Inhaftierung führen. Allgemein gilt: 48 km/h (30 miles/h) in bebauten Gebieten, 97 km/h (60 miles/h) auf Landstraßen und 113 km/h (70 miles/h) auf Autobahnen und zweispurigen Schnellstraßen.

Die Autobahnen (**M**) und Schnellstraßen (**A**) sind im Gegensatz zu hiesigen Vorurteilen recht großzügig ausgebaut, so daß auch weite Entfernungen (etwa Winchester–London bei der Routenvariante II »Der Südosten« oder Bridgwater–London bei III »Der Südwesten«) schnell überbrückt werden können. Die *B-Roads* dagegen sind oft sehr schmal, schlängeln sich Kurve auf Kurve durch die Landschaft und bieten, weil sie durchweg hohlwegartig von Hecken oder Mauern eingerahmt sind, auf der Strecke wenig Sicht- und Haltemöglichkeiten. Das System der kleinen Landstraßen ist ein naturwüchsig gewachsenes Labyrinth feinster Verkehrsädern, dessen Durchlässigkeit auch nicht durch extensive Numerierung gefördert wird.

Wer zuerst London ansteuert, wird erfahren, daß auch der breiteste *motorway* spätestens nach Überquerung des M-25-Ringes in gordische Verknotungen mündet. Staus sind kaum vermeidbar, die Richtungen jedoch recht gut ausgeschildert (und zwar nach Vierteln, Straßennummern oder Städten, die man sich vorher, um sie im rechten Moment parat zu haben, deshalb auf dem Stadtplan heraussuchen sollte). Achtung: Kreisverkehr hat Vorfahrt (außer beim nur durch Fahrbahnmarkierungen angedeuteten Mini-Roundabout).

Die 15 Londoner **Bahnhöfe** sind allesamt Kopfstationen. Von Deutschland kommend, steigt man in Victoria Station (Dover) oder in Liverpool Street Station (Harwich) aus. Die meisten Bahnhöfe verfügen über *Travel Centres*, wo man auch Auskünfte über verbilligte Fahrkarten (etwa für Touristen) bekommt.

Der bedeutendste Londoner **Flughafen** ist Heathrow (℡ (0181) 729 4321) im äußersten Westen der Stadt, Europas geschäftigster Luftbahnhof. Mit der U-Bahn (Piccadilly Line) dauert es knapp eine Stunde bis in die Innenstadt. Mit den Airbussen 1 und 2 braucht man etwas länger, sie bedienen jedoch die wichtigsten Hotelreviere (Endpunkt Euston Station und Victoria Station). Das Taxi kostet mehr als £ 20 plus *tip* (nicht unter 15%). Der nächstwichtigste Airport ist Gatwick (℡ (0181) 668 4211); obwohl im County Surrey weit außerhalb gelegen, ist er mit einer Express-Bahnverbindung von Victoria Station aus in einer halben Stunde erreichbar. Von Victoria aus wird auch der neue City Airport per Buslinie 78 (»Flightline«) im 30-Minuten-Takt bedient.

Automiete/Wohnwagenmiete

Das beste ist, den **Leihwagen** zu Hause bei der entsprechenden Firma im voraus zu buchen. Firmen (z.B. Hertz) sind in allen größeren Städten vertreten und bieten Expreß-Reparaturservice über den britischen Autoclub AA. Wer nicht mit Kreditkarte zahlt, muß £ 300 Kaution hinterlegen. Fragen Sie vorher nach, ob ein internationaler Führerschein erforderlich ist (wird beim Ordnungsamt ohne Formalitäten ausgestellt).

Das Netz der Stellplätze für **Wohnwagen** ist eng (vorher Liste bei der Britischen Zentrale für Fremdenverkehr in Frankfurt anfordern).

Ärztliche Hilfe

Bürger aus EG-Ländern erhalten – auf Vorlage des Personalausweises – eine kostenlose Notfallbehandlung in den Ambulanzen der Krankenhäuser, die dem staatlichen Gesundheitswesen (*National Health Service*) angehören. Sie brauchen auch dann keine Kosten zu tragen, wenn Sie von dort in ein Krankenhaus oder in eine andere Ambulanz überwiesen werden. Vorsichtige sollten das entsprechende Merkblatt ihrer Kasse oder Privatversicherung anfordern. Beim ADAC (𝄞 (089) 22 22 22) ist eine Adressenliste deutschsprachiger Ärzte erhältlich.

Auskunft

Die **Britische Zentrale für Fremdenverkehr** für Deutschland und Österreich (Taunusstr. 52–60, 60329 Frankfurt/Main, (𝄞 (069) 2 38 07 11) hilft rührig bei fast allen Problemen, ist aber wegen Überlastung nur schwer telefonisch zu erreichen. Deshalb sollte man rechtzeitig schriftlich per Brief oder Fax (069) 2 38 07 17 anfragen.
Schweiz: Limmatquai 75, 8001 Zürich, 𝄞 (01-47) 42 77/97.

Anlaufstelle auf der Insel: **British Travel Centre**, 12 Regent St., Piccadilly Circus, London SW1, 𝄞 (0171) 730 3400, Mo–Fr 9–18.30, Sa, So 10–16 Uhr (Mitte Mai–Sept. verlängerte Öffnungszeiten). Zimmervermittlungsdienst für alle Teile Großbritanniens; Auskunft über alle Übernachtungsmöglichkeiten 𝄞 (0171) 930 0572.

Ansonsten kann man sich auch an die lokalen **Tourist Boards** wenden, die fast in jedem Kaff einen Laden haben. Dort leidet man häufig an der in England verbreiteten »Leafletitis« und reagiert selbst auf konkrete Anfragen mit der Rücksendung wenigsagender Infoblättchen und Broschüren.

Der **National Trust** (NT) ist ein privater Verein für Denkmal- und Naturschutz, der gerade hundert wurde. **English Heritage** (EH) ist die staatliche Behörde für Denkmalpflege. Da die NT-Eintrittspreise gepfeffert sind (Trust-Mitglieder kommen umsonst rein), empfiehlt es sich, vor der Reise einen »*British Heritage Pass*« (gilt 14 Tage für NT und EH) zu bestellen. Vorbestellung in Deutschland über GB-Touristik Partner GmbH, Krögerstr. 4, 60313 Frankfurt/Main, 𝄞 (069) 29 52 85.

Landkarten/Stadtpläne

Mit vielen Reisesymbolen (Campingplatz, Cathedral, Surfing etc.) versehen, sind die Faltkarten der Estate Publications (*Official Tourist Map*), die in Zusammenarbeit mit den Tourist Boards erscheinen (für Südengland vier Karten im Maßstab 1:200 000). Wer eine Region besonders schätzt, kann ihr mit Hilfe der Ordnance-Survey-Karten (32 mal 1:50 000 für den Süden) näherkommen. Die Karten sind auch Grundlage der sorgfältig edierten Ordnance Survey Leisure Guides, die einzelne Urlaubsregionen abdecken (allein im Süden sieben Ausgaben) und die es seit neuesten auch in der preiswerten Paperback-Version gibt. Auch in kleinen Städten bekommt der Ankömmling bei der Tourist Information einen Innenstadtplan in die Hand gedrückt. Die allgemein üblichen »A-Z-Pläne« sind sehr schematisch und kranken daran, daß sie (etwa bei Oxford und London) keinen vergrößerten City-Ausschnitt bieten.

Reisezeit

Die angenehmste Zeit ist der Mai, wenn die Natur jung und an Museumskassen und Restauranttischen noch wenig Andrang herrscht. In der Hochsaison

Reiseplanung

(Juli/August) kann einem das räumlich, optisch und akustisch vertausendfachte Ebenbild des Mittouristen manchen schönen Flecken, besonders an der Küste, vergällen. Der Herbst erlaubt dann eher wieder den ruhigen Genuß.

Reisedaten

Einkaufen

Mit seinen lockeren Ladenöffnungszeiten ist England ein Paradies für Konsumsüchtige. Neuerdings dürfen die Geschäfte sogar sonntags öffnen. Ein – wenn auch komplizierter – Weg Geld zu sparen, ist die Rückforderung der MWSt. (*Value Added Tax/VAT*), immerhin 17,5 %: Ware, die in einem Geschäft, das sich am *Retail Export Scheme* beteiligt (Aufkleber am Schaufenster), gekauft wurde, wird an der Grenze in ein Formular eingetragen, das samt Rechnung an den Ladeninhaber zurückgeschickt wird; der erstattet, nach Abzug einer Bearbeitungsgebühr die MWSt. Der Haken ist, daß häufig Mindesteinkaufspreise festgelegt sind. Tip: Scheck- und Wechselgebühren können durch die Benutzung einer Kreditkarte umgangen werden.

Feiertage

New Year's Day (1. Januar) – *Good Friday* (Karfreitag) – *Easter Monday* (Ostermontag) – *May Day* (erster Mo im Mai, 1. Mai, wenn der ein Montag ist) – *Spring Bank Holiday* (letzter Mo im Mai) – *August Bank Holiday* (Letzter Mo im August) – *Christmas Day, Boxing Day* (25./26. Dez.).

Festivals

Zwar wurde in Südengland die Popmusik nicht erfunden, aber doch sehr gerne gespielt, am liebsten draußen im Schönen. Gleiches gilt für klassische Klänge und Kunst. In vielen Städten haben sich Musik- und Kulturfestivals etabliert, die inzwischen zwar in die Jahre kamen, aber keineswegs ab-, sondern weiter ausgebaut werden. Im folgenden ein paar interessante Beispiele auf und neben der Route:

Music at Oxford (April–Juli)
Konzerte, Chöre, Feuerwerke. ✆ (01865) 864 466

Brighton International Festival (Mai)
Box Office ✆ (01273) 676 926
Seit einem Vierteljahrhundert 24 Tage breitestes Programm: Kabarett, klassische Musik, Folk, World Music, Tanz, Theater und Film.

Bristol Proms Festival (Mai)
✆ (0117) 922 3682
Begann 1968 mit klassischer Musik, inzwischen erweitert durch Kabarett und Jazz.

Artweek – Oxford Visual Arts Festival (Mai)
Eintritt frei. Kontakt: Artweek, P.O Box 325, Oxford OX1 5JH.
In und um Oxford. Ausstellungen, *open studios*, Lesungen von Künstlern aus ganz Europa.

Winchester Folk Festival (Mitte Mai)
✆ (01962) 654 58
Konzerte, Volkstänze, Handwerk.

Bath International Festival (Mitte Mai–Juni)
Festival Office, Linley House
1 Pierrepont Place
✆ (01225) 462 231
In Bath, Bristol und Wells. Klassische Musik, Jazz, Oper, Art Fair und alternatives Fringe Festival. 1948 gegründet, damit eines der ältesten und farbigsten Spektakel (vier bis fünf Hauptereignisse über zwölf Tage).

Minack Theatre Summer Festival, Cornwall
(Mai–September)
℡ (01736) 810 471
Mimen auf den Klippen, die die Welt bedeuten: von
Shakespeare bis Show.

Bournemouth International Festival (Juni)
℡ (01202) 297 327
Start 1991 mit 150 klassischen Musik- und Tanzver-
anstaltungen.

Exeter Festival (Ende Juni/Anfang Juli)
℡ (01392) 265 200
Wie Bath, nur kürzer und kleiner.

Lacock Abbey Summer Festival (Ende Juli)
℡ (01249) 732 27
Kammermusik mit Picknickkorb.

Arundel Festival (Ende Aug./Anfang Sept.)
West Sussex BN18 9AT
℡ (01903) 883 6690
Klassik, Jazz und Kunst in der Burg.

Sidmouth Festival of Folk Arts (Anfang Aug.)
℡ (01296) 393 293
Folk- und Weltmusik bereits im fünften Jahrzehnt.
Europas größtes Festival dieser Art mit bis zu 500
Auftritten.

Cowes Week (1. Augustwoche)
Segelregatta vor der Isle of Wight.

Notting Hill Carnival/London (Letztes Wochen-
ende im Aug.)
Kontakt: Carnival Enterprises Ltd., ℡ (0181) 964 0544
Karibischer Straßenkarneval mit Kostümen, Steel-
bands und *sound systems*.

Geld/Post/Telefon

Ein Pfund Sterling (£ 1) hat hundert Pence (p 100).
Münzen und Scheine braucht man jedoch immer
weniger, da sich das bargeldlose Bezahlen mit
Schecks und Kreditkarten selbst bei Minibeträgen
weitgehend durchgesetzt hat. So merkt man erst
später, daß London zu den teuersten Metropolen
Europas zählt und auch die Provinzengländer trotz
niedrigerem Durchschnittseinkommen als hierzulande für die meisten Alltagsdinge weit tiefer in die
Tasche greifen müssen.

Wechseln sollte man bei einer **Bank** (geöffnet
meist Mo–Fr 9.30–15.30 Uhr, oft auch Sa).

Normale Öffnungszeiten der **Post** sind Mo–Fr
9–17.30 sowie Sa 9–12.30 Uhr.

Neben den nostalgieträchtigen roten **Münzte-
lefonen**, die erst ausgemustert werden sollten,
jedoch nach einem Sturm der Entrüstung aus
Denkmalschutzerwägungen zum großen Teil stehen bleiben durften, gibt es die neuen Glaskästen
auch als Kartenhäuschen. Tip: die Boxen, die mit
Phonecard funktionieren, sind meist weniger
belagert. In den Zellen der Privatfirma Mercury
(Blau) spricht es sich bis zu 20% billiger. Karten
gibt es in Postämtern und Zeitungsgeschäften.

In Großbritannien wurden am 16. April 1995 die
Vorwahlnummern landesweit umgestellt. Bei
den Ortsnetzkennzahlen wurde eine »1« einge-
fügt. So wurde z. B. aus der (071) als Vorwahl für
London Zentrum (0171). Bristol erhielt eine völlig
neue Vorwahlnummer: statt der (0272) die (0117),
und der bisherigen sechsstelligen Teilnehmerruf-
nummer wurde eine »9« vorangestellt.

Kinder

Kinder unter 14 Jahren dürfen sich nach dem
Gesetz nicht in einem öffentlichen Raum aufhal-
ten, in dem Alkohol ausgeschenkt wird. Aus dieser
restriktiven Bedingung heraus entwickelten findige Pub-Besitzer allerlei Sonder-Angebote für ver-
zweifelte Kinder und Eltern, wie Spielplätze und
abgetrennte Trockenbereiche (*family rooms*). Andere ignorieren das Gesetz. Viele Restaurants und
Hotels bieten auch Kindergerichte an und stellen
Hochstühle bereit. In jedem Fall empfiehlt es sich,
vorher nachzufragen.

Maße, Größen und Gewichte

Längenmaße:	1 *inch*	=	2,54 cm
	1 *foot* (12 inches)	=	30,48 cm
	1 *yard* (3 feet)	=	91,4 cm
	1 *mile*	=	1,609 km
Flächenmaße:	1 *square foot*	=	929 cm²
	1 *square yard*	=	0,836 m²
	1 *acre*	=	0,4 Hektar
	1 *square mile*		
	(640 *acres*)	=	259 Hektar
Raummaße:	1 *pint*	=	0,568 l
	1 *quart* (2 pints)	=	1,136 l
	1 *gallon*	=	4,546 l
Gewichte:	1 *ounce* (oz.)	=	28,35 g
	1 *pound* (16 oz.)	=	453,6 g
	1 *stone* (14 pounds)	=	6,35 kg
	1 *ton*	=	1016 kg

Notfälle/Konsulate

Botschaft und Konsulat der Bundesrepublik Deutschland
21–23 Belgrave Square, London SW1
✆ (0171) 235 5033

Botschaft und Konsulat der Republik Österreich
18 Belgrave Mews West, London SW1
✆ (0171) 235 3731

Botschaft der Schweizerischen Eidgenossenschaft
16–18 Montague Place, London W1
✆ (0171) 723 0701

Deutsches Reisebüro DER
18 Conduit St., London W1
✆ (0171) 408 0111

Temperatur:

F°	32	40	50	60	70	75	85	95	105
C°	0	5	10	15	20	25	30	35	40

Kleidergrößen:

Frauenkleidung

Britisch	8	10	12	14	16	18
Deutsch	34	36	38	40	42	44

Hemden

Britisch	14	14½	15	15½	16	16½	17
Deutsch	36	37	38	39	40	41	42

Schuhe

Britisch	4	5	6	7	8	9	10	11
Deutsch	37	38	39	40	41	42	43	44

Notrufnummer 999 für *Police, Ambulance* und *Fire Brigade*. Der *Operator* fragt, welchen Service man braucht.

Der **Automobilclub Automobile Association** (AA) unterhält einen Pannendienst – für ADAC-Mitglieder kostenlos – mit Straßenwachtwagen, der rund um die Uhr unter der landeseinheitlichen Nummer ✆ (0800) 887 766 gebührenfrei erreichbar ist; desgleichen der **Royal Automobile Club** (RAC) unter ✆ (0800) 828 282. Für den Pannenservice ist ein Auslandsschutzbrief der Autoversicherung oder eine Mitgliedskarte des ADAC erforderlich.

Presse

Jeden Tag kaufen etwa zwanzig Millionen Briten eine Tageszeitung, von denen weitaus die meisten in London publiziert werden. Als *quality papers* gelten der »Guardian« (dessen Leser das Land verändern möchten), die »Times« (deren Leser das Land beherrschen), der »Daily Telegraph« (dessen Leser denken, sie beherrschen das Land) und die »Financial Times« (deren Lesern das Land gehört), schließlich der »Independent« (dessen Leser das Land beherrschen möchten, wenn sie nur gewählt würden) und die »Sun« (deren Lesern es egal ist, wer das Land regiert, Hauptsache es sind dicke Titten im Blatt).

Die Sonntagsausgaben werden traditionell mit einem Magazin garniert. Ausnahme: das ausgezeichnete Independent-Magazin erscheint schon samstags. Massenauflagen machen die Boulevardblätter, wie »Daily Mirror« oder besagte »Sun«. Lokalzeitungen spielen nur eine sehr begrenzte Rolle und beschränken sich auf das Provinzielle. So schlagzeilte jüngst der wackere »Cornishman« auf Seite eins: »Schnee in St. Ives!«.

Radio/Fernsehen

Voll im Bild ist Channel 4, der alternative Fernsehkanal für Minderheitenprogramme, Nachrichten und Niveau. Die BBC, berühmt und berüchtigt für ihre *Britishness,* zieht im Kulturkanal (dem zweiten) so gut es geht mit. Größter Erfolg im Dritten (»Independent Television/ITV« mit Werbung): »Coronation Street« läuft seit 1960. Natürlich bekommt man über die Schüssel auch den euro-amerikanischen Satellitensalat.

In London funkt es aus allen Richtungen: gleich vierfach von der alten Tante BBC (Eins: *Top Hits –* Zwei: *Mainstream Music –* Drei: Klassisch – Vier: Diskussionen und Nachrichten). Dazu die Capital-Welle und diverse Private. Außerdem gibt es ein halbes Dutzend Piratensender, die (hauptsächlich abends) die neueste Garagenmusik aus Londons Hinterhofstudios spielen. In Südengland gibt es viele »Local Radio Stations«, öffentlich-rechtliche (BBC) oder kommerzielle.

Strände

Jährlich werden Englands sauberste Strände von der *National Rivers Authority* mit blauen Flaggen und goldenen Seesternen ausgezeichnet.

1. **Blue Flag** (erreichen EG-Richtlinien, was neben klarem Wasser auch guten Strandservice, wie Parkplätze, Toiletten, Telefon, Erste Hilfe, Hundeverbot und tägliches Reinemachen, beinhaltet): Durley, Fishermans' Walk, Poole Sandbanks, Meadfoot, Oddicombe, Crinnis, Sennen Cove, Porthmeor, Wollacombe Sand.

2. **Golden Starfish** (dieselbe Wasserqualität, aber geringerer Service): Maidcombe, Broadsands, Elberry, Torcross, Thurlestone, Treyarnon Bay, Constantine Bay, Polzeath, Sandymouth, Widemouth Sand.

Strom

Aus der Dose kommt 240-Volt-Wechselstrom. Unsere Geräte, wie z. B. Radio oder Rasierer, kommen damit zurecht. Aber für die dreifingrigen, großdimensionierten Steckdosen braucht man einen Adapter.

Reisedaten

Trinkgeld

Ein Restaurantkellner, der nicht 10–15 % *tip* bekommt, wird Sie nicht in allerbester Erinnerung behalten. In Hotels sollte man das schlecht bezahlte Zimmerpersonal nicht vergessen. Gepäckträger bekommen £ 1.

Unterkunft/Speisen

Normalerweise können Sie Ihre **Unterkunft** über Ihr örtliches Reisebüro buchen, aber auch direkt beim einzelnen Hotel oder bei einer Hotelgruppe. Wer sich erst in England entscheiden will, kann das Netz der **Tourist Information Centres** (TICs) nutzen. Meist können Sie dort sofort Übernachtungsreservierungen vornehmen (*Book-A-Bed-Ahead-Service,* kostet manchmal Gebühren). Die berühmten Bed-and-Breakfast-Schilder (Früh-

stückspensionen, kurz B&B) sind in ganz England zu finden. Man kann entweder im Zimmer der ältesten Tochter, im Hinterraum eines Land-Pubs oder auf einem Bauernhof neben dem Kuhstall schlafen. Das BTA verschickt eine B&B-Broschüre. Natürlich können Sie, wenn Geld nicht so wichtig ist, auch bequem bei einer Hotelkette buchen, etwa Best Western Hotels (Reservierung in England (0181) 541 0033, Fax 546 1638, in Deutschland 01-30 44 55, in Österreich 0660-194, in der Schweiz 155-23 44, alle gebührenfrei).

Das **Restaurant-Angebot** ist entgegen zähen Klischees in Englands Süden farbig und gut. Hierzu tragen nicht zuletzt die vielen ausländischen Lokale bei, aber beispielsweise auch Restaurants mit Fischspezialitäten. Was bei uns die Pommesbude, ist hier der *take-away* (oft *fish and chips*), auch er nicht selten besser als sein Ruf. Die Pubs bieten einfache Kost, z. B. Sandwiches. Das englische Preisniveau liegt deutlich über dem deutschen.

Sprachhilfen

Essen

full breakfast – Damit geht es los: Spiegelei, Schinkenspeck (*bacon*), eine kleine Wurst, Toast und Tomaten (meist gegrillt).

Käse

Blue Vinny – magerer blauadriger Schimmelkäse aus Dorset
Cheddar – der englische Gouda. Nur wer ausgereifte, feste Farmhouse-Sorten (Somerset) kauft, kommt auf den Geschmack.
Cottage cheese – Hüttenkäse, eine englische Erfindung
clotted cream – essentiell: dicke, gelbliche Creme aus erhitzter Milch. Erdbeeren freuen sich darauf, *scones* fühlen sich nackt ohne sie.
crumpets – kleine dicke Pfannkuchen

Meeresfrüchte

bass - Barsch
cockles - Herzmuscheln
cod - Kabeljau
crab - Krabbe
haddock - Schellfisch
hake - Hecht
kipper - Bückling
lobster - Hummer
mussels - Muscheln
mullet - Meeräsche
plaice - Scholle
prawns - Garnelen
salmon - Lachs
scallop - Jakobsmuschel
sole - Seezunge
squid - Tintenfisch
shrimps - Garnelen/Krevetten
trout - Forelle

turbot - Steinbutt
winkles - Strandschnecken

Imbiß

pasty – Teigtasche mit Fleisch- oder Gemüsefüllung, Cornwalls Nationalgericht.

pie – Kuchen mit süßer oder herzhafter Füllung

ploughman's lunch – (»plaumäns«) Käseteller, der einen Landmann satt macht.

scones – Buttergebäck zur *teatime*

shepherd's pie – Auflauf aus Hackfleisch und Kartoffelbrei

Kleiner Pub Guide

ale – Sammelbegriff für nach englischer Art gebraute obergärige Biere, z.B. das helle *pale ale*.

bar – Eigentlich Theke mit einer Stange zum festhalten und dem *barman* oder der *barmaid* dahinter. Hier wird geordert, denn man muß sich sein volles Glas selbst holen und sofort berappen. Pubs sind oft aufgeteilt in *Saloon* Bar (komfortabler, etwas teurer) und *Public Bar* (schlichter, etwas billiger).

bitter – Kurz für *bitter ale*, das Leibgetränk der Engländer. Herbes, kupferfarbenes Faßbier mit wenig Kohlensäure und Alkohol (3–5 %), das bei Zimmertemperatur getrunken wird.

cider – britischer Äppelwoi

freehouse – Pub, das nicht an eine große Brauerei gebunden ist (in London etwa 2000)

lager – Kontinentales Bier, das dem Pils entspricht, aber meist schwächer und nicht rein ist.

last orders! – Tägliche eingebimmelte Schreckensmeldung, bevor um 23 Uhr die Sperrstunde beginnt (auch »can you drink up now« oder »can I have your glasses«).

local – Stammgast

pickled eggs – eingelegte Eier für harte Zeiten

pint – Etwas mehr als ein halber Liter. Man verlangt an der Bar nicht einfach »ein Bier«, sondern »a pint of...« oder »half a pint of...«.

pissed – betrunken. »*Three sheets in the wind*« = sturzbetrunken

pub – Public House. Kinder unter 14 Jahren dürfen nicht hinein, aber draußen im Biergarten sitzen.

real ale – auf traditionelle Art hergestelltes Bier aus Gerste, Hopfen und Hefe, das nicht mit Kohlensäure versetzt wird und sich im Pubkeller weiterentwickelt. Gegen die nach allen Regeln der Industrie gebrauten Biere der sechs Monopolbrauereien formierte sich in den siebziger Jahren die *Campaign for Real Ale* (CAMRA).

stout – früher auch *porter*. Schwarzes, äußerst stark gehopftes obergäriges Bier. Als »Guinness« Nationalgetränk der Iren.

Frühstück:

cereals (»ßiriel«)
- *weetabix* – zu kleinen Scheiben gepreßte Weizenflocken
- *cornflakes*
- *bran* – Kleie wurm- oder flockenförmig
- *porridge* (»porritsch«) – warmer Haferbrei

eggs
- *scrambled* – Rührei
- *fried* – Spiegelei
- *ham and eggs* – Schinken mit Spiegelei
- *poached* (»potscht«) – pochiert
- *boiled* – weich gekochtes Ei

full English breakfast
- *bacon and sausage* – gebratener Speck und Wurst
- *kipper* – geräucherter Hering
- *black pudding* – Blutwurst

bread
- *toast white* – Weißmehltoast
- *toast brown* – dasselbe mit braunen Einsprengseln
- *croissant* (»kroasson«)

Aufstrich
- *marmelade* – bittere Orangenmarmelade
- *jam* – verschiedene Marmeladen
- *honey* – Honig

Orts- und Sachregister

ersonenregister

Danksagung

Für ihre freundliche Hilfe bei der Entstehung dieses Buches danken wir: Nigel Buckler, West Country Touri Board – Camay Chapman, Bath Tourism and Marketing – Major & Mrs. A. F. Jackman, Bath – Gerline Krug, Britische Zentrale für Fremdenverkehr, Frankfurt – Sue Mecrate-Butcher und Lucy Bicknell, Be Western Hotels – Gillian Pope, South East England Tourist Board – Kate Raynor, Winchester – Juliette Sco Southern Tourist Board – Peter Stroud, St. Cuthbert's, Wells – Charles Steven, Winsford – Peter Whit English Heritage.   B.P., M.

Textnachweis

Die Texte in den Kästen auf S. 155 und S. 164 sowie den Artikel »Die englische Gotik« auf S. 198–20 verfaßte Dagmar von Naredi-Rainer.

Dagmar von Naredi-Rainer, Dr. phil., geboren 1950, studierte Kunstgeschichte, Orientalische Geschich und Vergleichende Religionswissenschaft in Bonn. Sie lebt als freie Kunsthistorikerin am Chiemsee und Tirol.

Zeichenerklärung

Auf den blauen Info-Seiten dieses Buches werden die folgenden Zeichen verwendet:

i Information

Hotel, B&B, Jugendherberge

Campingplatz

Sehenswürdigkeit, Aussichtspunkt

Museum, Kunstgalerie

Sport und Erholung

Auch für Kinder geeignet

Einkaufen (Märkte, einzelne Geschäfte)

Restaurant (Frühstück, Mittag-, Abendessen)

Café, Tea-Room

Pub

Bar, Nachtlokal

Theater

Hotels: Die Preiskategorien (für eine Übernachtung im Doppelzimmer) werden durch £-Zeichen unterschieden:

£££ – über 100 £
££ – 60–100 £
£ – unter 60 £

Restaurants: Die Preiskategorien für ein Menü (ohne Getränke) werden wie folgt angegeben:

£££ – über 25 £
££ – 10–25 £
£ – unter 10 £

Fotonachweis:

Fridmar Damm, Köln: S. 2, 6, 7, 10, 14, 26, 30/31, 32/33, 34, 35, 36, 37, 40, 42, 44, 46, 47, 48, 53, 54/55,
    63, 65, 66, 67, 73, 76/77, 79, 80, 81, 91, 92, 110, 111, 112, 113, 114/115, 116, 123, 140, 141, 142/143,
    165, 168, 169, 170, 172, 175, 176, 187, 190/191, 194, 195, 198, 199, 200
Rainer Gaertner, Bergisch Gladbach: S. 94/95
Bernd Polster, Bonn: S. 3, 11, 13, 21, 29, 30, 38, 45, 52, 58, 60, 61, 69, 75, 82, 83, 86, 94, 96, 97, 99, 101,
    103, 105, 106, 107, 114, 119, 120, 122, 125, 128, 131, 132/133, 136, 144, 145, 150, 151, 152, 153,
    154, 155, 156, 160, 161, 162, 163, 166, 167, 176/177, 179, 180, 181, 183, 189, 191/192, 193, 196,
    197
Harald Reiterer, München: S. 129
Stephan Schmitz und Petra Hartmann, Köln: S. 121
Alle anderen Abbildungen stammen aus dem Archiv des Autors.

Umschlagvorderseite: Stonehenge. Foto: Ernst Wrba, Sulzbach/Taunus
Vordere und hintere Umschlagklappe (innen): Übersichtskarte Südengland mit eingetragener Reiseroute
Schmutztiteldia (S. 1): Schaufenster. Foto: Fridmar Damm, Köln
Haupttitel (S. 2/3): Englische Landschaft. Foto: Fridmar Damm, Köln
Hintere Umschlagklappe: Malerin. Foto: Fridmar Damm, Köln
Umschlagrückseite: Kathedrale von Wells. Foto: Fridmar Damm, Köln

© Vista Point Verlag, Köln
2., aktualisierte Auflage 1995
(ISBN 3-88973-304-2 Erstausgabe)
Alle Rechte vorbehalten
Reihenkonzeption: Dr. Horst Schmidt-Brümmer, Andreas Schulz
Lektorat: Dr. Julia Schade
Layout und Herstellung: Andreas Schulz
Reproduktionen: Fischer Repro, Essen
Karten: Berndtson & Berndtson, Fürstenfeldbruck
Druck und buchbinderische Verarbeitung: Druckerei Uhl, Radolfzell
Gedruckt auf chlorfrei gebleichtem Papier

Printed in Germany
ISBN 3-88973-164-3